河合隼雄著作集

生きることと死ぬこと

13

岩波書店

序説　生きることと死ぬこと

死の恐怖

自分の記憶をたどってみると、あいまいではあるが、五歳くらいの頃に、死の恐怖ということを感じていたと思う。目を閉じ、耳を手でふさぎ、息をとめて、死ぬとはこんなことかと思い、そんなことを思っている自分がそもそもなくなってしまうのだ、と思って不安にかられる。随分と恐ろしいと思うが、ふだんはそんなことは忘れてしまっている。夜になってくると怖くなるが、幸いにも兄弟が多く、いっしょに寝るので何となくごまかされて寝てしまう。

どうしてこのような死の恐怖があったのか、と思うが、実は私が四歳のときに弟が病気で死亡している。お葬式のとき、出棺というときになって、幼い私は「棄てるな」と言って棺に取りすがり激しく泣いた、という。母親にときどき聞かされた話であるが、私は覚えていない。棺桶のイメージはあるが後でつくられたのかも知れない。弟が死んだとき、母は深く悲しんで御詠歌ばかりあげていたそうだが、そんな母の姿も記憶にはない。しかし、このような体験は私の死を恐れる強い気持と関係のあることだろう。

死の問題は私の子ども時代から青年期にかけて、ずっと心のなかにあった。特に、戦争になって軍閥による教育が優勢になるにつれて、「国のために死ぬ」ことが重視され、小さい子どものときから「死を恐れぬ」人になることが目標とされるようになった。私はそのような考えがすばらしいと思い、死を恐れぬ人を尊敬する気持は強かったが、どうしても自分は死ぬのが怖いのを認めざるを得ないのである。そういう自分を臆病な人間として嫌に思いつつ、さりとて、国のために死ぬような人間になろうという気も起こらない。

子ども心にも強い葛藤をもって苦しんだものだが、敗戦になったので、ともかく国のために死ぬことを理想としなくてよくなったのは嬉しいことであった。しかし、このことによって本来的にある死の恐怖がなくなるわけではない。もちろん、死を恐れる気持は誰でも一般に強いと思うが、私の場合は他と比較してそれが強いようである。

死の問題を考えるのに、「宗教」を学ぶということをあまり思いつかなかったのは不思議であるが、そのためには医者になるのがいいのではないかと真剣に考えたこともある。医者になると他人の死についてはよくわかるようになるかもしれないが、「自分の死」というのは別問題である。無理して医者になることもない、というわけで、むしろ、自然科学の道を歩んだが、結局のところは臨床心理学という領域にはいりこむことになった。

ユングの心理学を学ぶことになるのは、まったくの偶然のこととも言えるが、それについて知るにつれて、自分は本来的にすすむべき道にきているのだ、と感じはじめた。アメリカでユング心理学の勉強をはじめたときに、死のことに関して非常に印象的なことがあった。それは、ユングの高弟と言っていい、C・A・マイヤーの講演の記録を読むと、そのなかで、マイヤーがある人の夢——シリーズで六つほどの夢——を分析して、その人に「これはあなたが近く死を迎える」ことだと告げ、その人はそのための準備を整え、しばらくして死ぬ、という事実がたんたんと語られている。これには仰天してしまった。ここまで落ちついて死ということを受けとめている人が、ユング派にいるのだ。（結局、このマイヤーに私は分析を受けることになるが。）

次にこんなことがあった。私はアルバイトとして、精神病院の寝たきりの患者さんを一時間ほど日光浴させ、その間に雑談をするという仕事をしていた。ところがしばらくして、その患者さんが、自分は多発硬化症《マルティプル・スクレロージス》で、回復の見込はなく死を待つばかりだという。当時は、そのような診断を患者には告げなかったのだが、本人がカルテを盗見をして知ったのだとのこと。私はそれを知ると、気が重くなってアルバイトを続ける気がしなくなった。そのことを、当時の私の分析家のシュピーゲルマンさんに言うと、それならば、その人の「死の準備」として話合いをしないかと言う。彼の友人の、ユング派でカソリックの神父でもあるエールワードさんという人は、もっぱら死んでゆく人の心の準備としての分析をしていると言う。

私はとうていそんなことをする力はありませんと言って断ったが、そのときも、ユング心理学を私が学ぶことは、ほんとうに意義あることだと感じた。今でこそ、死への準備のための面接をする人は増えてきたが、当時(一九六〇年)は、まだまだ非常に少なかった。このように死の問題を正面からたじろぐことなく受けとめようとしている学派を選ぶことになったことに対して、そこに内的な必然性を感じさせられたのである。

人生の課題

死を考えるためには、生を考えねばならない。死ということも組みいれて人生を考えると、人間の生に厚みをもたせる裏打ちのように死が存在しているとも思えてくる。私が五歳のころに死の不安を強く感じたことは既に述べたが、五、六歳のころや、思春期、などの人生の転機には、死のイメージが活性化されるように思う。人生のカーブは直線的に連続的に描かれるものではなく、時には非連続かと思われるほどの質的な変化が生じるときがある。そのような変化を端的に示すイメージとして、死と再生、ということがある。大きい変化の背後に常に死のイメージがはたらくのもこのためであると思われる。

死を生との関連でこのように位置づけることができて、それによって死の恐怖が消え去ったりはしないものの、少しは死に対する態度を変えることができた。死は、生にとって不可欠の意義をもって存在している。

臨床心理学や精神分析は、悩んでいる人や心の病に苦しむ人に対する援助という極めて実際的な目標をもって生じてきた。そこで最初のうちは、そのような悩みや病の「原因」を探ろうとする考えが強かったのも当然である。原因究明をなそうと努力しているうちにわかってきたことは、人間が生まれてから成人になるまでに、段階的に成し遂げねばならない心の課題があり、それを成さずに年齢のみ大きくなると、し残した課題をめぐって、いろいろ心の問題が生じてくる、ということであった。そこで、人間の心の発達段階とそれに相応する課題を考え、そのような発達のモデルに従って人間を見ることが考え出された。

そのなかで、フロイトの提出した性心理的な発達段階の考えは、ながい間心理療法に従事する多くの人に受けいれられてきた。他方、ユングはフロイトやその他の心理療法家が会っているのとは別種の人たちに会っていた。本文中にも引用しているが、ユングは「大部分の私の患者は社会的によく適応し、傑出した能力を持っていることも多く、正常化など何の意味も持たなかった」と言っている。従って、このような人に対して、正常な発達モデルからどれほどズレているかなどということを話題にしても、はじまらないのである。ユングはそこで「個性化の過程」ということを言いはじめた。

人生の前半においては、フロイトの言うように生まれてから成人するまでの段階ということもある程度言えるであろう。しかし、中年に到ると、そのような自分がいかに老い、いかに死んでゆくのか、そもそも自分はどこから来てどこに行くのか、という根源的な問いに対する答を見出さねばならない。そして、その答は、個人によって異なるものであって、それだからこそ「個性化の過程」と呼ぶのである、と彼は主張した。それまでの心理学が視野にいれていなかった、老いや死をいれこんで、中年以後の人生後半の心理学的課題を明らかにしたのである。

ユングの考えは最初はあまり受けいれられなかったが、だんだんと理解されるようになり、本文にも示してあるように、フロイト派のエリクソンがユングの考えも取り入れて、人生全体を視野にいれたライフサイクルの考えを発表すると、それはアメリカにおいて随分ともてはやされることになった。エリクソンの考えは日本にも輸入され、人間の生涯を考える上での重要な手引として、——彼の提唱したアイデンティティという考えとともに——ひろく日本の学会においても受けいれられたのである。

私としては、ユングの考えに従って、人間の一生における青年期、中年期、老年期などの意味について考え、発言してきた。それらをまとめたのが本巻であるが、私なりに、ユングとは少し異なる考えをしているところがある。その一番大きいところは、人生の前半と後半にわけて考えるのは一応わかるが、すべての人についてこのように言えるのではなく、ユングが人生の前半と後半にわけて述べている仕事は、あんがい、人間の一生を通じてまじっているのではないか、と思うのである。このことをもう少し推しすすめて言えば、人生を発達段階にわけてみる見方は有用であることは認めるものの、それと矛盾するようだが、人間は生まれてきたときから「全体性」を有しており、段階などわけることができないという見方も同様に大切と思いはじめたのである。

このことは私の心理臨床の姿勢とも関係してくる。人間の発達段階が確定的にきまっており、すべての人がその段階を踏むべきであるとするならば、治療者はそれに従って、クライエントを判断したり指導したりすることが絶対的にできることになる。そこでは、判断する人とされる人、指導する人とされる人との区別が明白になってくる。なかには、このような段階が「科学的真実」であるので、絶対に確実と確信している人もある。

これに対して、私は人間のことはもっとわからないし、不明確であると思っている。しかしだからと言っても、何もかもわからないというのではない。このような段階をわけることや、それぞれについて人生の課題を考えることは、頼りになる考えとして尊重している。ただ、それを絶対的真理とか科学的真実とは思っていないだけである。ユングが個性化と言い、あくまで個人個人によって異なると考えたことを、人間の生まれたときから――つまり人生の前半においても――重視することが必要と考えるのである。心理療法家は、二律背反的なことを、その意味を知りながら意識して行なうことが必要と考える。

老若男女

人間存在の「全体性」ということを考えると、ひとりの人間の内部にはいつも「老若男女」すべてが存在していると言えないだろうか。子どもが「老人の知恵」を示すときがあるし、老人が「子どもっぽい」ことをするのはよくある。雄々しい女性や、めめしい男性にもよくお目にかかる。年齢や性によって、ある人を規定してしまうのは、あまりに視野が狭いと言えるように思う。

このような考え方とも関連して、本巻に収録されている「元型としての老若男女」という論文を書いたが、これは私の考えを示すものとしては重要なほうに属すると思っている。というのは、私が西洋の心理学を学びはじめて以来、ずっと重い課題として存在した、西洋の近代自我に関する私なりのひとつの意見をここに述べているからである。

幼いころから、私は死に対する恐怖をもっていたが、このことの理由のひとつは、私がどういうわけか西洋近代に確立されてきた自我ということに心を惹かれていたからではないかなどと考えることもある。人間の生涯を考える上において、日本の伝統はむしろそれを死の方から考えるところがある。「いかに死ぬか」ということや、死後の生命の方が現実の世界を生きることよりも重視される傾向をもっている。これに対して、西洋の自我は「いかに生きるか」ということを中心にしていると言っていいだろう。

西洋の自我は生きることをあくまで重視するが、それも死ということがキリスト教による復活ということによって支えられているから安心なのである。他宗教のような輪廻ではなく、一回限りの復活を考えることは、この世の一回限りの生に全力をあげねばならぬことを意味している。この世でなし遂げたことに対しては、復活の際に審判が下されるのである。

西洋近代における自我確立の過程を、イメージの世界において捉えたものとして、本巻にも紹介しているエーリッヒ・ノイマンの説は見事である。ノイマンのこの書物を最初に読んだときには強いショックを受けた。その論のすすめ方の巧みさと適切な神話的イメージを選んでくる能力などに感心したが、何よりも、これで見る限り、日本人の自我確立の過程がいかに不十分であるかが痛感されたからである。しばらくの間は、日本人の自我が確立されていないという点が気になって、どうも嘆かわしい気持になることが多かった。

しかし、日本での臨床体験を積み、いろいろと考えているうちに、西洋の近代自我というものは確かにすごいとは思うものの、それを唯一絶対と思う必要がない、という考えに変ってきた。人間の意識はいろいろな在り様があっていいのではないか。それに近代自我もそろそろ行きづまりであることが明らかになってきたのではなかろうか。

ノイマンが示しているように、西洋の近代自我は壮年男性の英雄像としてイメージされると、いちばんぴったりである。いつも正しく、そして戦いに勝ち抜く強さをもたねばならない。このような男性原理優位の生き方が欧米を長らく支配してきたのである。男性原理の優位を補償するものとして、男女の結婚ということが、欧米では非常に高い象徴性をもつことになる。

ユングは人間の心の全体性ということに注目するとともに、ヨーロッパにおける男性原理の優位がもたらす歪みにつとに気づいていたので、男女の結合という象徴の重要性を強調するところがあった。キリスト教が天なる父というイメージによって神を語ることや、キリスト教の三位一体が女性を排除している事実などに注目すると、それを補償する動きが中世の錬金術のなかに認められるのがわかってくる。中世の錬金術の書物の大半は、金属の変化の記述にこと寄せて、人間の人格の変容過程を述べている、とユングは考えたのである。

東洋においては、男女の間のダイナミズムよりも、むしろ、老若の間のそれの方が重視される。このような点に注目して、「元型としての老若男女」を書いたのが一九八二年。この年には『昔話と日本人の心』(本著作集第八巻所収)を上梓し、日本における「女性の意識」の重要性を主張した。西洋近代の自我の重要性を認めつつも、それを唯一と考えるのではなく、老の意識、少年の意識、女性の意識なども大切と考える。つまり、一人の人間でも状況によって、意識の在り様は変化すると考えるのである。

境　界

以上のような見方で人間の一生をみると、それほど明確な形で、人生の時期を区切ることはできないのであるが、ある程度のところでは、青年期、中年期、老年期などの課題をあげることはできる。それらは本巻に一応論じられているが、あくまでそれは一般論であり、個々の場合によって相当異なることも知っていなくてはならない。

非近代社会においては、個人差を無視してある年齢に達すると、集団として子どもは大人になる。しかし、そのためには古来からの知恵の結晶とも言うべき、イニシエーションの儀式を必要としたのである。これについては、本巻にも少し紹介してあるが、実にうまく考え出されたものである。

イニシエーションの話をすると、それに感激した人が現代社会にも復活させるべきだ、などと短絡的に反応されるときがある。個人ということの重要性を考える限り、それはもう集団的には行ない得ないのである。現代社会の特徴は、個々人がそれぞれ自分にふさわしい方法によってイニシエーションの儀式を体験しなくてはならないことである。しかし、このことがうまく行なわれずに、イニシエーションの儀式を求めての内的なはたらきが、外的にはいろいろな「事件」として顕われてくることも多い。

われわれ心理療法家は、「事件」を起こした悪者という評価を受けている人たちに会って、それを本来のイニシエーション儀式へと高めることを援助している人間とも言うことができる。しかし、非近代社会のように、われわれは絶対者の存在を前提とし、そのための「司祭」としての役を最初から担っているわけではないので、そこには多くの困難が生じてくる。

現代におけるイニシエーションの困難さを痛感させるものとして、境界例(borderline case)がある。境界例についてはは本文を見ていただきたいが、ともかく、多くの臨床家がどう扱っていいかわからずに悩んでいる人たちである。境界例という名前が示唆するように、それは旧来の疾病の分類によっては捉えることができない。従って、現在でも境界例という疾病名を認めない人もあるほどである。

ある時代、文化に特徴的に出現してくる心の病は、その時代、文化のもつ一面性を何らかの意味で補償する意味をもっていると思う。私は境界例の人たちに接しているうちに、これは近代科学をあまりにも万能と思い込みすぎた時代精神に対する強烈なプロテストとして、生じてきていると思うようになった。

何もかもを明確に区別することによって、「秩序」を保とうとする生き方に、境界例の人たちは必死に抗弁しているのではなかろうか。もっとも、最近は「ボーダーレスの時代」などと言って、既成の境界を破ろうとする動きが生じてきたが、流行語として用いられる割には、ほんとうに境界を打ち破ることへの挑戦は実際にはあまり試みられていない、と感じられる。境界例の人たちの凄まじい生き方を見ていても、境界を破ることがどれほど大変なことかを思い知らされる。「ボーダーレスの時代」などという言葉に踊らされて、安易にとびこむと、無惨な結果を得るだけに終るのではなかろうか。

聖フランシスコは「自分の教団の修道士たちを、天国という変わることのない状態への単なる移行にすぎないひとつの生活におけるリミナーズと考えていた」という。つまり、この世に生きているということは、「境界」に生きている、ということである。どこからかやってきて、そして、やがては次の世に行く、その「境界」にあたるのがこの世であると考える。言うならば、人間すべて境界例なのである。ただ「普通」の人は、そのことを忘れて、この世のことにあれこれと心を奪われているので、境界例であることに気づかないでいるわけである。このような考えは、境界例の人たちに対して、親近感を感じさせるものである。

本巻に収録されている境界例に関する論文はドイツ語に訳して発表された。それを読んだドイツ人の読者から次のような手紙をいただいた。自分はかつて境界例と言われて治療を受けた者だが、「境界例の治療とイニシエーションの儀式とのあなたの比較は、自分の危機状況の経験と非常によく対応するものである」。「私の治療者が私を治そうとせず、私の経験を深く共にしてくれた」ことを有難く思っている、といった内容で、私はこれを読んで非常に嬉しく思った。ちなみに、この論文はイタリア語にも訳されて発表された。境界例に関する私の考えが「国境を越えて」理解されるのは意義深いことと思う。「難しい」クライエントに会うことによって、生きることと死ぬことについての私の理解も少しずつ深まってゆくように思われる。

河合隼雄著作集第13巻　生きることと死ぬこと　目次

序説　生きることと死ぬこと

Ⅰ

Ⅱ

I

生と死の接点

Ⅰ　生と死の間

1　ライフサイクル

一　ライフサイクルの意義

ライフサイクルという用語は、現在では相当によく知られ、専門家のみならず一般の人の間においても用いられるほどになった。しかし、この用語が用いられるようになったのは比較的新しいことであり、それが短時日のうちに一般化したという事実は、このことが現在に生きる人々の関心を強く惹きつける要因をもっているためと考えられる。

人間は生まれてから死ぬまでに相当な変化を経験するものであり、その「発達」の様相は、心理学において発達心理学の研究対象として、研究が続けられてきた。従って、人間の「発達段階」に関する研究は古くから存在し、いろいろな段階の設定がなされてきたのである。ライフサイクルという概念も、今まで研究されてきた発達段階の概念とそれほど異なるものではないが、この用語が現在のように一般化されたのは、それ相応の理由があると考えられる。そのような点に注目しつつ、ライフサイクルの考えについて、まず簡単に述べてみたい。

1　ライフサイクルとは何か

人間はこの世に生まれたときから、だんだんと成長して成人となり、その後には年をとり老人となって死に到る。そのような変化を追究する学として、心理学に発達心理学という領域があり、多くの成果を発表してきた。それはその取り扱う対象の年齢に応じて、児童心理学とか青年心理学とか呼ばれることもあった。このような心理学は、自然科学的な方法論に立脚して成立してきたものであるが、それによって、人間の発達の様相を相当に明らかにすることができた。ただ、それは自然科学的な方法によるものであるために、外的に観察可能な事象に重きをおくことになりがちであった。

一方、深層心理学の領域においては、フロイトが人間の内的世界に注目し、そのような立場から、発達段階に関する彼独自の理論をつくりあげた。この点については後に述べるが、このようなフロイトの理論を踏まえ、アメリカの精神分析学者エリク・エリクソンが、フロイトの理論を拡張した形で、人間の全生涯にわたる発達段階の図式を提唱した。エリクソンのアイデンティティの考えと共に、彼の図式、つまり、ライフサイクルの考えはひろく一般に知られるようになり、今日のように、わが国においても一般化するようになったのである。

ライフサイクルという用語について、レビンソンは次のように説明している。[1]「サイクル」と「ディベロップメント」(発達)とは語源を同じくし、今日用いられている英語の、circle, evolve, completion, wheel, inhabit, culture, cultivate なども同一の語源であるという。ライフサイクルという用語には、「これらの語のもつ基本的な意味が含まれているが、それらの意味がはっきりと表現されることはまずない[2]」という。レビンソンはそれらの基本的な意味のうち、次の二つを明確にしている。すなわち、それは第一に、「出発点(誕生、始まり)から終了点(死亡、終わり)までの過程または旅という考え方」であること、第二に、「ライフサイクルを一連の時期または段階に分けてとらえる〝季節〟という考え方[2]」であること、の二点である。つまり、人間の一生は、人によってさまざまであるが、それはそれぞれひとつの過程としてみることが出来て、そこには季節の変化があるように、特徴的な節目と変化が見られると言うのである。

このような考え方で人間の一生を見るとき、それはどのように段階分けができるか。それを最初に説得的な形で示したのが、エリクソンである。

エリクソンは、次頁に掲げる表を個体発達分化の図式(epigenetic scheme)として提出した。その後、ライフサイクルの段階を示すものとしてこの図式は諸処に引用されることになったが、しかしエリクソンについて詳しい鑪《たたら》が明確に指摘しているように、わが国においてエリクソンの意図がそのまま理解されているかは疑わしい。鑪は、「そのちがいが自覚されて行われているというより、自分に好都合の解釈をするという無自覚の中での誤解であることも多いのではないだろうか[3]」と述べている。そして、「基本的なアイディアが精神分析的自我論を土台にしているということも、決して日本の風土に簡単に馴染むような発想ではないとも言えるだろう[3]」と重要な指摘を行なっている。筆者もこれにまったく同感である。

エリクソンの図式を見ると明らかなように、彼の考えは、フロイトによる発達段階の理論を踏まえている。フロイトは、青年期に人間の自我が確立するまでの段階を彼の理論に基づいて、性衝動の顕れに注目し、このような段階を考えたのである。エリクソンはこれに対して社会的観点などを加え、それに後の段階をつけ加えて、ライフサイクルを一生にわたるものとして完成したが、やはり、そこには「自我の確立」という観点が強力にはたらいていることは否めない。ところが、この「自我」はあくまで西洋近代文明の所産であり、そのような自我は、われわれ日本人の自我とは異なっていることを、筆者はつとに指摘してきた。この点については後に述べるが、このような重大な点があるので、われわれ日本人がエリクソンの意図をそのまま知り、あるいは、受け容れるこ

表　（一部改変）

発達段階	精神・社会的危機	重要な関係の範囲	精神・社会的モダリティ	基本的徳目（活力）	精神・性的段階
Ⅰ 乳　児　期	信頼対不信	母親的人物	得る―返す	希　望	口唇的 感覚的 （取り入れ）
Ⅱ 早期児童期	自律性対 恥・疑惑	親	保持―放出	意　志	肛門―尿道的 筋肉的 （把持―排泄的）
Ⅲ 遊　戯　期	積極性対 罪悪感	基本的家族	まねる（＝追いかける）． ～のように作る（＝遊ぶ）	目　的	幼児性器期 移動期 （侵入，包含的）
Ⅳ 学　童　期	勤勉性対 劣等感	近隣・学校	物を作る（完成する）． 物をまとめる	適　格	潜在期
Ⅴ 青　春　期	アイデンティティ対 同一性拡散	仲間集団・外集団，リーダーシップのモデル	自分であること．それぞれ個体であることの共有	忠　誠	破瓜期
Ⅵ 若い成人期	親密と連帯対孤立	友情，性，競争，協力などの相手	自分を他人の中に失い，発見する	愛	性器性
Ⅶ 成　人　期	生殖性対 停滞	分業や家事の相手	存在を作り，世話する	世　話	
Ⅷ 成　熟　期	統合性対 絶望	「人類」 「わが種族」	あるがままに存在する． 非在に直面する	英　知	

（細木照敏「青年期心性と自我同一性」,『岩波講座 精神の科学 6 ライフサイクル』より）

とは極めて困難なことなのである。ライフサイクルを論じるにあたって、エリクソンの説を引用するのは当然のことだが、われわれはまずその困難点について自覚することが必要である。

この図式を見ると、エリクソンはフロイトの図式に対して後の二段階をつけ加えただけとも言えるわけで、それがどうしてライフサイクルという語を一般化するほどの大きい意味をもったのかと疑問に思われるかも知れない。それも一応もっともなことであり、その点を説明するためには、エリクソンに到るまでの歴史を少しふりかえることが必要である。

2　フロイトとユング

フロイトの発達段階の考えは、子どもに対する直接観察からではなく、成人の神経症の治療を通じて導き出されたものである。もちろん、後になって、子どもに対する遊戯療法の経験などがそれを裏打ちすることになってくるのであるが、言わば、成人の心のなかにある子どもの姿を通じて、発達の問題を考えたところに、その大きい特徴が存在しているのである。

フロイトはヒステリーの患者を分析しているときに、患者の幼児期の体験がその症状の原因となっていると考えはじめた。フロイトの考えによると、人間は生まれて以来、心理・性的な体験を段階的にすることによって成長してくるものであり、そのいずれかの段階において障害があるときは、青年期、成人期になって神経症が発症する原因となる。従って、神経症の患者に対しては、その無意識的な心的内容を意識化する過程を通じて、過去の障害を見出してゆき、そこに固着していたリビドーを、解き放つことによって神経症が治癒されると考えたのである。そして、その段階を、人間の生理的な欲求や活動と結びつけて、見出していったのである。

フロイトの考えは、自然科学的な考えのパターンに乗り、原因―結果の因果関係の鎖のなかで考えるので非常に分りやすい。ただ、ヨーロッパにおいては多くの事情が重なって、簡単には受け容れられなかったが、アメリカ合衆国において、それは急速に受け容れられ、大学のアカデミズムのなかにも浸透していったのである。フロイトの考えは、いささか曲解されながらも、新興国アメリカにとって、極めて適切なものであった。つまり、人間の乳幼児期の重視ということは、観点を変えるならば、子どもの育て方に注意を払ってうまく育てるならば、どのような子どもでもその才能を発揮できるわけであり、その人や周囲の人の努力によって、ひたすら成長してゆくことができる、と考えられる。しかも、その方法が科学的に確立されている、というのだから、アメリカ人の気質にぴったりだったのである。

フロイトが分析の目標として、「名誉、権力、名声、そして女性の愛」(4)と述べたことに端的に示されているように、それは壮年の男性をイメージすることによって考え出された発達段階であった。より強くなり、より高く昇ることに目標がおかれているので、その発達段階は壮年をもって終りとするものであった。このように考えると、エリクソンのライフサイクルは、それにただ二つの段階をつけ加えただけのことではなく、そこには、相当な発想の転換があったことが認められるであろう。エリクソンのこのような転換に、ユングの影響があったことを、エレンベルガーは示唆しているが(5)、それでは、ユングはどのように考えていたのかを、次に述べてみよう。

ユングは「壮年の男性」を中心に据えたイメージから、早くから脱脚していた。そのことの最大の原因は、彼がフロイトと異なり、多くの精神分裂病者と接していたことであろう。精神分裂病者の治療において、治療者が「壮年の男性像」をイメージし、より強くより高くなることを性急に求めようとすると、決してよい結果をもたらさないであろう。彼自身が分裂病的な体験に苦しめられ、その結果として彼が分ったことは、人間の人生をもっと全体として見なくてはならないこと、われわれの追求するべきイメージは多種多様であり、壮年の男性のみならず、老若男女さまざまのイメージが存在するということであった。彼がこのような体験をした後に、不思議なことには、分裂病者のみではなく、外的にはまったく普通というより、むしろ、立派に生きている人たちが、彼のもとに相談に訪れるようになった。

ユングはこの点について、次のように語っている。「大部分の私の患者は社会的によく適応し、傑出した能力を持っていることも多く、正常化など何の意味も持たなかった。(6)」そして、「私の持ったケースの約三分の一は、臨床的に定義できるいかなる神経症にかかっているのでもなく、自分の人生の無意味さ、無目的に苦しめられているのである。これが、現代における一般的な神経症であると言われても、私は反対すべきではないだろう。私の患者の三分の二はすべて、人生の後半にいる人たちである(6)」と述べている。

ユングにとっては、人生の前半の強い自我を確立してゆく過程よりも、人生の後半の問題の方が重要であったのである。彼のそのような考えを明らかにしている「人生の段階(7)」という論文は、最初に発表されたのが、一九三〇年であるが、その頃、既に彼が今日言われているような意味でのライフサイクルの考えを持っていたことを明瞭に示している。ユングは人間の心の問題に悩むようになったのは、「意識」というものを人間が持ちはじめたからだと最初に強調している。このことは既に述べた西洋人の「自我」ということにもつながるのだが、このことをわれわれはまずよく知っておくべきだと思われる。人間でもあまり高い意識をもたない、もとうとしない人にとっては、別に人生の後半の問題などということを言い出さなくともいいことは事実なのである。

人間が自我を確立するということは、その自我にとって受け容れ難いことを排除するということである。中年になって、ある個人が社会的地位や名声などを築きあげたとき、それは自分の自我をある程度一面的なものとして限定した結果として生じてきているものである。ユングは中年のはじまりは三十五歳から四十歳くらいの間に来ると考えているが、そのときに自分が今まで無視してきた半面に気づき、それを取り入れようとすることから、中年の危機がはじまる。今まで排除してきたものは、それだけの理由があるから排除してきたのであり、それを取り入れるとなっても、ユングの言うように、そんなことを社会も自然も評価するはずがないので、その人はたちまちにして困難に陥るし、時には破滅を迎えるかも知れない。従って、ユングは「問題の意味や目的は、その解決にあるのではなく、われわれが断えずそれについて取り組んでゆくことだ(8)」とさえ述べている。

人生の後半の問題に直面して生きることは、このように困難なことであるが、それによってこそ社会的な一般的評価とかかわりのない真の個性を見出してゆけるのである。このような生き方は、その人生そのものを芸術と言っていいかも知れないが、「われわれは、人生における芸術家たり得る人は、あまりにも少数の人であり、生きることの芸術は、あらゆる芸術のなかでも、もっとも傑出したものであり、稀有《けう》なものであることを知っていなくてはならない(9)」のである。

このように、ユングはフロイトと相当に強調点の異なる学説をたてた。今日から見ると、ある程度は当然とも思えるようなことだが、このことを一九三〇年頃に述べていた点にユングの特徴があり、アメリカでは当時において、ユングを理解する人が極めて少なかったこともうなずけるであろう。アメリカは、フロイトの学説から、壮年の男子像を中心とする部分を強調した部分を受けとり、それで十分であったのである。しかし、エリクソンは、フロイトの説に従いつつ、ユングの考えも取り入れ、ユングよりはより理解しやすい形で、前節に述べたようなライフサイクルの図式を完成させたのである。それでは、どうしてエリクソンが――ひいてはユングも――急激にアメリカにおいて受け容れられるようになってきたのであろうか。

3　現代的意義

ライフサイクルの問題が現在において多くの人に関心をもたれるのは、平均寿命が急激に伸びたことも見逃せぬ要因になっていると考えられる。人生五十年と言われていた頃に比べると、現在は平均寿命が急速に伸びて、七十歳を古稀と呼ぶ意味は今ではまったくなくなって、八十歳近い年齢まで生きる人が増えているのである。従って、より強くより高くと思って努力を続け、ある程度目標を達成して、疲れ果てて死んでゆくというパターンは少なくなり、多くの人が老いてゆくことについて考えざるを得ないのである。しかも、既に述べたような壮年の男性像を中心とするカルチャーの場合は、老いは低く評価されがちとなるので、いかに老年を生きるかが大きい問題となってくる。自然科学の力によって、いくら年老いても若者に負けぬ強さを維持しようとしても、それはしょせん無理な話であるし、人間の心の動きは、ユングが指摘したように、中年のときから下降に向って準備しはじめるのである。

従って、ライフサイクルの考えは、フロイトの発達段階に対して、後の少しをつけ加えただけのものではなく、極端に言えば、価値観の変化をそこに含んでいる。つまり、強いことはよいことだ式の考えではなく、強いことも弱いことも、善も悪もそこに含みこんだ全体的な世界観を人生の軌跡全体にわたってもとうとするのである。このような考えは、ベトナム戦争における失敗後のアメリカにとっては、今までと違って受け容れやすかったであろうし、また、そのような価値観の変化も必要であったろう。アメリカが世界のなかで最も正しく、最も強いものであるという考えを彼らは棄てねばならなかったからである。

欧米中心主義が崩壊してゆくことと、ライフサイクルの考えが一般に受け容れられてゆくこととは、あんがい、深いところで結びついていると思われる。そもそも人生の後半の意味を強調するユングが東洋思想から強い影響を受けていたことは周知の事実である。リヒャルト・ヴィルヘルムを通じて、ユングは中国のことをよく知っていたので、おそらく次節に紹介する孔子の言葉も知っていたであろうし、インドの四住期の考えも、ハインリッヒ・ツィンマーを通じて知っていたことと思われる。いずれにしろ、これらの東洋の知恵は、西洋の壮年の男性像をモデルとした自我を中心とする考えとは、まったく相反するものである。欧米人が欧米中心の考え方に行きづまりを感じ、現在では東洋の考え方に関心をもつ人が増えてきたが、そのことと、人生の後半の意味を考えることによって、人生全体を見ようとする態度とは大いに関連していると思われる。

　エリクソンが、精神分析的自我論に頼りつつ、自我確立という言葉を用いずに、アイデンティティなどというあいまいさをもつ用語を用いていることは注目に値する。これは、自我という明確な概念ではなく、アイデンティティという用語によって、人間が簡単に言語によって把握し得ること以上のものをそこに含みたかったからであると思われる。つまり、西洋流の明確な自我だけではあきたらなくなったことをそれは暗示していると思われるのである。

　ライフサイクルの考えは、以上のように極めて全体的な事象の見方によっている。従ってそれは、成人の問題を直線的に過去の出来事に結びつけ、原因―結果の連鎖の上で見てゆこうとする態度に変更をもたらすものである。つまり、成人の神経症をすべて乳幼児期の体験へと還元してしまうのではなく、それは人生後半への準備として生じているかも知れない、と未来につながる事象として見ることも必要となってくるのである。現在を過去の結果としてのみ見るのではなく、未来への準備として見る。あるいは、現在は過去をも未来をも包摂しているのであり、たとえば、ある神経症者が現在の状況の原因として、ある過去の事象を想起したとしても、そのことは直ちに、それが文字どおり原因であると言うのではなく、現在においてのそのような想起が意味をもつのであり、それはある意味ではあくまで現在のこととも言えるのである。このような事象の把握の方法は、従来から科学的な方法として単純に考えられていた、直線的な時間体験のなかで、過去の事象が原因として現在の事象の結果が生じている、というような理解の仕方をくつがえすものなのである。

後にエール大学グループの研究を取りあげるときにも論じることになるが、彼らの研究の画期的なところのひとつは、それがあくまで事例研究を核として成立しているところである。以上のべてきたような全体的な視点に立つとき、トータルとしての人間存在を切片化し、それらの切片を大量に集めて統計的処理を行なってもあまり意味の無いことである。いわゆる客観科学を信奉する人にとって、事例研究はまさにひとつの例にしかすぎず、そこから普遍的な結論は何ら引き出せないと考えられてきた。確かに、普遍から普遍を導き出す学問的アプローチは存在するし、それは理解されやすいが、ここに取り扱っているような問題は、あくまで個を追究し、個を深く追究することによって普遍に到るという方法によるのが妥当と思われる。このような意味で、ライフサイクルの考えと、それに対する研究は従来の研究法と異なる考えや方法を生み出すものとしても、すこぶる現代的意義をもつのである。

最後に、これは周知のことであるが、ライフサイクルの考えは、現代青年の理解のために大いに役立っている。現代青年のかかえる多くの問題を、彼らが一種のモラトリウム期間にあると考えることによって、理解することができる。現在の青年について語るときに、アイデンティティとかモラトリウムという言葉を抜きにして語るのは難しいこととさえなっている。

二　古人の知恵

ライフサイクルの考えにおいては、人生の前半のみではなく、人生後半の意味を考えるべきであると言った。あるいは、人生を全体として把握すべきであり、壮年期を中心に据えて、それを重要視しすぎないようにとも述べた。しかし、これらのことは既に少し触れたが、古人にとってはむしろ当然のことではなかっただろうか。古来の教えのなかに、そのような観点をもったものをすぐに思い浮かべることができるのである。

グリムの昔話のなかに「じゅみょう」[10]というのがある。神様は、ロバに対して三十歳の寿命を与えようとされるが、ロバは荷役に苦しむ生涯の長いのを嫌に思い、もっと短くしてくれと言う。神様は同情して十八年分短くしてやろうと約束される。ついで、犬も猿も三十歳は長すぎると辛がるので、神様はそれぞれ十二歳と十歳分だけ短くされる。そこへ人間がやってきて、人間だけは三十歳の命の短いのを残念がるので、神様はロバ、犬、猿からの年齢分の十八、十二、十歳の合計を人間に与えられ、人間は七十歳の寿命をもらうことになった。人間はそれでもまだ不満そうに退いていったが、その結果として、人間は三十年の人間の生涯を楽しんだ後、後の十八年は荷役に苦しむロバの人生を送り、続く十二年は嚙みつくには歯も抜けてしまった老犬の生活をし、後の十年は子どもじみた猿の年を送ることになった。これがグリムの昔話にあるライフサイクルの話だが、これはなかなかシニカルなものである。

この話もいろいろな示唆を与えてくれる。実際、すべての動物が自然のままにあるならば、別にそれは長寿を願うこともないであろう。人生の段階についての論文の冒頭に、ユングが、人間の苦悩は「意識」というものを持ち出したことに始まると指摘しているのはまことにもっともなことで、「意識」をもちはじめた人間だけが、すべての動物のなかで長寿を願うことになるのだ。神はそれを聞き入れながらも、他の動物たちの辞退した分を与えてくれるところが示唆的である。神様も人間が他の自然物とは異なることを認めた上で、やはり、自然の限界内で延命を認めたとでも言うことができる。この物語によると、この延命の結果はあまり幸福とは言えないが、やはり特徴的なことは、三十歳までを人間の人生として、壮年までを人間の姿で、それ以後の老いてゆくところを動物の姿によって示しているところである。これは、ヨーロッパにおいて、壮年像が中心に据えられ、いつまでたっても壮年の強さが保たれる、あるいは、保ちたいとする錯覚に対して、シニカルな批判を試みているものとも受け止めることができる。

1　ヘブライ、ギリシャ

グリムの昔話は年老いることに対して、冷たい目を向けているが、これは既に述べたようにヨーロッパの文化のなかで壮年が高く評価され、それを年老いてもそのまま持ち越してゆこうとする態度に対する補償作用として出てきたものであろう。これに対して、古人の語るところは、人生の軌跡をもっとまっとうに記述しているように思われる。レビンソンが彼の著書に述べているところに従って、それらを紹介してみよう(11)。

「タルムード」には『箴言《しんげん》』という一書があり、「人間の年表」がそこに述べられている。次にそれを示す。

「人間の年表」
五歳は読書(聖書)

十歳はシシュナ（律法）
十三歳は十戒（バーミツバ、道徳的責任）
十五歳はゲマラ（タルムードの註解、抽象的論証）
十八歳はフーパ（婚礼の天蓋）
二十歳は生計を求め（職につく）
三十歳は充分な力を身につけ（〝コーア〟）
四十歳は理解し
五十歳は助言を与え
六十歳は長老となり（英知、老齢）
七十歳は白髪
八十歳はゲブラ（年齢の新しい特別な力）
九十歳は歳月の重みに曲がり
百歳はあたかももう死んで、この世を去ったかのようになる。

これが「タルムード」に示されたライフサイクルの記述である。このような昔において、人間の寿命は百歳までと考えられていた事実は非常に興味深いことである。これを見ると、宗教的教育がいかに早く始められるかが分るが、このように宗教的に育てられることと、老年を全うすることとは深い関係をもっているように思われる。ユングは既に紹介した「人生の段階」の論文のなかで、現代では人生の後半について述べる学問が無いと嘆いた後で、しかし、昔の宗教にはそれがあったと指摘しているのである。つまり、「タルムード」に示されているように宗教的教育を早くから学び、すべての人がその信仰のなかに生きているとき、六十歳の人は英知をそなえた長老となることができるのである。彼は神によって守られており、人間が新しい文明をつくり出し神に反抗しようとしないかぎり老人は安泰である。しかしながら現代の問題は、ユングも指摘しているように、今さら昔と同じような信仰をわれわれ現代人は持てなくなっていることである。単純に信じるには、われわれは多くを知りすぎたのである。近代文明の恩恵を受け、多くを知った上でなおかつ老人が意味を見出せるにはどうすればいいのか、それが現代人にとっての課題であり、ライフサイクルということが、大きい問題となってくるひとつのゆえんでもあるのである。

話が横にそれたが、「タルムード」の「年表」にもどると、宗教教育によって育った子どもは、十八―二十歳で社会人となり、自分の地位を築き、四十歳では「理解」する人となるが、これはおそらく自分について他人について、あるいは世界について理解をもつことなのであろう。従って、他に助言を与えることが可能となり、六十歳で長老となる。興味深いことは、七十歳には白髪という身体的特徴が述べられていることで、身体的変化がこの年齢では無視できぬことを示しているのであろう。白髪はポジティブにもネガティブにも老いの象徴である。ところが、八十歳にしてゲブラという新しい特別な力が出てくるのは注目に値する。そして、その後は静かに死を迎えることになる。

続いて、紀元前七世紀頃に在世したと推定されるギリシャの詩人で立法家のソロンの説を紹介しよう。彼は七年を単位として、七十年の人生を十段階に分けている。

ソロン
〇―七歳　少年は男に生まれる。未熟である。歯が抜ける。子どもにふさわしい乳歯が七歳のときにはえかわる。
七―十四歳　これまでの七年に神は第二期の七年を加える。成人男子に近づく萌芽が見られる。
十四―二十一歳　第三期の七年に四肢は成長を続ける。あごには柔らかなうぶ毛が触れ、頬のばら色は消え失せる。
二十一―二十八歳　第四期の七年で、成人男子としての力が熟し最高となる。真価が明らかになる。
二十八―三十五歳　第五期の七年に、求愛の季節だとあらためて思う。息子が自分の血を伝え続けていってくれるのだと思いつく。
三十五―四十二歳　第六期の七年に、徳へ開いてきた心がさらに広がり、無益な行為には決して走らない。
四十二―五十六歳　第七期と第八期の十四年間に、ことばと精神は全盛期にある。
五十六―六十三歳　第九期の七年は、まだ有能ではあるが、話や才知の面では全盛期に比べて精彩に欠ける。
六十三―七十歳　第十期まで生き、それをまっとうしてきた者は、死という引き潮にのって立ち去るときとなる。

ソロンの記述は、最初にこのライフサイクルが男性のものであることを明らかにしているが、実のところ、本章に取りあげるライフサイクルはすべて男性のものであり、レビンソンも「女性のライフサイクル無視の歴史は長い(12)」と述べている。そのように言っているレビンソン自身も、彼がまず取りあげたのは男性のライフサイクルであるところがまことに興味深いが、このような女性の無視の問題については後に論じることにする。

ソロンはライフサイクルを、明確に七年周期で分けている。ルドルフ・シュタイナーの説に基づいて発達段階を論じたリーヴェグードの著書は、それなりの特徴をもち興味深いが、彼も新生児より成人に到る段階を、七年周期で三段階に分けている。[13] シュタイナーやリーヴェグードがソロンの説を知っていたかどうかは明らかではないが、両者の一致は注目すべきことである。

ソロンの説は人間の一生の軌跡を、日出より日没に到るまでの太陽の軌跡を追うように、現象をそのまま記述したような感じを受ける。ただ、ことばと精神の全盛期として、第七・八期の四十二—五十六歳をあげている点が、注目すべきことである。その全盛期をすぎた後は、だんだんと力が衰え、「死という引き潮にのって立ち去る」と述べているところが、「自然」の流れに強調点をおいた見方であることを示している。

2 孔子

中国においては、孔子の言葉があまりにも有名であり、日本人にとってもなじみの深いものである。『論語』の為政第二の四をここに引用してみよう。

吾《わ》れ十有五にして学に志す。
三十にして立つ。
四十にして惑わず。
五十にして天命を知る。

六十にして耳順《したが》う。
七十にして心の欲する所に従いて矩《のり》を踰《こ》えず。

孔子は自分の体験を述べているのであるが、これはライフサイクルのひとつの理想像として見ることができる。先にあげたソロンの説は、老年の記述が自然的な衰退の様相を記していたのに対して、孔子の方は七十歳をひとつの完成像として提示しているところにその特徴が認められる。このような東洋の知恵に学ぶべきことをユングは痛感したであろうし、彼が人生後半の意味を強調するのには、彼の東洋の宗教や哲学を知ったという事実が大きい役割を演じていると思われる。ちなみに、ユングの重要な著作のほとんどが、彼が七十歳になって以後に書かれたということは、老いることによって完成してゆくという事実を反映しているものと考えられる。

「三十にして立つ。四十にして惑わず」という、西洋的な自我を確立するような表現の後で、「五十にして天命を知る」というところから、それまでとは方向が変化することに東洋的な知恵が感じられる。人生後半におけるこのような態度の変更が、七十歳に向って完成してゆくための要因としてはたらいていると思われる。

桑原武夫は孔子の言葉のもつ規範的な意味を認めた上で、「冒瀆《ぼうとく》的と見えることを恐れず私の感想を一つつけ加える」と断って、次のような考えを述べている。(14)「人間の成長には学問修養が大いに作用するが、同時に人間が生物であることもまた無視できない」ので、「天命を知る」と言うのも、五十の衰えを感じて自分はこうしかならないと認め、運命を甘受して生きようとする。「耳順」も、「あくまで突進しようとするひたむきな精神の喪失ともいえる」。そして、「心の欲する所に従いて矩を踰えず」というのは、「自由自在の至上境といえるが、同時に節度を失うような思想ないし行動が生理的にもうできなくなったということにもなろう」と言うのである。

一部分の引用だけなので、誤解の無いようにつけ加えておくが、桑原武夫は『論語』を評価していないのではなく、高く評価した上で、あえてこのような感想をつけ加えているのである。

桑原のこの意見から次のような二点のことが考えられる。まず第一に、このような突き放した見方をして見ることは、論語に限らず東洋の考えに接するときに必要だということである。既に述べたように、ライフサイクルなどという考えは、西洋が東洋の考えを受け容れることによって生じてきたとも言えるのだ。だからと言って、東洋は西洋より素晴らしいとか、西洋一辺倒から東洋一辺倒に乗りかえようとされると困るからである。孔子があの当時の中国において、このような言葉を発したのは素晴らしいことであるが、われわれとしては西洋文化の恩恵に浴し、自然科学的な考えによる多くの成果を踏まえつつ、なおかつ、孔子の言葉に意味を見出すことが大切なのであって、ただ、昔にかえってみても何にもならないのである。

次に、桑原の指摘するような生理的過程がこの言葉に含まれていることは事実であり、そのような自然の生理的な過程に身をまかせてこそ、このような言葉が出てくるとも考えられるのである。老いることによって成長し、完成へと向うのは、老いという生理的過程に抵抗することによって得られるのではない。だからと言って、それに負けてしまうと、ただ単なる老衰だけということになる。既に述べたように、西洋の自我が壮年の男性像によって表され、それに固執しようとするときは、それはどうしても自然の生理的な流れに抗《あらが》うことをしなくてはならない。それに対して、孔子はそのような生理的過程にうまく身をまかせたので、このように完成への道を歩んだとも考えられる。

わが国の「儒教的道徳」を重んじる人は、その点、『論語』を誤解して、厳しい意志的訓練によって、このような境地に到達できると考えている人が多いのではなかろうか。孔子の述べているようなライフサイクルは、いわゆる「学問修養」のみによって到達できるようなものでないところにその特徴があるとさえ考えられる。それは、桑原の言を借りれば、「人間の成長には学問修養が大いに作用するが、同時に人間が生物であることもまた無視できない」ことを、よくよく知った者でないと到達できない位相であると思われる。

3　ヒンドゥー

インドにおけるヒンドゥー教において、上級カーストに属する人々が、人生の理想的な過ごし方と考えている、「四住期」というライフサイクルの見方がある。これをここに簡単に紹介することにしよう。(15) これは人間の一生を四つの段階に分けて考えるものである(この場合も男性のみが考慮の対象となる)。

人生における四段階は、ヒンドゥーにおいて、学生期、家住期、林住期、遁世期に分けられる。学生期は師《グル》に対する絶対的な服従と忠誠が要請される。この時期には、師の言うことにひたすら耳を傾け、心をこめて学ぶことが必要である。そして、厳格な禁欲を守らねばならない。もしも異性との接触を行なったときは、極めて厳しく複雑な罰が下されることになる。

続く家住期になると、学生期から何らの移行的期間もなく、急に結婚させられ、家庭生活をなさねばならない。親の選択に従って妻帯し、職業について生計を営まねばならない。この際、息子を生むことが大切とされるが、このことによって子孫を確保し、祖先に対する祭りが断えることなく行われるようにするためである。この時期は世俗的な生活が大切であるが、それと共に、家族として行わねばならぬ祭儀を確実に行うことも大切な義務と考えられている。この家住期までが、まさに人生の前半であると言うことができるし、現代であれば、これでライフサイクルは終りとさえ言えるのであるが、ヒンドゥーの場合、これに重要な後半の二つの段階が加わるのである。

第三の林住期においては、家長は結婚生活によって得た多くのもの、財産や家族などすべてを棄て、社会的義務も棄て、人里離れたところで暮らす。それは、「名づけることのできぬ本質へ到達しようとする努力」であり、「真の自己(self)を求める道にはいるため[16]」なのである。しかし、この段階では世俗的生活と完全に離れるのではなく、たとえ独居していても、ときには家庭に戻ったりして、家族との絆は保たれている。この時期は、学生期が家住期の準備期間であったように、第四の遁世期の準備期間となっているのである。

最後の遁世期は、この世への一切の執着を棄て去って、家もなく財産もなく、乞食となって巡礼して歩く生活となる。いかなる土地とも、いかなる仕事とも結びつくことなく、「未来について何ら考えることなく、現在に対しても無関心[17]」となり、家の無い放浪者は「永遠の自己との同一化に生き、その他の何ものにも関心を持たぬ[17]」生活をすることになる。

以上簡単に述べたのが、ヒンドゥーの四住期説であるが、山折哲雄がこの説を、「一見するに、学生―家住期の世俗生活と林住―遁世期の脱世俗生活との対立を主張しているように映るかもしれないが、事実はそうではない[18]」と指摘し、第三の林住期の意味を次のように強調しているのは、卓見であると思われる。すなわち、第三の林住期は「家族生活の縁を保ちながら、しかも聖なる脱俗の生活へと徐々に接近していこうとする段階で」、「そこに特徴的に見られるのは、聖俗の断絶、死と再生といった二分法的な考え方ではなくて、俗と聖の接続、一つの生からもう一つの生への段階的な昇華、もしくは自然成長的な超越、といった考え方である[18]」。従って、林住期は相当なアンビバレンツに耐えてゆく力を持たないと、通り抜けてゆくのが困難な時期であり、「身心的成長の難所」であると言うことができる。この考えは、第四節に述べる、現代人の中年の危機の問題と重なってくるものである。

インドの四住期説に見られるライフサイクルの考えは、われわれにとっても共感を呼ぶものではあるが、さりとて、われわれがこれを実際に行おうとしても、ほとんど不可能であることも事実である。しかし、考えてみると、孔子の説に対しても似たようなことを述べたが、この四住期的生き方こそ、人間の「自然」に根ざしているとも言えるのである。われわれ現代人の方が、はるかに無理をして生きているのではなかろうか。無理をして生きた分だけ、われわれは老いることや死ぬことにも、相当な無理を強いられるのであろう。さりとて、インドの四住期説が素晴らしいからと言って、現在のインドに行き、その実態を見て、この国を幸福と感じる人も少ないのではなかろうか。ここに、現代に生きるわれわれにとってのジレンマが存在していると思われる。

三　自我形成の段階

前節に示した古人の知恵に関しては、われわれ現代人として示唆されるところが大であったが、古人の教えのとおりにそのまま従うことが出来ないということも重要なことである。たとえば、インドの四住期説には、われわれも教えられるところがあるが、あのような説が実際に実行されるためには、われわれ現代人が大切と考えている、人格《パーソナリティ》とか自我とかいうことを、まったく無視してしまうことを前提としなくてはならないのである。前節においては、「真の自己」を求めるというような表現をしたが、ヒンドゥーにとっての求道の道は、現代人にとっては、徹底的な無名性と自己消滅の道でもあることを、ハインリッヒ・ツィンマーは明確に指摘している。それがいかに宇宙の法則に到るものにしても、現代人にとって、非個人的に、自我存在をまったく否定して生きることは不可能と言ってもよいのではなかろうか。少なくとも、西洋の文化を取り入れることを肯定するかぎり、それは不可能と言っていいだろう。

エリクソンがライフサイクルということを提唱するとき、その基礎としたフロイトの発達段階をみると、それは青年期をもって終りとしている。つまり、一人前の大人となった後の「発達」については不問にしたのであるが、エリクソンがそれを死に到る段階まで延長したときも、やはり、人間が一人前の自我を形成する過程に随分と強調がおかれている。西洋人にとっては、自我の形成、確立ということが極めて重要なことなのである。

1 自我形成の過程

ここに述べることは、ユング派の分析家、エーリッヒ・ノイマンの説[19]によるものであるが、まずはじめに、それがライフサイクルの心理学のなかでどのような位相を占めるかについて述べておきたい。本章の最初に述べたように、人間の発達の様相、特に幼児のそれを外的に観察して記述する発達心理学に対して、フロイトは、成人の神経症者の治療を通じて、その個人が乳幼児期をいかに体験してきたかを知ることが重要であることを知り、個人の内的体験としての発達段階を設定することになった。ここにフロイトの独創性がある。ただ、フロイトにとってのジレンマは、当時の時代精神に合致させるために、彼の考えをいわゆる「自然科学」の形式によって示す必要を強く感じていたことにあった。つまり、内的体験を何らかの外的事象と関連させ、それを通じて語る必要があったのである。

フロイトはそこで、周知の如く、心理・性的発達段階を設定し、口唇期、肛門期、男根期の存在を明らかにした。フロイトは、このような生物学的なものとの関連を見出すことで、「科学的」であり得ると考えたのであろう。ユングはこれに対して、人間の内界をもっぱら重視する態度をとった。ユングが人間の無意識を探求するために、夢分析を用い、患者の描いた絵その他の表現活動に注目したのは、そのようなイメージこそ、人間の内界を表現するのにふさわしいものと考えたからである。彼はそこに表現されるイメージが、古来から存在する神話や昔話などに強い類比性があることに気づき、それらのイメージが人間の普遍的な心性を示すものと考えるようになった。

ノイマンはユングの考えに基づいて、とくに西洋近代人の自我形成の過程に注目し、それが人間の経験する元型的なイメージ表現を通じて記述されると考えた。従って、ノイマンの説は人間の心の内奥の体験を元型的イメージを通じて述べることと、西洋近代に確立された自我の発達段階について述べているところに特徴がある。これは「段階的」に述べられるし、またそのように受けとめることもできるが、人間の心の内奥にはいかに成人であってもこれらのことはすべて存在するということもできるので、外的行動の観察によって設定された「発達段階」とは自ら異なるところがあり、この点についてはよく心にとめておく必要がある(この点に関しては、本節の最後の部分で再び論じるであろう)。次にノイマンの説をごく簡単にスケッチしてみることにしよう。

ウロボロス　多くの天地創造神話の始めに、カオスの状態が記述されるように、意識と無意識は最初は分離されず混沌とした状態にある。この状態を象徴的に表すのが、古代から存在しているウロボロスの象徴である。ウロボロスは自らの尾を呑みこんで円状をなしている蛇で表され、その存在はバビロン、メソポタミア、グノーシス主義、アフリカ、インド、メキシコ、中国に認められ、世界的な遍在性を示している。この象徴は、頭と尾、はらむものとはらますもの、上と下などが未分化な円環をなし、根源的な無意識を表すのにふさわしいものである。自他がまったく未分化のままの状態であり、フロイト派の用語で言えば、自己愛的な状態と言うことができる。

グレートマザー　ウロボロス的な未分化な全体性のなかに、自我がその萌芽を現すとき、世界はグレートマザーの姿をとって顕現する。グレートマザーの像は、全世界の神話や昔話のなかで重要な地位を占めている。グレートマザーはすべてのものを包含する器であり、そこからすべてのものが生まれ育ち、死によってそこに立ち帰ってくる。萌芽としての弱い自我にとって、グレートマザーは、自我を養い育ててくれる肯定的存在として映るときと、出現しかけた自我を呑みこんで、もとのウロボロス状態へと移行せしめる否定的存在として感じられるときと、極端な両面性をもっている。

この段階はフロイト派の用語で言えば、口唇期に相当するであろう。子どもは母親に抱かれ、そこから栄養を得ることによって生きてゆく、そこには絶対的と言っていいほどの安心感がある。しかし、一方では、そこから成長して出てゆこうとするとき、いつまでも抱きかかえられていて、出てゆくことを妨げられるのではないかという強い危惧も生じてくる。グレートマザーの肯定・否定の像は、多くの神話や昔話などに示されるが、わが国の例で言えば、慈母観音などが前者の例であり、牛も荷車も呑みこんでしまうような山姥などが後者の例であろう。最初は子どもをとって喰っていた鬼子母《きしぼ》が、釈迦の教えによって子どもの守護神となり訶梨帝母《かりていも》となったのなどは、グレートマザーの両面性を示しているものと言うことができる。

天地の分離　創世神話には、それまで未分化であった天と地が分離される物語がよく語られる。天と地は多くの場合、最初の父と母、あるいは世界を生み出す親としての父と母とみなされる。グレートマザーのなかに育った自我は、この段階で、父と母、天と地、光と闇などの分離を体験する。この段階は、神話においては、闇のなかにはじめて光がもたらされた物語として語られる。つまり、人間意識というものが明確になったのであり、意識はものごとを分離し、区別することによって把握するのである。

分離や区別によって、ものごとを明確にすることは、反面において全体性の破壊にもつながることである。従って、意識の確立の背後には、痛みや罪悪感が伴うものである。ここには「失楽園」のテーマが存在している。この段階はフロイト派の用語で言えば、肛門期と男根期にあたるであろう。

この段階の次に、人間の心の発達は画期的な変化の段階を迎えることになる。これまでとは質的に異なる段階であり、それは神話的なイメージとしては、英雄神話によって表される。

英雄の誕生　無意識から分離された意識が、その自立性を獲得し、人格化されることは、英雄の誕生というイメージによって示される。英雄はしばしば神や超自然的な存在の子どもとして、その異常な誕生が語られるが、これは、人間にとって、自立性をもった自我ができあがることが、いかに画期的で、一筋縄のことではないことを反映しているものと思われる。このようにして誕生した英雄は、何らかの怪物を退治し、そして怪物によって捕われていたり、あるいはそれの犠牲となるはずだったりする女性を獲得し、その女性と結婚することによって、その物語が完結することが多い。これらのことは、人間の自我確立のどのような段階を示しているのだろうか。

怪物退治　英雄は竜などの怪物を退治する。ノイマンはこのことを、自我が元型的な母なるもの、父なるものと争うことであると解釈した。フロイト派においては、父と息子との敵対関係、従ってエディプス・コンプレックスが重視される。ユング派においては、この怪物退治をすぐに個人的な父と子という肉親関係に結びつけるよりは、むしろ、確立された自我がその無意識に対して立ち向うことであり、そのなかに潜む元型的なイメージとの対決と考えたのである。

自立性を確立しようとする自我にとって、それを呑みこもうとする無意識はグレートマザーの姿として把握される。それを殺すことによってこそ、自我は目的を達成できるのである。これは象徴的な母親殺しである。

自立を焦る若者が、それを行うだけの十分な自我の強さを持たないとき、内的に象徴的に行うべき母親殺しを、短絡的に行動化し、実際の母親殺しを犯してしまう例は、わが国において、最近に認められる現象である。

怪物退治はまた、父親殺しの意味も持っている。父親は文化的社会的規範の担い手である。そしてそれらの背後にグレートファーザーの元型が存在する。すべての人間が、母親の胎内から生まれるという点において、グレートマザーは、すべての個人、すべての文化にとって無視できぬ存在であるが、グレートファーザーは、個人によって、あるいは文化によって、その強調される程度は異なってくる。自我は自立性を獲得するためには、母親殺しを行わねばならないが、それに続いて父親殺しを行うのは必ずしも必要ではない。文化的社会的規範からも自由であるような自立性を獲得することは、なかなか大変なことであるからである。しかし、優れた能力をもつ人は、父親殺しという危険な仕事もやり抜くであろう。

女性の獲得　怪物を退治し、怪物に捕われていた女性と結婚することは、何を意味しているのであろうか。これは、母親殺し、父親殺しの過程を経て、自らを世界から切り離すことによって自立性を獲得した自我が、ここに一人の女性を仲介として、世界と新しい関係を結ぶことを意味している。これはウロボロス的な未分化な合一ではなく、確立した自我が他者と新しい関係を結ぶことなのである。自我を呑みこむものとして意識されていた女性という存在が、この段階では、自我を導いたり、他との仲介者として援助したりする存在として認識されるのである。

以上が、ノイマンの説の概略であるが、彼はここで、このような発達段階をとって形成されてゆくのは、西洋近代の自我の特徴であること、このような自我の在り方は西洋の男女にとって共通であり、西洋においては女性にとっても、その自我は男性の英雄像で示される、という重要な指摘を行なっている。ただ、日本人としては相当に近代化されているので、表層的にはノイマンの説はそのまま日本にも当てはまりそうであるし、他方、深く考えると日本人にとって問題はそれほど簡単ではないと思われるが、この点については後に考察することにする。

2　自我、自己、アイデンティティ

前項に述べたような過程を経て自我が確立されても、それによって人生の目標が達成されたとは、ユング派の人は考えない。自我の確立は人生の前半の仕事であり、人生の後半の仕事はそれを超えてなされるのである。西洋における自我確立の段階と、前項に述べた東洋人の考える人生の段階、および次節に明らかにする人生後半の問題などを関連づけて考えるための指標として、ここにユングによる自己(self, Selbst)の考えを述べることにする。

自我が確立するためには、それはそれなりの統合性を持たねばならない。その内部に大きい矛盾が存在すると、それは自立的に機能しなくなる。ところで、自我がその無矛盾性を強く打ち出すと、それは勢い一面的にならざるを得ない。つまり、自我と矛盾する傾向を外に排除してしまうからである。それがあまりにも極端化すると、自我から排除された心的内容があつまって一種の人格性を持ちはじめ、それは二重人格の症状として顕現してくる。十九世紀後半より二十世紀初頭にかけて、二重人格の症例が多く発見され、発表された。ユングの卓見は、非常に早くからこのような現象を病的な側面からのみ見るのではなく、そこに目的論的な意義を見出そうとしたことである。彼は一九〇二年に出版した博士論文において、二重人格の現象が、あまりにも一面化された自我を補償し、全体性を求める人間の心のはたらきとして生じてきたと考えられる点を指摘している。人間の心全体は自我を超えたはたらきをしている。

　ユングはその後ますますこのような考えを発展せしめ、東洋の考えの影響も受けて、自我が意識の統合の中心であるのに対して、人間の心全体、つまり、意識も無意識も含めた全体の中心として、自己というものが存在すると仮定するようになった。自己はその定義より考えても、意識的に把握することはできないのだから、それはあくまで仮定の存在である。しかし、人間の心が常に高次の全体性へと向って変容してゆく過程をみていると、そのようなはたらきをもたらす中心として自己の存在を仮定せざるを得ないとユングは考えたのである。ユングは、「自己は心の全体性であり、また同時にその中心である。これは自我と一致するものでなく、大きい円が小さい円を含むように、自我を包含する」[20]と述べている（図1）。

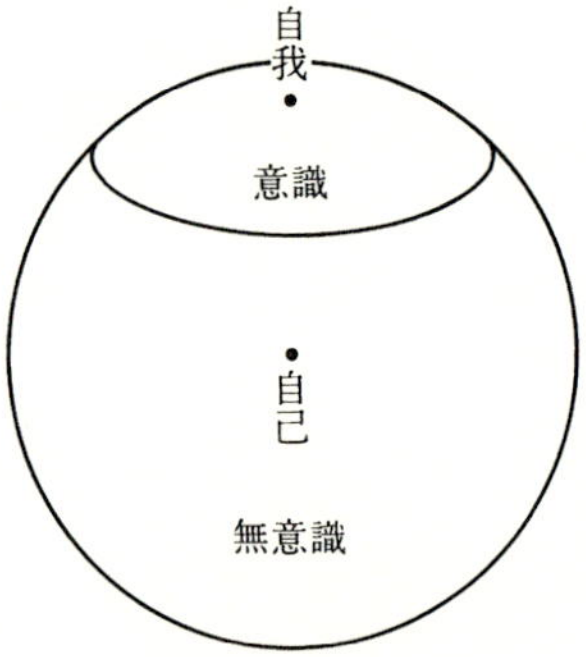

図1　自我と自己

　ユングはこのように自我と自己を定義した上で、人生の前半にはまず自我の確立が必要であり、その確立された自我の一面性を何らかの意味で補償する無意識内の心的内容が、自己のはたらきによって自我におくりとどけられてくるのに対決し、それを意識化しようと試みることを個性化(individuation)、または、自己実現の過程と考え、それが人生の後半の仕事であると考えた。

　このようなユングの考えは、自然科学的な枠に強くとらわれている人にとっては、まったくナンセンスとさえ見られると思う。そもそも存在を確かめることのできない自己などという概念を導入してくることに対しても、強く反対するであろう。それにこの世の生活のことを考えると、ユングの言っているような「自己実現」などと言うのは、普通の人間にとっては考えられないことであり、ユングの言う人生の後半の仕事などはまったく無意味と感じられる。そして、人生全般を通じて大切なことは、フロイトの言うように「名誉、権力、名声、そして女性の愛」なのである。これがあまりにも利己的と感じる人は、世界の平和とか、安らかな家庭を築くことなどに置きかえて貰って結構だが、要するに実生活こそが大切なのであって、ユングの言っている自己実現はナンセンスに感じられる。

このような差が生じてくるのは、ユング的に言えば、やはり自我と自己とどちらに重点をおくかということになるかもしれない。自我に重点をおくと、ユングの考えはナンセンスということになるだろう。ところで、エリクソンの提出したアイデンティティという考えは、この両者の橋渡しをするものとして見ると興味深いのである。アイデンティティとは、自分自身の単一性、連続性、不変性の感覚を意味するが、この語はそれほど明確ではなく、「自分であること」、「自分らしさ」、「真の自分」などといった感じももっているのである。ユングの「自己」も概念的にはあいまいな語であるが、エリクソンのアイデンティティも同様である。彼らはむしろそんなことはよく知っており、このようなあいまいな用語によってこそ、人間の心の様相をうまく把握できると考えているのである。エリクソンのアイデンティティは、ユングの言う自我と自己の軸上に存在していて、用いる人の強調点の差によって、どちらかの方に近づいてゆくようなところがある。

アイデンティティを自我の側に引きつけて考えると、アイデンティティの確立は、すなわち自我の確立に近くなり、その個人がどのような職業を選び、どのような配偶者を得て家庭をつくってゆき、どのような文化的活動に従事しているかなどが重要な要因となってくるであろう。あるいは、アイデンティティをユングの言う自己の側に引きつけて考えるならば、その個人は自分の真の自己ということをどれほど認識しているかとか、自分の自我を根づかせるためにどのような象徴を把握しているかとか、そんなことが問題となるであろう。従って、ライ

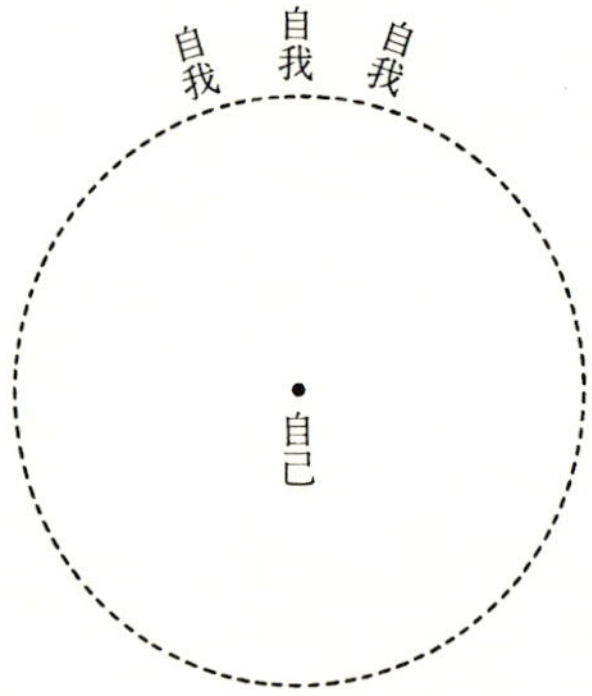

図2　自我と自己

フサイクルということを考える上においても、アイデンティティということをどう受けとめるかによって、その強調点が異なってくることが分るであろう。人生の後半の仕事にしても、必ずしもユングの言っているように考えられるとは限らないのである。

ユングの自我と自己を図示したとき、ある個人の心の全体性に強調点をおいたので、図1のようになったが、われわれの心は無限にひろがっており、自己も無限の奥深くにあるというイメージをもつとき、それは個々人の心を超えて、万人共通の中心として考えることもできる。つまり、すべての人間は非個人的で普遍的な自己を共有しているわけである。そして、それは世界の中心でもある、といったイメージをもつことが可能であろう。このようなときは、個々人の自我は自己を中心とした円周上の無数の点として表現されるであろう(図2)。このような理解の仕方を、前節に述べたインドのヒンドゥーなどはしているのではなかろうか。

このようなイメージに従うとき、大切なことは自我の確立などではなく、むしろ、自我の消滅なのではなかろうか。そのように考えると、インドの四住期説がよく理解できるのである。それは普遍的な自己の価値をあまりにも重視するので、個人的特性をそなえた自我には価値がおかれないのである。その場合でも、最初から自我の消滅を意図するのではなく、人生の前半においては、ある程度、自我の強化が目標とされている。しかし、その際も、あくまでその後の消滅に重きをおくので、西洋的な意味での、個性とか個人としての自我の確立は問題にされないのである。

現代人のわれわれとしては、個性を棄てることは不可能なので、古来のインドの教えに多くの示唆を受けつつも、そのとおりにすることはできない。従って、まず自我を確立した上で、あくまで自己との対決と相互作用によって、個性的な自己実現を行なってゆこうというのがユングの考えなのである。

われわれはライフサイクルを考える上において、自我の方からそれを見ているのか、自己の方からそれを見ているのかを、明確に意識していることが必要である。さもなければ無用の議論を生ぜしめるだけになるであろう。結局、われわれはどちらの視点からも見ることができなければいけないのではなかろうか。

四　成人の発達心理学

既に述べてきたように、従来からある「発達心理学」は青年期までで終りであった。客観的に定量し得るものを指標として取るとき、それ以上の「発達」を見出せない、あるいは、成人に達することで一応の完成に達する、という考えが支配的であったためである。ところが、最近、アメリカにおいては、成人の発達心理学ということが叫ばれはじめている。スタウドはその著書[21]に、成人の発達心理学 (adult developmental psychology) の出現の経緯について簡単にスケッチしているが、そのなかで後に紹介するレビンソンらのエール大学グループの研究を高く評価している。確かにこの研究は今後の心理学の発展の方向を示すものとして、大いに注目すべきものと思われる。成人の発達心理学の成立が望まれる契機ともなったと言える、中年の危機の現象について、次に述べることにしたい。

1　中年の危機

それまで順調な人生を歩んできた人が、中年になって強い危機に見舞われることは、昔から知られている事実であった。わが国において、女は三十三歳、男は四十二歳で厄年を迎えるのなどは、そのようなことの経験的積み重ねから生じてきたことであろう。

ユングは中年の危機の典型的な例について、次のように語っている。[22] それは一介の労働者から多くの苦労の後に経営者にまで出世していった人の話である。その人は最初は印刷工であったが、二十年にもわたる苦労の後に、ある大きい印刷所を自ら経営するほどにまでなる。彼はそれまでひたすら仕事に熱中してきたが、ふとあるとき、自分は幼年時代に絵や図案を描くことが好きだったということを思い出す。このような自分の事業と関係の無い能力を、自分の幼児的な欲求に結びついているものとして受け容れ、趣味として取り上げるなら問題はない。しかし、彼はあまりにも仕事にのみ熱中し、自分の願望を抑圧し続けていたので、そのようにうまくはことが運ばなかった。

彼は自分の印刷所での製品を「芸術的」に作りあげようと空想しはじめ、その空想を実現するため、自分のところの製品を彼の幼児的で未成熟な趣味に合わせて作りはじめた。そして、その結果、彼の事業は数年のうちにつぶれてしまったのである。彼の心的エネルギーは、それまでもっぱら外的な仕事の拡大に向けられていたが、中年に達してある程度の成功を見たとき、彼の心的エネルギーは内界へと逆流しはじめ、それまで抑圧されていた絵や図案の世界を満たしかけたのである。このとき、彼があくまでそれを彼自身の内的世界のこととして、その意義を認める方向にもってゆけばよかったのだが、彼はそれを外的意義と混同してしまい、自分にとって意義あるものは、すべての他人にとっても意義あるものと錯覚し、それを事業のなかに入れこんでしまったため、大失敗を犯すことになったのである。

これは中年の危機の一例であるが、多くの場合、その個人の何らかの目標が一応達成されたときに、このような危機が訪れることが多いようである。昇進したとき、家を建てたとき、子どもが入試に成功したとき、などの好ましい状態のところへ危機が訪れるのである。先の例に示したように、外的な事柄と結びついて何らかの危機が訪れることもあるが、強い抑うつ状態として、それが現れるときもある。多くの場合、本人は自分の心の内的な問題を意識していないが、ともかく抑うつ状態に悩まされるのである。これがもっと強くなると自殺にまで追いこまれるときがある。危機の問題を明確に意識化し、それと対決するまでに、苦しみに耐えられずに死を選ぶわけである。

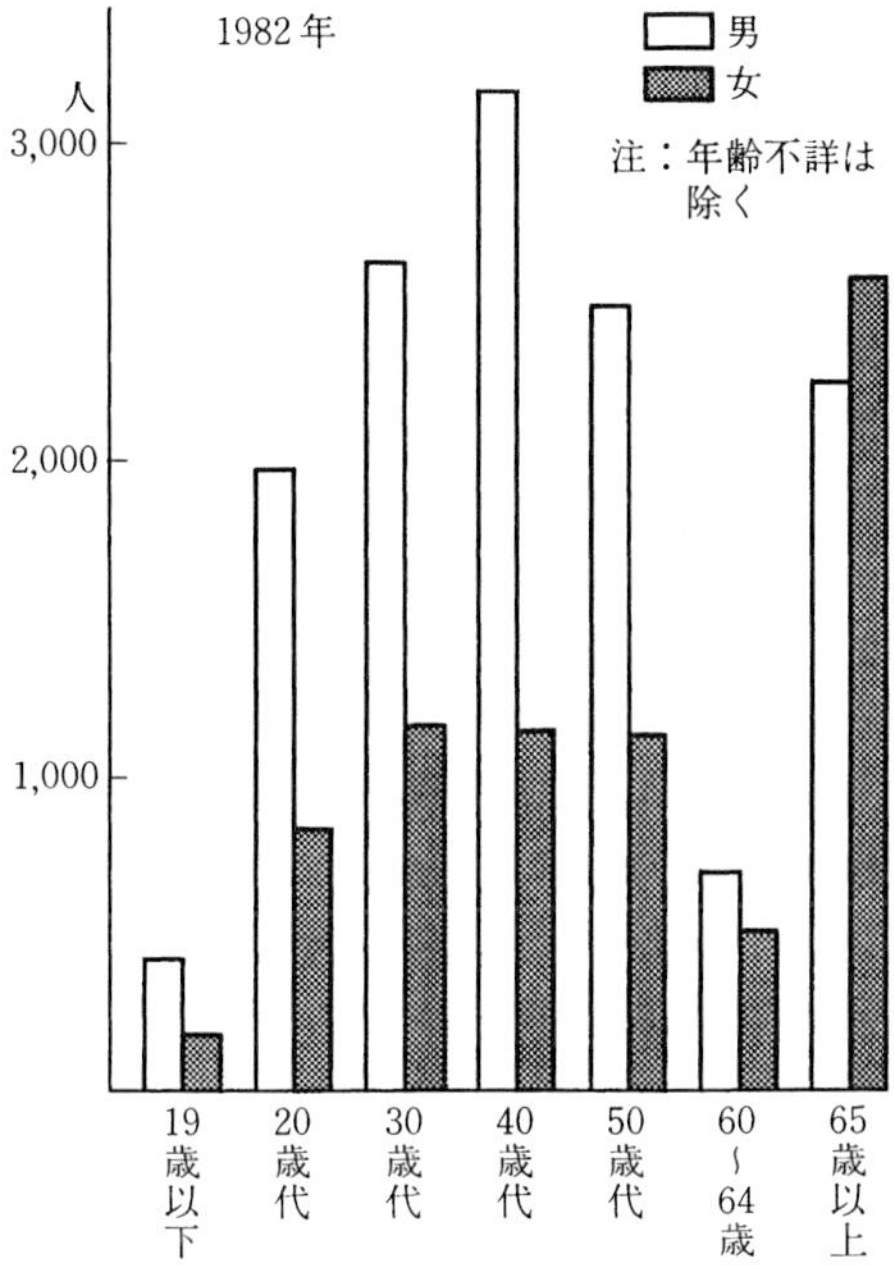

図3　年代別自殺者数（警察庁『自殺白書』（昭和57年版）による）

警察庁が発表した昭和五十七年版『自殺白書』によると、男性について言えば、四十歳代の自殺者がもっとも多いことがわかる。二十歳代の男性一、九七四人に対して、四十歳代は三、一四五人と圧倒的に多い。このことは、かつて（戦時中は異なるが）、わが国においては青年の自殺が多いと言われていたのと比較すると、相当な変化であると言わねばならない。もっとも『自殺白書』はこの原因として不況の深刻化による経済的問題を重要な要因として指摘している。このような統計から軽々しい結論を出すことは差し控えねばならないが、中年男子の自殺の多さは注目すべき現象であろう。

中年の危機の存在は、外国においても、わが国においても相当に意識されはじめつつあるが、このことに対する関心が、むしろ、成人の発達心理学へのステップとなったことは興味深いことである。つまり、中年の危機は、その時期を克服することによって、その後の新しい発達を促すものであることが明確になってきたからである。実のところ、フロイトもユングも強烈な中年の危機を体験しているのである。ユングも三十八歳頃から、分裂病とも見まがうほどの凄まじい体験をしているのである。詳細はユングの自伝を参照していただくといいが、その凄まじい危機の間に体験したことが、その後のユングの創造活動の源泉となっているのである。

エレンベルガーは両者に共通なこのような状態に気づき、創造の病い《クリエイティブ・イルネス》という表現をするようになった。[23] つまり、これらの偉大な人間の中年における病いは、その後の創造への重大な礎石となっているのである。このような点を踏まえて、エリオット・ジェイキーズは中年の研究を行い、さまざまの時代や国における数百人の芸術家の生涯を調べ、芸術家はすべて人生半ばの危機を経験するという結論を下している。[24] ジェイキーズによると、これらの芸術家は中年期において、自分が死すべき存在であることを自覚し、自分のなかの破壊性に対して直接に立ち向うことになる。そして、外的には無為と見えるような期間を経た後に、今までとは次元の異なる創造性を発揮すると言う。

ここに芸術家の例をあげたが、われわれは、芸術家がいわゆる芸術作品を生み出すように芸術作品を生み出すことはできないが、われわれの人生そのものが、われわれの固有の作品であるとも考えられるわけであり、そのような意味で、人間はすべて芸術家であると言える。従って、すべての人にとって創造の病いの可能性はあるのだが、その病いは必ずしも心の病いとして生じるとは限らない。人生における失敗や事故としても生じるであろうが、それを創造へのステップとして受けとめてゆくことが、自己実現の課題であると言うことができる。

2　エール大学グループの研究

今までに少しずつ触れてきたが、ここにレビンソンをはじめとするエール大学グループの研究を紹介しておこう。レビンソンは「おとなであるとは、どういうことなのか」という問いに答えようとし、おとなも「児童期や青年期と同じように、成人してからの生活も一定の順序をもって発達しているのか」という疑問を抱く。これに答えようとして一九六六年頃より研究計画をたて、一九七三年に到るまで、研究グループを作って調査研究を行なった。彼らの研究の特徴はいろいろあげることができるが、まず第一に今まで心理学において注目されなかった中年を取りあげたこと、次に研究グループとして、心理学、社会学、精神医学などの学際的研究を行うと共に、理論的にも異なる立場の人たちが協力し合ったこと、および、徹底して個人を対象として、個々人に対する面接による調査を重要視したことである。

最後の点について考えてみると、これまでこのような点についての調査研究を試みるとき、よく用いられた方法は、多くの人に対して質問紙を送付して、そこから得られた結果を統計的に検討するという方法であった。この方法は明確にその技法が確立されており、それによって、一般的傾向を知るのに都合のよいものであることは、すべての人の認めるところであろう。それに対してレビンソンらの行なった研究方法は、あくまで個人に密着し、個人の生活の歴史をともに探り出そうとするような方法が用いられた。彼はそれを「伝記的面接法(biographical

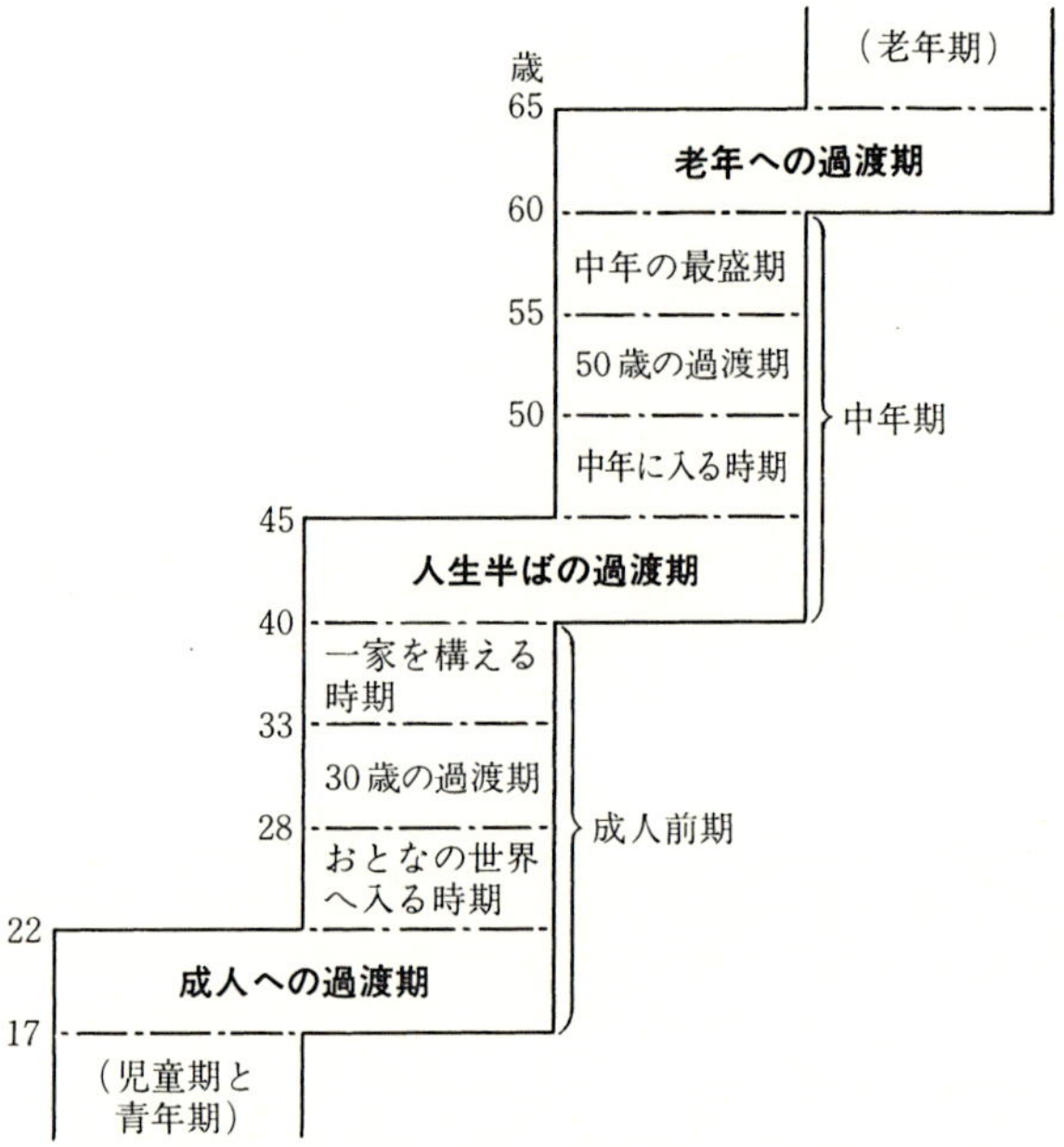

図4　成人前期と中年期の発達段階（レビンソン『人生の四季』より）

interviewing)」と呼んでいるが、その課題は「その人の個人史を作成する」ことであり、「面接者と被面接者が協力し合って、この作業に取り組んだ[25]」(傍点引用者)と述べている。つまり、これまでの調査研究であれば、結果に調査者の主観的判断が関与するのをおそれ、できるかぎり「客観的」に調査することが必要とされたが、ここではむしろ、面接者は積極的に作業に協力しているのである。それはどうしてだろうか。それは、調査者の積極的関与なしには、「個人史」などというものができ上るはずはなく、被面接者の主観の世界を知るためには、面接者が冷たい観察者にとどまっておれないからである。

このような方法により、四つの職業につき十人ずつ、四十人の対象者を設定して、徹底的な調査を行なった。レビンソンらは、もちろん、中年の時期に焦点をあてたのであるが、それを前後に拡張した形で、人間の大体のライフサイクルを見出すことができた。彼は「カール・G・ユング(一八七五―一九六一)こそ、今日の成人期の発達研究の父といいうる人物と考えている[26]」と述べ、ユングの考えが中年の理解に大いに役立つことを明らかにしている。レビンソンは、かくして、人間はどのような人生を歩もうとも、大まかに言って、大体同じような段階を通ってゆくものであることを、このような学際的研究から明らかにしたのである。彼は人生の全体の軌跡を、次のような四期に分類している。

一　児童期と青年期　〇―二十二歳
二　成人前期　十七―四十五歳
三　中年期(成人中期)　四十―六十五歳
四　老年期(成人後期)　六十歳以降

彼は自分の著書に『人生の四季』(The Seasons of a Man's Life)という名を与えているが、人生のなかに四季の変化を読みとっているようにも感じられる。

レビンソンはこのようにおおまかに設定した段階をより詳細に検討し、成人前期より中期にわたって、図4に示すような区分を行なっている。それぞれの時期にはいる前に、何らかの過渡期を設定しているのが、その特徴である。人生半ばの過渡期について、彼は「成人前期と中年期をつなぐ橋となる、新しい発達課題への橋渡しをする。この時期に入ると、それまでの生活構造に再び疑問を抱くようになる」[27]と述べ、自分のそれまでの人生に問い返しを行い、現在の生活の修正を行うと述べている。

このように設定した段階について、個々の人間のケーススタディを記述することによって、生き生きとその内容を伝えるところにレビンソンの著書の特徴があるが、それは原著を見ていただくとして、このような中年に対する関心の高まりや、成人の発達心理学が出現してきたりすることの背景について次に考えてみよう。

3　人生後半の課題

ライフサイクルの問題、とくに成人の発達心理学などということが一般の関心をひくようになったのは、既に少し触れたように、平均寿命が長くなったためと、物質的な満足感を一応味わうことが以前より容易になったことをあげることができる。経済の急激な成長によって、昔に比較すると多くの人がそれなりに満足のゆく生活ができるようになり、しかもそれ以後大分長く生きるとなると、一体何を目標に生きればよいのかということになる。何とか暮らしが楽になるようにと精一杯働き続け、働き疲れて死を迎えるというような生活パターンは随分と少なくなったのである。

この問題は、現在のわが国の女性の場合、複雑な形をとることが多い。というのは、わが国の往時の女性観に従うと、女性はもっぱら服従の姿勢をもって生きてゆくことを善とされていたのが、最近になって欧米文化の影響を受け、西洋的な自我を確立しようとする動きが生じてきたからである。従って、多くの中年(あるいは老年)の女性が、西洋においては人生の前半の課題として考えられていることを、にわかにやりたくなってきたり、やろうと努力するようになったからである。

中年から老年にかけての女性の夢分析において、昇る太陽と沈む太陽の二つの太陽が見える夢を報告されたことが、二、三度ある。これは極めて印象的であり、その女性の人生の軌跡は上昇と下降の二つの矛盾した状態をはらんでいることを示唆している。これはまったく大変な状態である。それにしても、夢などを通じて、自分の困難な状況を把握できればいいが、中年を越えてから、上昇する太陽と同一化するような行動をとれば、早晩、破滅的な状態に追いこまれることになるであろう。

自己実現という言葉は今日では相当に一般化されたが、それはしばしば単純に自分のやりたいことをする、自分の潜在力を伸ばすことであるとされ、プラスのイメージのみを抱かれることが多いようである。確かに、自己実現は自分のやりたいことをやり、潜在力を伸ばすことに相違ないが、その過程において、どれほどネガティブな内容と対決しなくてはならないか、また日常的な意味で価値あるとされることとはほとんど無関係なものであることなどが、まったく閑却されている。あるいは、無意識的には人生後半の仕事の重要性に気づき、何かもの足りないと感じつつ、それが何を意味するか分らないまま、日常的な価値の追求にますます力を注ぎ、不安を増大させている人もある。

人生の前半と後半を分けて考えることは、分りやすいことだが、現実には——とくに現在の世の中では——このように教科書的にはゆかないと言うべきであろう。ユング派の分析家ヘンダーソンは、「いかなる人も人生の後半にさしかかる以前には個性化の道をたどるべきでなく、またそれは不可能である、とユングは断定し続けてきた。しかしながら、分析の典型的な経過を心理学的に探究すると、このようなユングの断言に疑問を感ずることもしばしばある」[28]と述べている。つまり、現在の多くの若者たちは、ユングの言う人生の前半の問題と後半の問題の両方を課題として背負っているというのである。ここに現在の青年たちの大きい苦悩があると思われる。人生の前半の課題にのみ取り組める者はいいが、後半の課題についてふと意識する。しかし、後者の問題を明確に把握したり、それと直面したりするにはいまだ能力が無さすぎる。このようなときは、その青年は何かに熱中することが非常に難しくなる。あるいは、人生前半の仕事を、他の人々と同じようには評価できないので、それに力を尽くすことができない。彼はいきおい無為になったり、無気力になったりせざるを得ない。昨今よく取りあげられた「無気力学生」の問題の背後には、このような状況が存在しているとも思われる。

人生後半の課題については、次のような言い方もできるであろう。すなわち、人間にとっての人生後半の課題は、自分なりのコスモロジーを完成させることである。コスモロジーとは、この世に存在するものすべてを、自分もそこに入れこむことによって、ひとつの全体性をもったイメージへとつくりあげることである。世界を自分から切り離して対象化するのではなく、自分という存在との濃密な関係づけのなかで、全体性を把握しなくてはならないのである。

コスモロジーの完成にとって、非常に厄介なことに、悪の位置づけがある。少し内省する人ならば、自分のなかに悪の存在することを自覚することであろう。われわれはそれを切り棄てることによって、完全なイメージを作ったとしても、それはコスモロジーではない。コスモロジーはこの世に存在するすべてのものを入れこまないとコスモロジーではない。自我の確立は、怪物退治の神話に象徴されるように、それはある意味では悪との戦いであるとも言える。自我の統合性や主体性をおびやかすものは、すべて自我にとって悪である。それとの戦いに勝って自我は確立されるが、その後に、われわれが今まで悪としていたことを、われわれのコスモロジーに取り入れる努力を払わねばならない。手に入れるべき宝として、英雄は女性を獲得するが、女性がそもそも怪物に捕われていた事実は、彼女と怪物とのひそかな結びつきを示唆している。その女性との結婚を通じて、言うならば、英雄は悪の取り入れ、あるいは、悪との付き合いという課題を背負うことになる。

エリクソンはイデオロギーの成極化を重視する。これは、エリクソンがやはり自我心理学者として、自我の方に重みを置いているので、このようになるのではなかろうか。ユング的な意味での自我から自己への深化は、イデオロギーからコスモロジーへの転換を期待している。イデオロギーは自我の正当性の武器として用いられるものだ。従って、イデオロギーの確立しないものは、自我を確立できない、ということになる(もっとも、エリクソンの言うイデオロギーは、一般に言われるよりも、無意識的要因を重視しているので、その点には注意すべきである)。しかし、自己実現という考えは、とくに人生の後半のことも考えるとき、自我の確立だけでは不十分であり、悪とか死とかをその構成のなかに取り入れたコスモロジーが必要となってくるのである。

イデオロギーは、相当に既存のものを借りることができる。あるいは、父や母を怪物に仕立て、自分の正当性を主張するのにふさわしいイデオロギーは、すぐに見出すこともできる。しかし、現在の青年たちの悲劇は、このような既存のイデオロギーの一面性について、すぐに気づいてしまうことではなかろうか。現在の青年で何らかのイデオロギーに依存し、自分の絶対的な正当性を主張するような人たちは、比較的未熟な人が多いように思われる。その他の青年は、イデオロギーの一面性について知りすぎている。しかし、彼らの多くは、既に彼らがコスモロジーの問題に直面していることを意識していないのではなかろうか。彼らは課題不明なままに、しらけたり、無気力になったりせざるを得ない。あるいは、イデオロギーを武器とする怪物退治に幻滅を感じ、ひたすら既存のシステムのなかにはいりこむ努力を払うことになる。

コスモロジーは、そのなかに自分という存在を入れ込ませる必要上、本人の何らかのパフォーマンスが要請される。観念的な努力のみによって、コスモロジーはつくりあげることはできない。最近の若者たちのなかに、「ともかくやってみよう」というタイプが存在するのも、このように考えてみるとよくわかるのである。ただ背後にある課題に対する意識なしでは、ただやってみることはやってみることだけに終り、当人にとって意味あるものへとは収斂してゆかない。しかし、それはイデオロギーに基づく正しい行為ほどには、社会に対する害毒は少ないのである。

現在の青年はこのような困難な状況に置かれているとも言えるし、一方ではイデオロギーによる反抗を棄て去ったので、ともかく、既存の知識の吸収に忙しく、往時のような異議申し立てなどしておられないかもしれない。あるいは、青年は反抗するものと決めてかかっている成人たちに対して、それは新手の異議申し立てと言えるかもしれない。このように考えてくると、青年の自我確立のための危機は消滅し、中年のコスモロジー探索の危機の方がクローズアップされてきたとも考えられる。ライフサイクル上の最大の危機は、現在ではむしろ中年の方にあると考えてみると、中年男性の自殺が多いという現象も、了解されるように思われる。

五　イニシエーション

ライフサイクルという考えは、人間の生涯が何らかの段階分けを可能にすることを意味している。これまでいろいろなライフサイクル説を示してきたが、そのいずれにしろ、どこかのところで、今までの段階から異なる段階へと変る節目のようなものが存在することを指摘している。人間がライフサイクルを生き切るためには、重要な境界線を突き切ることが必要である。このことを考える上で、イニシエーションということが、極めて重要なこととなってくる。

1　イニシエーションの喪失

イニシエーションは、未開社会において、ある個人がひとつの段階から他の段階へと移行するとき、それを可能にするための儀式である。宗教学者のエリアーデは、イニシエーションを宗教史的な観点から、三つの型に分

けている。(29)

1　少年から成人へ移行させるものであり、成人式、部族加入礼である。これは特定社会の全成員に義務づけられていて、集団儀礼として行われる。

2　特定の秘儀集団、講集団に加入するためのもの。

3　神秘的召命によっておこるもので、呪医やシャーマンに成るためのものである。

エリアーデは、このようなイニシエーションを、「一個の儀礼と口頭教育(oral teaching)群をあらわすが、その目的は、加入させる人間の宗教的・社会的地位を決定的に変更することである。哲学的に言うなら、イニシエーションは実存条件の根本的変革にひとしい(30)」と述べている。つまり、イニシエーションの体験によって、ある個人はまったくの「別人」に成ると考えられるのである。

ところで、近代社会は、このような深い意味をもったイニシエーション儀礼の消失を、その特徴のひとつとしている。その理由は、われわれが伝承社会の人間とは異なる世界観をもって生きているからである。エリアーデは、そのことを、「近代人は、彼に先立つ歴史のなかに純粋な人間のわざを見、さらには、とりわけそれを無限に継承し、完成すると漠然と信じている」ことを指摘し、また、「伝承社会と対比して、近代人の持つ斬新さとは、まさしく、みずからを純粋歴史的存在と認めようとする決意と、根本的に非聖化された宇宙に生きようとする意志にかかっている(31)」と述べている。つまり、端的に言えば、社会の「進歩」ということを信じ、しかもそれに価値をおいているので、既存の固定した伝承の世界へ、加入するための儀式などわざわざ行う必要がないのである。

近代人はこのようにして、社会的な儀式としてのイニシエーションは棄て去ったが、その無意識内には、イニシエーションの元型的なパターンが存在し、われわれに今なお作用を与えていることを、ユングは次のように主張している。「無意識の内容の中に、まぎれもなく明らかにイニシエーションの完全な象徴が現れるのは事実である。……大切なのはイニシエーションの象徴が、客観的な事実であるかどうかではなくて、これらの無意識の内容がイニシエーションの実施に匹敵するものであるかどうか、またそれらの内容が人間の心に影響を与えるかどうかということである。この点は十分強調しておかねばならない。さらにその無意識の内容が望ましいものであるかどうかは問題ではない。そのような内容が存在し、作用していると言うだけで十分である。(32)」

実際、ユングの言うとおり、現代人の夢分析を行うと、そのなかにイニシエーションの元型的パターンが生じ、それはその人にとって大きい意味をもつのである。ヘンダーソンは、そのような例を彼の著書に数多くあげている。それらについては次項で述べるとして、ここでは彼の言う「イニシエートされていない人」の問題について少し触れておきたい。つまり、近代社会においては、イニシエーションの儀式を喪失してしまったので、集団として、決められた日に子どもが成人になるということができぬため、個々の人間がそれぞれイニシエーションを体験しなくてはならない。ところが、それが作用しない一群の人々がいるのである。

たとえば、ある大学生は知能は高いのだが、どうもその能力を出し切れていない感じが強い。下宿にごろごろしていて大学に出て来ない。友人たちがいろいろ誘いをかけるが、どれに対しても、一応もっともらしい批判を述べてやろうとしない。ところがある時突然、何かの運動に賛成して行動し始める。言うことも鋭いし、行動力もある。ただ論理が一面的で、ものにつかれたような強さと、もろさを感じさせるところが心配である。そうするうちに熱が冷めたり、やり過ぎのため失敗したりすると、たちまちに熱意がさめて、もとの無為の状態に逆もどりする。まったくの無為になってしまったと皆が思いはじめると、また新しいアイデアや、運動に感激してやってくる。こんなことを繰り返し、何かひとつのことをほんとうにやり遂げることはない。このような行動パターンなのである。

ユング派の分析家たちは、このような行動の背後に、永遠の少年(puer aeternus)の元型が作用していると考える。「永遠の少年」とは、ギリシャにおけるエレウシースの秘儀の少年、イアカスを指して、オヴィディウスが呼んだ言葉であると言う。エレウシースの秘儀は、デーメーテールという太母神とその娘コーレ(ペルセポネー)の神話を踏まえて行われる、死と再生の密儀である。これは穀物が母なる大地を母胎として、冬には枯れ、春には芽生えてくる現象になぞらえたものとも考えられるが、この死と再生を繰り返す穀物の姿の顕現として「永遠の少年」イアカスが登場するのである。従って、永遠の少年は決して成人しないのである。

このような永遠の少年の元型は、すべての人の心の無意識の深層内に存在している。これがうまくはたらくときは、人に創造活動をもたらすが、このような元型と自我が同一化するとき、既に紹介したような、文字通りの「永遠の少年」の生き方が生じてくることになる。

2　現代人とイニシエーション

現代人は集団的なイニシエーション儀礼を失ったが、個々人は自分なりのイニシエーションを体験しなくてはならない。それが夢のなかに生じることが多く、われわれは夢分析を行うときには、その点によく留意している。ユングはイニシエーションの夢の例として、次にあげるような同性愛者の見た夢をあげている。(33)

夢　「私は大きいゴシック式の大教会のなかにいる。祭壇にはひとりの僧が立っている。私は友人と共にこの僧の前に立ち、手に小さい日本製の象牙の像をもっている。その象牙の像に洗礼を受けさせるのだと感じている。

突然、年輩の婦人が現れ、友人の指から大学生組合の指輪を抜きとり、自分の指にはめた。友人はそのことのために自分が何かに縛られることになるのではないかと不安を感じる。しかし、その瞬間、不思議なオルガンの音が鳴り響く。」

ユングはこの夢を、この患者が男性性を獲得してゆくためのイニシエーションの儀式であると考える。ゴシック式の大教会に僧と共にいることは、儀式をあげるのにふさわしい状況である。しかし、それは必ずしもキリスト教的なものであるとは言い難い。この患者は、象牙の像から男性性器を連想し、それに洗礼をさずけることについて、ユダヤの割礼を想起している。イニシエーションの夢の場合、異教的要素や、古代の風習の名残りのようなものがはいりこんでくることが多く、興味深い。夢のなかの友人は、患者の同性愛の相手であり、その人の指輪をとりあげ、年輩の女性が自分の指にはめたということは、患者の人間関係の改変を明示している。これは同性愛関係から異性愛関係への移行を明確に示す儀式である。この年輩の女性について、患者は彼の母親の友人で、母親のような人だったと述べている。従って、彼の異性関係はいまだ成熟したものではなく、母親類似の女性との関係であるが、同性愛を克服するための一歩が踏み出されたことは確かである。ヘンダーソンも、イニシエーションのはじめの段階として、このような「母への回帰」が生じることを指摘している。

多くのイニシエーション儀礼の研究を行ったエリアーデは、そこに「死と再生」のプロセスが象徴的に認められることを報告している。従って、夢のなかでも死と再生のプロセスが認められることがあるのはもちろんであるが、イニシエーションの元型が作用するとき、実際に、死の元型もそこに作用しているとみなされることが多い。夢などによって象徴的に体験してゆける人はいいが、さもないときは、イニシエーションの必要な時期に、死の危険がつきまとうので、われわれ臨床家はとくにこの点について注意していなくてはならない。たとえば、長い間症状に苦しんできた重い神経症の人が、その症状がなくなったときに自殺をするなどということが生じるのである。症状がなくなったことを治療者や家族が喜んでいるとき、患者はイニシエーションに伴う死の体験を昇華し切れず、実際的な死に身をまかせてしまうのである。

いわゆる非行少年たちが、単車の暴走をやったり、流血の戦いをまき起こしたりすることの背後には、イニシエーション元型が存在していると考えられる。子どもから成人へとなるイニシエーションの必要性を無意識に感じとりながら、それを遂行し切る強さと周囲の適切な援助がないまま、ともかく、彼らは死の元型の作用へ身をまかせがちになるのである。そして、それはイニシエーションの儀礼として高められるよりは、単なる事故とか事件へと下落してしまう。しかし、非行少年に接する人々が、以上のことをよく理解していると、それらの事件の否定的な面にのみ心を奪われるのではなく、それらを通じてイニシエーションを行うことも可能なのである。

子どもから成人になるときにイニシエーションが行われることは当然だが、既に述べてきた人生の後半への移行においても、イニシエーションが存在する。ある一流会社の幹部である中年の男性が次のような夢を見た。

夢　「ある会社(彼の会社ではない)の入社試験に合格する。入社のため父親と一緒にゆくが、夜であった。会社に着いて父と別れると、急に二次試験があると思い自信がなくて不安になってくる。」

この夢は、既に一流会社の幹部になっている人が、さらに他の会社に入社しなくてはならず、しかも二次試験に受かるかどうか不安になっている状態にあることを示している。彼は中年になって今まで知っていた世界を離れ、夜の闇のなかで未知の世界へはいってゆかねばならない。彼が父と離れるということは、彼が既成の規範や考え方などから離れること、それに頼っていられないことを意味している。彼が自信を失い不安になるのも当然のことである。

人生後半へのイニシエーションが、何らかの事故や事件によってひき起こされることも、もちろんある。そして、未開社会においては集団で行われていたことを、まったく個人が個人の責任において行うのだから、そこには強い孤独感が存在することも忘れてはならない。いずれにしろ死の元型がそこにはたらいているのだから、死の孤独に耐える力をもってこそ、イニシエーションが成功するのである。

3　死の体験

イニシエーションには「死の体験」が伴うと述べた。それはあくまで象徴的なレベルで行われるので、個人によってその深さはいろいろである。ところで、最近は蘇生術が急激に発達したために、臨床的には死と判定されるような状態から蘇生してくる人が以前より多く生じてきた。これらの人にその「死」の体験を聞くと、極めて不思議な体験であるが、そこにある程度一定のパターンが認められることがわかってきた。最初のうちは、いわゆる「死後の世界」式の、少しキワモノ的に扱われていたこの問題も、最近では科学的研究の対象として真剣に取りあげられてきた感じがする。ライフサイクルの最後に来る死の問題を考える上においても、この点について少し紹介しておきたい(34)。

レイモンド・ムーディは哲学、および医学を学んだが、死に対して強い関心をもっていた。ある精神医学の教授から彼自身の「死の体験」を聞き感銘を受けた。その後、そのような体験をもった人、つまり担当医が死の断定を下した後に蘇生した人や、事故などによって死に瀕した人など百五十例につき、その体験談をあつめた。そして、それらのなかにある共通点があることを認めた。彼はそのような共通点を踏まえて、ある理論的な「典型」をスケッチしている。それを簡略に次に示してみよう。

まず、耳障りな音が聞え、暗いトンネルを猛烈な速度で通り抜けたように感じ、自分の物理的肉体を抜け出て、ある距離を保った場所から、傍観者のように自分自身の物理的肉体を見つめている。自分にも「体」が備わっているが、この体は物理的肉体とは本質的に異質なもので、特異な能力をもっていることがわかる。すでに死亡している友人や知己の霊がすぐそばにいることも、なんとなくわかる。今まで一度も経験したことのないような愛と暖かさに満ちた霊——光の生命——が現れ、自分の一生を総括させるための質問を投げかける。生涯の主なできごとを連続的にしかも一瞬のうちに再生して見せることで、総括の手助けをしてくれる。そのうち、一種の障壁《バリヤー》とも境界《ボーダー》ともいえるようなものに少しずつ近づいていることがわかる。激しい歓喜、愛、やすらぎに圧倒されそうになるが、意に反して、どういうわけか再び自分の物理的肉体と結合し、蘇生する。このような体験は、その後他人に話そうとしても、適切に表現できる言葉が見つからず苦労する。この体験をしたあとで、自分の人生は大きい影響を受け、自分の人生の幅と奥行が深くなったように感じる。

ここにごく簡単にスケッチしたようなことが、さまざまの体験談のいわば共通項として提示できるものだとムーディは述べている。なお、臨床的な死を宣告された後に、手当を受けて蘇生したが、先に提示したような共通の要素を一切体験しなかったと報告した人も、二、三人いることを、ムーディは報告している。なお、ムーディが指摘していることだが、これらの死の体験の報告と、『チベットの死者の書』とかスウェーデンボリの霊的体験など、古来からある死後の世界に関する記述との類似性があるのも興味深いことである。

さて、このような報告から、すぐに死後の世界、あるいは、死後の生命の存在を結論づけるのは性急に過ぎると思われるが、死ということに相当な体験が伴うらしいとは推論できるのである。あるいは、少なくとも、死んでゆく人が、死を次の世界にはいるためのイニシエーションとして体験している、と推論できるのである。そして、このような体験をした人が、そのことによってその後の人生に大きい影響を受け、「ほとんどすべての人が、他人に対する一種独特の深みをもった愛情をつちかう努力が、人生においてたいそう重要であると力説している」。そして、「死後の世界を体験した人たちは、それぞれが目撃したことによって新しい目標と新しい道徳律を体得し、それに合致した生き方をしようと、決意を新たにする。しかし、安直に救済されたとか、自分が精神的に完璧なものになったなどとは少しも感じていない(35)」と報告されている。

このような報告を見ると、ユングが死後の生命について、次のように述べているのもうなずけるのである。「人は死後の生命の考えを形づくる上において、あるいは、それについて何らかのイメージを創り出す上において——たとえ、その失敗を告白しなければならないとしても——最善をつくしたということができるべきである。そのようなことをしたことがないのはたいへんな損失である。というのは、彼に課せられた問題は、長年の間にわたる人類の遺産なのである。すなわち、ひとつの元型であり、われわれ個人の生活に、それを加えることによって全体性を与えようとする、豊かな秘密の生命なのである。(36)」死後の生命があるかないかなどと議論するよりも、それについてのイメージを創り出すことによって、われわれの人生はより豊かになり、より全体的な姿をとることになるのである。死後の生命という視座から現世の生を照らし出すことによって、より意義のある生の把握が可能となるのである。

ライフサイクルは死をもって終りとなるのであるが、そのサイクルを死を超えて拡張して考えてみることで、より完全な姿で、ライフサイクルを見ることができるし、むしろ逆に、ライフサイクルの有限性をはっきりと認識し、受け容れることができるのかも知れない。「死の体験」の研究は今後もますます続けられるであろうが、キワモノとしてではなく、誠実で正確な研究を積み重ねてゆくことによって、われわれは実に多くのことを得られるであろう。

六　残された課題

以上、ライフサイクルの問題について、概説的に述べてきたが、ここまで十分には論じ切れなかったことや、今後の課題として考えるべきことについて、少し触れておきたい。問題自体としては、それぞれ非常に大きいことで簡単には答え切れないことであるが、今後ともこのような課題について考え続けてゆきたいと思っている。

まず、第一点は、家族サイクルの問題である。これまではすべて個人のライフサイクルについて述べてきたが、家族も全体としてライフサイクルをもっている。男女が結婚してひとつの家庭をつくるところから、その家族のサイクルがはじまると考えると、その後に子どもが生まれ、子どもの成長と、両親の成長とは互いにからみあって、ひとつのサイクルを形成する。そして、ついには子どもたちが結婚して新しい家庭をもつことになる。最初の夫婦は老年へとさしかかるが、自分の子どもたちが社会で一人前としてはたらくのを見ると共に、孫たちが新しい生命をもって生まれ、成長してくるのを見ることになる。最初の夫婦は最後は自分たちだけで暮らすかもしれないし、あるいは、子どもたち夫婦と同居するかもしれない。ともかく、死を迎えるにあたって、子どもたちに面倒を見て貰うことになる。このようなライフサイクルの流れのなかで、家族は膨脹したり収縮したり、家族の成員の個々人のライフサイクルと常に関連しながら、全体としてひとつのライフサイクルをつくり出している。

近代国家では、ほとんどが核家族化しているが、世界にはまだまだ大家族のところがあり、それらのライフサイクルのスタイルを比較してみることも興味深いと思われる。

家族ライフサイクルにおいて、もう一点注目すべきことは、家族の成員のそれぞれのイニシエーションが、それぞれ意味を異にして行われることが時期的に一致して、家族全体として大きい危機に見舞われることがある事実である。夫は夫、妻は妻、子どもは子どもで、それぞれが人生の大切な転機に立っている。そのことを認識して家族中が互いに援助し合い、その危機を克服することによって、それぞれがイニシエーションを成し遂げることができる。しかし、あまりに危機が大きすぎて家族の崩壊がもたらされたりするときもある。

あるいは、最初は家族の成員の誰かの問題として意識され、その解決のために家族中で努力し、それが解決されてから考えてみると、そのことによって他の成員もイニシエーションを行なっていたことがわかる、という場合もある。実際には、むしろ、このようなパターンとなる方が多いであろう。たとえば、息子が家庭内暴力をふるいはじめ、両親はその解決のために右往左往する。専門家に相談したり、今まではあまりやらなかったことだが、子どもの問題のために夫婦で話合いをしたり、そのようなことを積み重ねているうちに、両親の方も、人生の後半へとはいってゆくイニシエーションを体験していた、というようなことが多いのである。わが国の家族関係は、欧米に比して微妙なからみ合いをもっているので、このようなことが生じることが多く、今後大いに研究すべき分野であると考えられる。

次に、ライフサイクルにおける女性の問題がある。これは、女性のライフサイクルをどう考えるかという問題と、それに関連しているが、ライフサイクルということを「女性の目」から見るとどうなるかという問題に分けて考えることができる。まず、後者の方から考えてみよう。既に述べたように、自我確立の過程を西洋流に考えることは、男性の目によるものである。「女性の目」を通して見るという場合、自我の在り方からして異なってくるはずである。そして、このことは必然的に東洋と西洋の対比の問題にまで及んでくるのである。ノイマンの提出した、西洋近代の自我は——男女を問わず——男性の英雄像で表される、という説に対して、筆者は、日本人の自我は——男女を問わず——女性像で表されるのではないかという仮説を既に提出した。ここに詳しく述べることは出来ないので、興味のある方は拙著[37]を見ていただくとして、結論的に言うと、ここに述べてきたライフサイクルは男性の目から見たもので、女性の目から見たものではないということである。

では、女性の目から見るとどうなるか、それはおそらく極端な場合、段階的発達という考えを拒否するものではないかと思われる。ひとつの段階から次の段階へと、継時的に進歩発達するというのが、男性的発想である。女性の目から見れば、すべてのものは最初から存在し、もっと円環的な変化を示すのではないかと思われる。このことは、女性のライフサイクルの研究が少ないことと関係しているかも知れない。

ライフサイクルと言わず、ともかく今まで述べてきたような点を「女性の目」を通して見ることは、ある意味では既になされてきているとも言える。ユングの元型の考えがそれである。元型の考えによると、それは生まれたときから、すべての個人が無意識内にもっているのだから、子どもも老人の元型をもっているし、いくら老年になっても永遠の少年の元型は存在しているはずである。ただ、どの年齢にどの元型のはたらきが優勢となるかという言い方をしたとき、それはある程度、「段階的」に記述できる。しかし、それは絶対的な段階ではなく、それは階段を登るように、ひとつの階段をのぼれば、その下の階段におさらばするのではなく、そのすべては常に自分のなかに存在しているのである。

このような考えに立つと、永遠の少年の元型は必ずしも否定すべきではなく、むしろ、老の元型と対をなして、創造的活動になくてはならないものとなってくる。現在では、ユング派のなかで、このように永遠の少年元型を見てゆこうとする人も出てきている。

フロイトが相当に「男性の目」によるところ大(と言っても、そう簡単には言い切れぬのだが[38])であったとすると、彼の流れを引きつつ、むしろエディプス期前期の重要性に目をつけたメラニー・クライン(女性)が、段階という語を棄てて態勢(position)という用語を用いたことも、「女性の目」から見た結果と考えると、なかなか興味深い。彼女の「態勢」という考えは、段階という考えと、ユングの元型という考えの中間にあるものとして受け止めることもできる[39]。

しかし、ライフサイクルという人生の「全体」を見る考えや、中年の意味を考えるところには、既に相当に女性の目が働いていると言うべきである。アメリカにおいて大いにもてはやされた中年の危機を扱った書物が、二冊とも女性によって書かれているのも偶然のことではないだろう[40]。そのなかの一人、ナンシー・メイヤーは、アメリカ人があまりにも若者を重視し、中年や老年の意味を省みなかったことについて、「フロイトに毒されて」という命題のもとに語っている。これはフロイトの「男性の目」を意識してのことと思うが、これはやや言いすぎで、正しくは「フロイトのアメリカ理解に毒されて」、と言うべきだろう。フロイトの晩年の著作からは、彼が女性について、死について考えていたことが認められるのである。ただ、新興国アメリカがフロイトを取り入れるとき、それらをあまりにも棄て去ってしまったとも思われるのである。今後のフロイト研究について、われわれが課題とすべきところであろう。

ライフサイクルを厳密な段階としてではなく、すべてのものは常にすべて存在しているような見方でこれを見ると、必ずしも、〇歳より八十歳に到る過程を踏まなくとも、その全体性は成し遂げられることもあると考えられる。ライフサイクルの考えをあまりにも固く受けとめると、人間は八十歳まで生きないと駄目なような気さえしてくるのである。最後に述べたような考えを適用してくると、たとえ、若くして死んだとしても、全体性を全うすることは可能と考えられるし、このような観点から人生を見ることも、われわれは今後の課題とすべきであろう。

注

（1）D. J. Levinson, The Seasons of a Man's Life, Alfred A. Knopf Inc., New York, 1978.（南博訳『人生の四季　中年をいかに生きるか』講談社、一九八〇年。）
（2）D・J・レビンソン、南博訳、前掲注（1）書、一九―二〇頁。
（3）鑪幹八郎「訳者あとがき」、コールズ、鑪幹八郎訳『エリク・H・エリクソンの研究』下、ぺりかん社、一九八〇年、五五一頁。
（4）フロイト、高橋義孝／懸田克躬訳『精神分析入門』人文書院、一九七一年。
（5）H・エレンベルガー、木村敏／中井久夫監訳『無意識の発見』下、弘文堂、一九八〇年、三七〇頁。
（6）C. G. Jung, "The Aims of Psychotherapy," in The Practice of Psychotherapy, Collected Works, Vol. 16, Pantheon Books Inc., New York, 1954, pp. 40-41.
（7）C. G. Jung, "The stages of Life," in The Structure and Dynamics of The Psyche, Collected Works, Vol. 8, Pantheon Books Inc., New York, 1960, pp. 387-403. 本論文は最初、"Die seelischen Probleme der menschlichen Altersstufen" と題して一九三〇年に発表された。
（8）Jung, *ibid.*, p. 394.
（9）Jung, *ibid.*, p. 400.
（10）金田鬼一訳『グリム童話集』五、岩波書店、一九七九年、二八―三一頁。
（11）D・J・レビンソン、前掲注（1）書、四六九―四七〇頁。
（12）D・J・レビンソン、前掲注（1）書、四六七頁。
（13）B. C. J. Lievegoed, Entwicklungs-phasen des Kindes, J. CH. Mellinger Verlag, Stuttgart, 3. Auflage, 1982.
（14）桑原武夫『論語』筑摩書房、一九八二年、五九頁。

(15) H. Zimmer, Philosophies of India, Princeton University Press, Princeton, 1951. および山折哲雄「四住期の論理と四諦の論理」、『現代思想』臨時増刊「総特集 ブッダ」、一九七七年、二〇八—二一六頁による。
(16) Zimmer, *ibid*., p. 157.
(17) Zimmer, *ibid*., p. 158.
(18) 山折哲雄、前掲注(15)論文、二一一頁。
(19) E. Neumann, The Origins and History of Consciousness, Pantheon Books Inc., New York, 1954.
(20) C. G. Jung, "Concerning Rebirth," in The Archetypes and The Collective Unconscious, Collected Works, Vol. 9 I, Pantheon Books Inc., New York, 1959, p. 142.
(21) J.-R. Staude, The Adult Development of C. G. Jung, Routledge & Kegan Paul, London, 1981.
(22) C. G. Jung, Psychological Types, Routledge & Kegan Paul, London, 1923, pp. 424-425.
(23) H・エレンベルガー、前掲注(5)書。および、『岩波講座 精神の科学』別巻のH・エレンベルガーによる「創造の病い」の論文参照。
(24) E. Jacques, Work, Creativity and Social Justice, International Press, New York, 1970. レビンソンの前掲注(1)書に引用されているが、絶版で入手できない。
(25) D・J・レビンソン、前掲注(1)書、三二頁。
(26) D・J・レビンソン、前掲注(1)書、一七頁。
(27) D・J・レビンソン、前掲注(1)書、九五頁。
(28) ヘンダーソン、河合隼雄/浪花博訳『夢と神話の世界 通過儀礼の深層心理学解明』新泉社、一九七四年、二二三頁。
(29) M・エリアーデ、堀一郎訳『生と再生』東京大学出版会、一九七一年、一六—一七頁。
(30) M・エリアーデ、前掲注(29)書、四頁。
(31) M・エリアーデ、前掲注(29)書、三—四頁。
(32) C. G. Jung, Two Essays in Analytical Psychology, Collected Works, Vol. 7, Pantheon Books Inc., New York, 1953, p. 229.
(33) Jung, *ibid*., p. 105.

(34) レイモンド・ムーディ、中山善之訳『かいまみた死後の世界』評論社、一九七七年。
(35) レイモンド・ムーディ、前掲注(34)書、一二六頁。
(36) アニエラ・ヤッフェ編、河合隼雄/藤縄昭/出井淑子訳『ユング自伝　思い出・夢・思想』2、みすず書房、一九七三年、一四一頁。
(37) 河合隼雄『昔話と日本人の心』岩波書店、一九八二年。〔本著作集第八巻所収〕
(38) 「男性の目」という言い方をすると、いわゆる発達心理学による段階が、「男性の目」によって設定されたものと言うべきであろう。
(39) この点については、ストー、河合隼雄訳『ユング』岩波書店、一九七八年、Ⅲ章を参照。
(40) N・メイヤー、山崎武也訳『男性中年期』サイマル出版会、一九八〇年。および、シーヒィ、深沢道子訳『人生の危機パッセージ』ⅠⅡ、プレジデント社、一九七八年。

2　元型としての老若男女

一　老若男女の現在

老若男女の問題は古くして新しい問題である。それはいかなる時代、いかなる社会においても常に中枢の問題であった。ただ、それぞれの時代、文化、などによって、そのうちのどれかの軸に重みづけがなされている、と考えられる。それぞれ特定の文化によって、老が、若が、あるいは男が、女が、貴ばれるということがあった。老が貴ばれる文化においては、若者はできるだけ年長に見られることを好み、服装などもそれに従ってくる。これに対して、若に重みをおく文化においては、老人は若く見られようとして、いろいろと努力を払う。実際、現在のわが国において、四十歳代の人は三十歳の若さを保とうと努力し、七十歳の老人が壮年の強さを誇ろうとしていることなど、老に価値をおく文化から見れば、滑稽極まりないことであろう。それは見苦しいとさえ感じられるであろう。

ここで、現在のわが国における老若男女の在り方を少し眺めてみよう。筆者は心理療法という仕事をしているので、それぞれの人の生《なま》の姿を見ることが多い立場にある。と言っても、自分が担当した事例についての詳細を、このような場所に述べることは許されていないので、一般に知られている例によりながら、自分の経験をそこに入れこんで考察してみたい。ここで、一般に「開成高校生殺人事件」といわれている事件を取りあげてみよう。これは、「家庭内暴力」をふるう高校生の一人息子を父親が殺し、父母はその後、心中しようとしたが果せず、公判中に母親が自殺したという痛ましい事件である。この事件のルポルタージュを行なった本多勝一記者の報告から引用してみよう。(1)

A少年の「家庭内暴力」は確かに猛烈をきわめたようだ。学校ではむしろおとなしい方のAが、帰宅するや否や、まず大声で泣く。「外で人を殺したい気持ちをガマンしておさえ、やっとの思いで帰るので泣くのだ」とAは説明した。そして泣き終ると大暴れが始まる。手当り次第にものを投げつけ、家族を殴り、けとばす。……洗面器で一〇杯くらい頭から水をかけてグショぬれにしたり、寝ているときにフトンをはいで外に投げ、部屋中に水をまいて眠れなくする。外へ逃げだしても追いかけて水をかける。破壊の音や叫び声が毎日のように近所の家まで聞こえ、ものに火をつけて戸外へ投げる様子も見られた。それが何か月もつづく。事件の数日前には包丁をかざして父親に切りかかり、サラで頭をなぐって負傷させたため、パトカーを呼んで精神病院に収容しなければならなかった。

息子の行状のあまりの凄まじさに耐えられなくなって、父親は息子を殺し、自分も死のうと決意する。引用を続けよう。

下帯を手にした父親は、豆電灯の下で一人息子の寝顔を見つめた。Aはあお向けに眠り、父親はそのまくらもとに正座していた。平和で何事もなかったころのAの思い出。「また一番だよ」と満点の答案を持って家に駆け込んだ小学生のころの笑顔。どうしてそれが、こんな子に育ってしまったのだろう。そう思うとふびんになって手が出せなくなった。が、すぐにつづいて、母親や祖母を追いかけるAの狂ったような顔、逃げる彼女らの必死の顔が、そうした思い出を打ち消した。下帯が息子の首にまわされ、「無我夢中でしめてしまいました」。

これは何とも凄まじい悲劇である。結果が殺人にまで到らないにしても、それに近い状態にまで追いつめられる「家庭内暴力」は、予想外に多い。われわれ臨床家は、真夜中の電話で、「息子に殺されます」という親の訴えを聞き、処置を講じなくてはならないのである。暴力をふるうのは息子だけではない。娘たちも同様である。家庭内暴力についての豊富な経験をもつ、警視庁少年相談室の江幡玲子氏の報告している例をあげてみよう。(2)

「お前の料理はまずいから、おいしくしてやる」といって鍋の中へ洗剤を入れ、「家の掃除がしてなくて汚ない」といって醤油をまき散らし、そのあとへ粉をふりかけ、真夜中に母親を起して、「きれいにしろ」と掃除をさせ、娘はそれを監視し、ちょっとでも休むと掃除機の管で叩く。

「地獄みたいな顔をしてないで化粧でもしたらどうだ」とフライパンの油をかけられたときは、生命の危険を感じて家を飛び出して旅館に泊った。

ピアノの上手なかわいい顔の少女からは全く想像できないような話で、誰にも信じてもらえないとため息をつく母親も美しい人。

家庭内での暴力といえば、昔は夫が妻に対して、あるいは、父親が子どもに対してふるうものと思われていた。現在の家庭内暴力の特徴は、子どもが親に対して行うものであり、そこに男女差がないことである。それともう一つの大きい特徴は、それらの子どもが家庭外では、まったくの「よい子」であることが多い事実である。江幡氏の報告のように、その子をみるかぎり「全く想像できないような話で、誰にも信じてもらえない」のである。つまり、家庭内暴力が特別に性格に歪みのある父親のいる家とか、経済状態の悪い家とかに生じるのではなく、一般の家にいくらでも起こり得るという点が特徴的なのである。

先に引用したA少年の事件のなかで、父親が子どもを殺す前に、「平和で何事もなかったころ」の子どもの姿を思い出すところは、まったく印象的である。親子にとって幸福に満ちた生活をしていたころ、誰が将来に起こる家庭悲劇を予想し得たであろうか。最近、子どもの自殺の問題がジャーナリズムで取りあげられ、多くの親に動揺をひきおこした。実際、電話や直接の相談で、「うちの子は自殺しないでしょうか」とか、「どのようにすると、子どもの自殺を防げるのですか」などというのが増え、われわれは親の不安を解消するために、力を費やさねばならないのである。実のところ、子どもの自殺は統計的に増加してはいないのだが、ジャーナリズムがこの問題を取りあげた背後には、一般の家庭の親が、自分の子どもの自殺などという、今まで考えてみもしなかったことについて、何らかの懸念をもたざるを得ないような状況に、われわれがおかれているという事実が存在している。自殺にしろ家庭内暴力にしろ、そのままのことが自分の家に生じるとまで思わないにしろ、多くの親にとって、それはよそ事と思えないものであり、漠然とした不安を喚起する話なのである。

それでは、現在においてなぜこのような家庭悲劇が生じ、多くの家庭が不安におびやかされねばならないのか、その点について少し考察してみよう。親が子を殺し、子が親を殺す。このようなことはまったく恐ろしいことであるが、神話をひもといてみると、後にも示すように、そのような話に満ちていることがわかる。あるいは、それに近親相姦が必ず加わってくると言ってもいいだろう。現在のわが国の家庭において、近親相姦の問題が増えているという報告もある。つまり、現在の家庭に生じていることは、その昔、神々によって演じられたドラマがそのまま人間世界に生じているのだ、ということができるのである。この点から、人間も進歩を重ねてきたので、ついに神々に近づいてきたなどと考える人はあるまい。それでは、現実の家庭のなかに神々のドラマが演じられるようになったのは、どうしてなのかを考えねばならない。

今世紀になって急激に発展してきた深層心理学は、人間の無意識内において、神々のドラマが演じられていると主張する。深層心理学が見出したコンプレックスに、エディプス、ディアナ、カイン、などの神話の登場者名が用いられているのもそのためである。子どもが成長し人格を形成してゆく上において、父母の存在が重要な役割を果たすのはもちろんであるが、厳密に言うならば、その子どもが父母をどのように認知しているか、どのような父親像、母親像をもつかが重要であると言うべきであろう。たとえば、先にあげた開成高校生殺人事件の母親に対しても、弁護士は彼女について、「頭の良い誠実な人柄」であり、「物事をこれ程までに完全に果たそうとする人は少ないように思う」(3)と述べている。他人から見て立派に見える人でも、子どもからはまったく別に見えたのに違いない。彼は母親をどうしても攻撃しなくてはならなかったのである。つまり、子どもの心の無意識的な深層において、母なるものというべきイメージが作用し、彼にとっては、それと現実の母とを区別することは不可能であったのであろう。

人間の無意識内のイメージに注目すると、そこには、すべてを受け容れ抱きしめてくれる、慈母観音の像や、子どもを取って食べてしまう恐母としての鬼子母の像が存在していることが解る。これらの像を現実の人間に投影するとき、先に示したような悲劇が生じるのだが、古来から人間は、それらの像を神々の像として外在化し、それに対する畏怖の感情や、尊崇の態度を宗教的な儀礼によって示すことにより、それらの像に日常生活において直面することを避けてきたのである。無意識内に存在する凄まじく超人的なはたらきは、神のこととして奉り、日常の世界にそれが侵入してくるのを防いでいたので、人間は家族たちのつき合いを、人間のレベルで行うことが出来たのである。宗教はこのような大きい意義をもっていたが、人間の日常世界における自由を多くのタブーによって拘束したり、儀式に使用する時間やエネルギーは日常的な行動を圧迫するものである。そこで、近代になると、宗教の世界は縮小され、日常の世界が肥大化してきたのである。西洋に生まれた自然科学は、論理実証主義の精神に基づいて、宗教に伴う「迷信」をとり除いていったのであるが、「角をためて牛を殺す」たとえそのままに、既に述べたような、家族に対する宗教的な「守り」をも破壊してしまうことになった。そのため、昔は神々のこととして行われた、家族間の殺人や近親相姦が、人間のこととして行われねばならなくなったのである。

　これも人類の「進歩」の一環として生じたことであろう。実際、冗談としてではなく、人間は神々の生活に近づきつつあるのかも知れない。このことを言いかえると、人間がその内包する意味を明確に知ることなく行為してきた神々に対する多くの儀式を廃すると共に、その儀式のもつ意味を明確に意識化することを必要とし、また可能とする時代が訪れてきた、ということができる。この意識化の努力を怠り、単に神々の存在を否定したり、儀式を廃したりするときは、人間は家族内で、人間のレベルを超えた憎しみや怒りを体験しなくてはならないのである。これは、言ってみれば、科学によって否定されようとした神々の反撃としても理解することができるであろう。

現在における、神に対する儀式の意識化の問題は、極めて困難な状況を提出する。そこには、人間世界の狭小化に伴って、異なる神々の衝突を引き起こすからである。わが国のことに限定して考えてみるならば、われわれが西洋に生まれた自然科学のみを取り入れているうちはよかったのであるが、西洋の神まで取り入れるかどうかという大きい問題に直面していることになる。そこで現代人として、神の像を単純に外在化して、キリスト教会にゆくか、仏教の寺に行くかなどという問題として受けとめるのではなく、われわれの意識の在り方として、それがどのような意味を基盤として確立しているか、あるいは、どのような枢軸を中心として展開しているのかが問題となってくるのである。そして、周知の如く東洋における軸と、西洋における軸は明らかに異なっており、われわれはどのような軸を現代人として選択するかという課題を背負わされているのである。この問題を考えてゆく上で、老若、男女の軸はわれわれの前に、高い象徴的な意味をもって立ち現われてくる。このような問題意識をもって、老若、男女の軸を考えてみよう。

二　親と子

人間がこの世に生を享《う》けて、成長するに伴い、その意識を形成してゆく上において、両親との関係が大きい役割を果たすことは当然のことと思われる。この点に注目して、フロイトがエディプス・コンプレックスの存在を人間の在り方の根本にかかわるものと考えたことは周知の事である。フロイトが命名の根拠としたソフォクレスの悲劇『エディプス王』の物語を、いまさら紹介することもないであろう。フロイトがこのギリシャ悲劇の主人公に強く惹かれたのは、そこに父と息子の強烈な戦いが存在しているためである。つまり、フロイトをとりまく文化にとって、意識的には、息子はあくまで父に従い、父と同一化して成長してゆくのであるが、無意識内においては、父に対する強い敵意をもつことを、フロイトは主張したのである。フロイトはその後、女性の心理についても考察し、エレクトラ・コンプレックスなどについても言及するが、彼がまず父と息子の枢軸に目を向けたという事実は注目に値する。ともかく、エディプス・コンプレックスという名によって、フロイトが主張しようとしたことは、人間は意識的には自分と同性の親をモデルとし、それに従って自我を形成してゆくが、無意識内には、異性の親に対する愛着、同性の親への敵意、罰せられることの不安を骨組としたコンプレックスが根強く存在している、ということである。

　ところで、このようなフロイトの考えに対して、彼のもとで学び、わが国の精神分析学の草分けとなった古沢《こさわ》平作が、ひとつの異論を提出したことは、極めて興味深い事実である。古沢平作は一九三一年「罪悪意識の二種」[4]という論文を書き、エディプス・コンプレックスのみではなく、彼のいう阿闍世《あじゃせ》コンプレックスが人間理解の上で重要であることを主張した。彼はこの論文を独訳しフロイトのもとに送ったが、フロイトのみならず、精神分析家の間では、ほとんど取りあげられなかった。しかし、ごく最近になって、日本文化の特徴を論じる上で、重要な概念として、古沢の阿闍世コンプレックスを取りあげる動きが生じ、一般の注目をあびるようになった。筆者も、この概念はわれわれの課題とも関連して、日本人の心性を考える上において重要なことと思うので、ここに紹介し考察を加えたい。阿闍世コンプレックスは、仏典中にあげられている阿闍世王の伝説に基づいて命名されたものである。ところが興味深いことに、古沢はその阿闍世王の伝説を彼流に改変して用いているのである。古沢がそのことをどこまで意識していたかは不明であるが、現在その再構成過程は、古沢の弟子、小此木啓吾によって明白にされている。(5) 後に触れるように、古沢の再構成過程そのものが考察の対象とされるべきであるが、ここにまず「古沢版阿闍世物語」とでも言うべきものを紹介することにしよう。古沢が一九五三年、日本教文社刊『フロイト選集』第三巻『続精神分析入門』の訳者あとがきに述べているところによると、物語は次のようになる。

王舎城の頻婆娑羅《びんばしゃら》王の王妃、韋提希《いだいけ》は子供が無いうえに、年老いて容色が衰えてきたので、王の愛がうすれるのではないかと案じていた。王妃がある予言者に相談すると、裏山の仙人が三年後には死んで、王妃にみごもり、立派な王子になって生まれるということであった。王妃はその三年が待ち切れず、仙人を殺害する。仙人は死に際に、「わたしがあなたの腹に宿って生まれた子は将来かならず父親を殺す」と予言する。こうして王妃が生みおとしたのが阿闍世である。阿闍世は立派な青年になるが、何となく気分がすぐれない。このときに釈迦の敵対者、提婆達多《だいばだった》が阿闍世に対して、その前歴を語ったので、彼はまず父王を幽閉する。しかし、王妃は瓔珞《ようらく》に蜜をつめて、ひそかに王に差し入れていたので、王は生きながらえる。一週間後に、阿闍世は母の行為を知って怒り、母を殺そうとする。ところが、大臣によって押しとどめられ、ついに流注《るちゅう》という病気になってしまう。かくして、阿闍世の苦悩は深まるが、釈迦によって救済されることになる。

このような物語を踏まえて、古沢が主張するのは、次のようなことである。フロイトがエディプス・コンプレックスの存在に関連して主張する人間の罪悪感は、子どもが父親殺しという大罪を犯してしまい、それに対する罪意識を土台として形成されていると考えるが、これに対して、阿闍世の物語に示されるように、子どもが自分の罪を許されることによって、むしろそこに罪意識が生じることもある。彼はこのことを、「あくなき子供の「殺人的傾向」が「親の自己犠牲」に「とろかされて」始めて子供に罪悪の意識の生じたる状態である」と表現している。そして、阿闍世コンプレックスという用語によって、彼が明らかにしようとするところは、小此木啓吾の要約によると、①理想化された母への一体感＝甘え、②母によるその裏切り＝怨み、③怨みを超えたゆるしの通じ合い、の三つの心理的構成要素からなる心理複合体ということになる。このような考えを、古沢がフロイトに提出したとき、彼はこれを日本人論として提出したのではなく、世界的に見て、フロイトの説のみではなく他の説もあることを認識すべきで、ひいては、人間であるかぎり、エディプス・コンプレックスも阿闍世コンプレックスもある、と主張したいほどの気持であったろうと思われる。このような古沢の主張は、己の犯した罪に対して、あくまでもそれを意識し処罰をおそれるという態度と、己の罪を許されたが故に、罪悪感を感じる態度と、宗教的な次元における根本的に異なる二つの態度、ひいては、神の在り方の相違を指摘したことになる。つまり、前者における神は、罪を罰する厳しい神であり、後者における神は、すべての罪を許す神である、と考えられる。この問題は、東洋と西洋の宗教、ユダヤ＝キリスト教の神の姿と、仏教における仏の姿の相違へとつながってくるものである。

東洋と西洋の神の姿の差は、阿闍世の呼びかけに答える仏の声と、ヨブに答える神の声を比較するとき歴然としてくる。後にも取りあげるとおり、阿闍世の母親殺しの企図は、古沢の改変によるもので、『涅槃経』によると、阿闍世は父親を殺したのであるが、彼はそのような己の犯した罪におののき、流注という病いに苦しんでいる。彼は罪のない父を殺したことによって地獄におちることは必定で、仏でさえ自分を救うことはできないと思っている。しかし、これに対する仏の説法は彼の想像を絶した次元のものであった。すなわち、「三世を見透しています仏陀が、大王が王位の為に父を殺すべしということを知り乍ら、父王の供養をうけて父王に王位に登るべき果報を得べき因縁を与えた以上は、大王が父王を殺したとてそれを大王ばかりの罪ということはできぬ。大王が地獄に堕つるときは諸仏も共に堕ちねばならぬ。諸仏が罪を得ぬならば、大王独り罪を得る筈がない。よって大王の地獄に堕つるをば仏陀は必ず救わねばならぬ」と、仏の声は語ったのである。つまり、阿闍世がいかに罪を犯そうとも、それは仏の責任であり、仏はすべてを救ってくれる、というのである。

これに対して、ヨブの場合はどうであろうか。「ヨブ記」に示される神の声は、阿闍世の場合とまったく対照的である。ヨブは「義人」と呼ばれるだけあって、まったく正しい生活をしている。しかし、このヨブに対して、神はつぎつぎと苦しみを与える。彼は財産を奪われ、家庭を破壊され、彼自身が重病に苦しめられる。ヨブが「いやな腫物」に苦しむところは、阿闍世が流注に苦しむのと対応している。皮膚の病いに苦しむとき、われわれは、自分の醜さ汚ならしさが、外界に顕われ、一見するだけで他人に悟られてしまうような苦しみを味わわねばならない。このようにして、何の罪もなく(ヨブの主観においては)ただ苦しみを与えられている人間に対して、突然に呼びかけてくる神の声は、仏陀の声と著しい対照を示している。

無知の言葉をもって、
神の計りごとを暗くするこの者はだれか。
あなたは腰に帯して、男らしくせよ。
わたしはあなたに尋ねる、わたしに答えよ。

ここで神はヨブの苦悩に対する何らの慰めの言葉をかけていない。神はむしろ、「腰に帯して、男らしくせよ」と、ヨブが男としての自覚をもつように呼びかけている。このような厳しい呼びかけに続いて、神はその全能性を明らかにした後に、次のように言う。

あなたはなお、わたしに責任を負わそうとするのか。
あなたはわたしを非とし、
自分を是としようとするのか。
あなたは神のような腕を持っているのか、
神のような声でとどろきわたることができるか。

ここに響いてくる声は、神と人との絶対的な差を明らかにする声である。罪を犯し、その罪によって地獄におちることをおそれている人間に対して、お前がおちるのなら自分もおちるだろう、と呼びかける仏陀の声と比較すると、ユダヤの神の姿が際立って見えてくる。罪のないものがなぜこのような苦しみに会わねばならぬかと考えていたヨブは、このような圧倒的な神の声によって、その人間的なさかしらを打ちくだかれ、深い悔い改めを体験する。

阿闍世にしろヨブにしろ、いずれにおいても、自分の考えている次元をはるかに超えた存在を知ることにより、深い宗教的体験をもったことは同様である。しかし、彼らの体験した超越的存在は、既に示したように、まったく異なったものとして顕われている。この両者の差を、一般にも言われているとおり、父性的な宗教と母性的な宗教と考えることができる。ここにはたらいている父性原理とは、「切断する」機能をその根本とし、母性原理はこれに対して「包含する」機能を根本特性としている。ヨブに対する神は、神と人とを峻別する厳しさを示した。阿闍世に対する仏陀は、父親殺しの罪を犯した人間に対してさえ、もしも地獄におちるなら、共におちようとするほどの包含するはたらきを示している。父なる神は、神と人とを峻別するように、善と悪、光と闇などの区別を明らかにする。このような区別の上に立って、神の定める律法を守るものには救いが約束され、そこに神と人との契約が成立する。仏陀は人と契約など結ばない。それでは仏陀はすべてを「包含し」すべてを救うのであろうか。それなら、地獄など無いはずである。仏陀の救いの基礎には、母と子の一体感のような、疑うことのできない一体感が存在している。このことを体感として感じ得たものは誰でも救われるのである。

仏陀は男性である。しかし、その救いの基礎には母性原理がはたらいている。古沢平作がこのことを感じとっていたため、阿闍世の物語を意識的か無意識的か、父親殺しの話から母親殺しの話へと改変してしまったものと思われる。ここで古沢の物語の再構成過程をたどってみよう。古沢の弟子、小此木が明らかにしているように、古沢が阿闍世の物語を知ったと思われる、『教行信証』に記されている『涅槃経』のなかの阿闍世の物語によると、阿闍世の父親が仙人を殺した話はあるが、韋提希が仙人を殺したという話はない。阿闍世が生まれながらに両親に怨みを抱いていたこと(未生怨)については、阿闍世が生まれる前に、国中の占い師が、この子は生まれると父親を殺すと予言したので、母親の韋提希は阿闍世を高殿から生みおとした、しかし、阿闍世は死なず、指を一本折った、と説明されている。阿闍世は長ずるに及んでこの事実を知り、父親を殺し、母を幽閉するのである。

古沢の改変で注目すべきことは、阿闍世の父の話を母の話にすりかえていることである。夫の愛のうすれるのをおそれ、子どもを欲し、三年間待つことができずに仙人を殺害したという話は、どの仏典にも見出せないのである。この点は後で触れるとして、ここに取りあげたいのは、父親殺しの話を、母親を殺そうとして果たし得なかった話に変えている点である。これは先にも述べたとおり、母性原理の問題を浮き立たせるためには、父親よりも母親を相手とする方が適切とする配慮がはたらいたためと思われる。

三　父親殺しと母親殺し

古沢平作が阿闍世の物語を、父親殺しの主題から母親殺しへと変更した事実は、老若男女の軸について考えるとき、それを現実に生きている個体のそれとして考えるのか、人間にとって象徴的な次元におけるそれとして考えるのか、という問題がつきまとうことを示している。つまり、阿闍世の父や仏陀は男性であるけれども、象徴的な次元においてそれが担っている役割は、既に見てきたように、母としての役割をもっているのである。この混乱を避け、母性の重要性を強調しようとすると、古沢の物語のように、母親殺しの主題にすりかえる方が解りやすいのである。これに対しては実はオマケがついていて、小此木による阿闍世物語では、流注に苦しむ阿闍世を、その母親が看病したと述べている。そして、「その母は、この無言の献身によって、自分を殺そうとした阿闍世をゆるしたのであるが、やがて阿闍世もまた母の苦悩を察して母をゆるす。この愛と憎しみの悲劇を通して、母と子はお互いの一体感を改めて回復してゆく」と述べている。古沢および小此木による阿闍世物語の改変、あるいは附加は、おそらく無意識的な要素が強いのではなかろうか。これらは、フロイトのエディプスにもその傾向が見出されるが、エディプスの物語そのものを解釈しようとするのではなく、自分の見出したコンプレックスをエディプスを通じて語ろうとするので、強引な読み取りを生じ批判も受けるのであろう。しかし、阿闍世物語の場合も、むしろ物語そのものの解釈としてではなく、それを通じて古沢の見出したコンプレックスを語ろうとしたものと考えるとき、無意識的な記憶の変化にはコンプレックスが常に関与するという精神分析の理論に従うならば、その改変の過程は、古沢や小此木という日本人のもつコンプレックスを如実に示しているものとして興味深い。つまり、母性原理の強さを極めて強く反映しているからである。小此木の場合は救済者は仏陀よりも、母親であるかのように変更されているのである。このようにするときは、母性原理の優位性が解りやすいのであるが、われわれとしては、原理として母性は強いにしても、物語そのものとしては、父―息子の軸を中心として展開したことを一応、念頭においておく必要があるだろう。

日本、あるいは東洋における母性の優位に対して、西洋においては父性原理が強いことは既に述べたとおりである。このことを前提条件とするとき、フロイトのエディプス・コンプレックスが意味をもつのであるが、フロイトのこのような主張に対して、西洋人にとっても、父を問題とする前に母をまず問題とすべきであることを指摘したのが、ユングである。それと、もう一つ重要なことは、フロイトが父母と子どもの関係を文字どおりの親子の関係として理解しようとしたのに対して、ユングは(既に第一章にそのような考えを述べておいたが)、人間としての父母の背後に存在する、父なるもの、母なるものとでも言うべきものを重視しようとしたことである。換言すれば、子どもの心の深層に存在する父元型、母元型を重要と考えるのである。このような考えに立つと、子どもが成長してゆくときに、現実の父親、母親との関係ということのみでなく(それと密接に関連するものではあるが)、子ども自身に内在する父元型、母元型との関係を考慮しなくてはならなくなる。ユングの考えに従うと、子どもの発達において、父―息子の軸のみではなく、母―息子の軸を――それも元型的な次元において――考慮しなくてはならなくなる。

ユングの高弟エーリッヒ・ノイマンは前述のようなユングの考えに従って、人間の自我＝意識の確立の過程について考察し、『意識の起源史』(6) を著わした。彼は同書の中で、近代ヨーロッパ人の自我＝意識は「極めて特異なもの」であることを指摘し、その在り方を父元型、母元型との関連において見事に把握し記述している。ノイマンの説については既に述べた(一八―三二頁)ので繰り返さないが、彼の説で最も重要なポイントは、西洋人の自我は象徴的には男性像によって示されるということである。つまり、近代ヨーロッパ人にとっては、男性でも女性でも、老人でも若者でも、その自我は男性像によって象徴されるというのである。このような意識の在り方は、われわれの課題としての老若男女の軸が大いに関連してくるのも当然である。

ノイマンの説では英雄神話が重視されている。ところが英雄による怪物退治をフロイトおよびその後継者がエディプス・コンプレックスへと還元して——つまり、息子による父親殺しの主題として——解釈したことは周知のとおりである。ユングはこれに対して、このような神話を個人的な父と息子という肉親関係に還元することに反対し、このような怪物を元型的なレベルにおける母親の象徴として理解しようとした。従ってここにおける母親殺しは、太母との戦いであり、自我が無意識の力に対抗して自立性を獲得したことを意味する。このようにして、自立性をもった男性的な自我は、次に怪物退治の結果として獲得した女性と結ばれることにより、一度断ち切った女性との関係を回復し、英雄の行為は完結する。男性と女性の結合は、後にも述べるように、西洋の文化では高い象徴的意味をもったものとして評価されるが、このような結合の前に、母親殺しという行為によって、女性との関係が切断されることを前提としているのを忘れてはならない。

自我の確立のためには母親殺しは、必ず必要であるが、父親殺しは必要とは限らない、とノイマンは言う。父は文化的社会的な規範の体現者であり、一般の人はむしろそれとある程度同一化することによって、社会の一員として生きてゆく。これに対して、父親殺しはそのような伝統的価値に正面から戦いを挑むのであるから、少数の創造的な人のみが為し得るのである。

このような観点に立つと、エディプスの物語は次のように解釈される。エディプスの行為でまず注目すべきことは、スフィンクス退治である。出会う人に謎をかけ、それによって人を死に到らしめるスフィンクスは、太母の像を示しており、それを殺すことによって、エディプスは、まず元型的な母親殺しを達成したものと思われる。それに続いて、彼は女性との結合を達成するが、その際の相手は母親である。この近親相姦を象徴的に解釈すれば、スフィンクスに表わされる否定的な太母の側面を明確に拒否した後に、創造性の根元としての無意識との再結合を図ることを意味している。つまり、近親相姦は象徴的レベルにおいては、むしろ望ましいことであり、その上、父親殺しをも遂行したとなると、エディプスは典型的な英雄と呼ぶのにふさわしい存在である。ただ、残念なことに、彼はそれをすべて自ら知らずに(無意識のうちに)やり抜いている。ここに、エディプスは真の英雄とはなれなかったのであり、自ら盲となるより仕方がなかった。つまり、彼は自らの高い意識獲得を放棄してしまったのである。

西洋の自我確立の過程には、母親殺し(そして時に父親殺し)の血が流されている。そして、その後に続く、男性と女性の結婚が高い意味をもってくるのである。ここに詳述することはできないが、日本の昔話を調べてみると、たとえばグリムの昔話などと比較するとき、結婚のモチーフが極端に少ないことに気づかされる。これは、わが国においては、西洋と比較して、元型的な次元における母親殺しがなされていないため、結婚ということがそれほどの高い象徴的意味をもたないことを意味しているように思われる。

ここで現在の日本の家庭の状況をふりかえってみると、第一節に述べたような混乱や悲劇が多く生じていることの意味が了解されるように思う。西洋の文化との接触が密になるにつれて、わが国の文化においても、その深層において母親殺しの動きが生じつつあるのではなかろうか。それに動かされた子どもたちは、象徴的次元における母親殺しを実現できぬままに、それを自分の母親に向ってなそうとしているものと思われる。

ここでエディプスと阿闍世の比較に立ち戻ってみよう。古沢版阿闍世物語を基礎とすると、エディプスのスフィンクス退治に相応するものが存在しないこと、阿闍世は母親を殺そうとして殺し得なかったことが極めて印象的である。既に述べたように、わが国の文化は母親殺しを達成していないところに特徴をもっている。そして、スフィンクス殺しを達成したエディプスは母親と結婚する。つまり、母に対するエロス的な愛情の存在が、ひとつの大きい要素となっている。これに比して、阿闍世と韋提希の間にエロス的感情ははたらいていない。男女の軸を結ぶエロスは、この物語においては象徴的な次元において、あまり大きい意味をもっていないのである。それでは、西洋においてはどうなのか。その点について次節で考察することにしよう。

四　男と女

男性と女性を結ぶ結婚が高い象徴的意味をもつのは、西洋における錬金術の世界においてである。西洋中世における錬金術は、一般に知られているように、卑金属から金を得ることを目的としてなされていたのではなく――もちろん、そのようなこともあったろうが――、むしろ、人間の心理的経験を化学変化の過程に投影したものであり、後者にこそ力点がおかれていたものであると、ユングは主張している。錬金術師たちは、「われらの求める黄金は、世の常の黄金にあらず」と言っているが、彼らの求めているものは、今日的な表現を用いると、心の深層に存在する真の自己である、ということができる。この真の自己を求める過程について、錬金術師の示したものと、禅家に伝わる「十牛図」とをこれから対比するつもりであるが、ここで大切なことは、真の自己そのものは永遠に把握し難いものであり、それを何とか意識化しようとこころみるとき、そこに示されるものは、意識の在り方によって大きく影響を受けるということである。真の自己は全世界を通じて同じかも知れない。しかし、既に見てきたように、東洋と西洋では意識の在り方が異なっているのである。従って、そこに示されてくるものが異なった表現をとるのも当然のことである。

ユングは、人間の個性化の過程、あるいは、自己実現の過程を記述しているものとして、錬金術の著述を重要視したが、それらのなかから、一五五〇年に出版された『賢者の薔薇園』(Rosarium Philosophorum)をとりあげ、それをもとにして、自己実現の過程における、男性と女性の結合の象徴的意味について考察している。そのユングの考えをここに要約して紹介するが、ここで大切なことは、この象徴的「結婚」が錬金術師の言う「聖なる《ヒエロス・》結婚《ガモス》」であるという事実である。つまり、この結婚はあくまで天上的な霊的結合であり、それはあくまでも地上的な肉の結婚と峻別されているのである。

既に述べたように、ヨーロッパ人の意識は、母親殺しを行なった上で確立されている。母親の否定は、肉体性の否定につながる。男性原理の優位性は、精神の肉体への優位をもたらし、厳しいキリスト教的な倫理観においては、性の快楽を罪悪視する。このような性に対する峻烈な拒否は、明治以後に言わば附焼刃的に性のタブーを取りこんだ日本人にとって、おそらく共感不能なことであろう。錬金術は、このように確立された「表」の原理を「裏」から補償し、全体性を回復するはたらきをもつものなのである。従って、表に存在する強力な男性原理の認識をもたず、次に示す錬金術の図像をみるときは、完全な過ちを犯すことになるので、この点は特に留意しておきたい。たとえば、タントラに見られる交合図は、むしろ母性原理への埋没、一体化をまず肯定することによって生じてきたもので、錬金術の図像と似たところがあるにしろ、両者の説くところは全く異なるものなのである。

以上のような前提を心において、ユングの説明によって『賢者の薔薇園』に示された図像を見てゆくことにしよう。ちなみに、ユングはこれを「転移の心理学」(7)のなかで論じている。転移とは本質的には治療者と患者の間に生じる心理過程を指すものであるが、ここに図像によって示される過程は、治療者と患者の間に生じるものではなく、むしろ、それぞれ両者の心の内奥において生じる(それも、深い意味では両者の関係において、と言えるのだが)ものであることも附言しておきたい。つまり、これは聖なる結婚であって、地上のそれとは異なるのである。

図1　メルクリウスの泉

第1図、メルクリウスの泉(以下第10図までユングの命名による。『ユング全集』〔Walter-Verlag 刊〕第16巻 Praxis der Psychotherapie 第二版、一九七六年より転載)。これは錬金術的象徴の中心を示すもので、錬金術の「作業《オプス》」の神秘的な基礎を表わしている。四隅の星は四元素、中心にある第五の星は、四元素からもたらされる第五元素を示している。下方の盤はヘルメスの器で、ここで変容の過程が生じる。この器は「われらの海」とか「永遠の水」と呼ばれる霊的な水に満たされ、混沌であり、「子宮」とも呼ばれ、そこからホモンクルスが生み出される。器の縁には「鉱物なるメルクリウス、植物なるメルクリウス、動物なるメルクリウスは一なり」と書かれている。三つの管から出る泉の水は、

図2　王と王妃

「乙女の乳」、「泉なる酢」、「生命の水」を示す。これは天上の三位一体と対応する地上の三位一体性である。上方の太陽と月は「結合」を象徴している。この結合の過程は、四元素からメルクリウスの三つの呼び名が生まれ、太陽と月という二つのものになり、両者が結合することによって、永遠に朽ちることのない第五元素に到る。この4→3→2→1という変容過程は、伝説的な女性の錬金術師マリアによるというマリアの公理、「一は二となり、二は三となり、第三のものから第四のものとして全一なるものが生じ来る」を基礎においている。

第2図、王と王妃。第1図においては相対立するものの結合の主題がそれほど明確には示されていなかったが、第2図からはそれが詳細に示される。第2図では、王が太陽の上に立ち、王妃は月の上に立っている。二人は握手しているが、これは左手の握手であることに注目しなくてはならない。左手は不吉であり、両者の関係が反道徳的な関係であることを暗示している。すなわち、ここに近親相姦の主題が暗示されている。近親相姦は道徳的には悪であるが、象徴的には、既に述べたように（八〇頁）高い意味をもっている。古代エジプトにおいては、王と王妃は同胞でなくてはならなかった。それによってこそ純血な血統が保たれるのであり、王と王妃は二重の絆によって結ばれていなければならなかったのである。このような象徴的な意味における近親相姦がここに暗示さ

れているが、二人が右手にもった花の結合は、左手の結合が霊的な結合へと変化してゆくことを予示している。四つの花は四元素を示し、上方から鳩がもたらしている花は、第五元素を示している。つまり、性的なリビドーや、近親間にはたらくリビドーが霊的なものへと変化してゆくことを示唆しているのである。

第3図、裸の真実。第2図の王と王妃が宮廷服をまとっていたのに対して、ここでは、王と王妃は衣服を脱ぎすて、裸の姿で相対している。太陽を踏まえる王の上の文字は、「おお月よ、我を汝の夫とせよ」と読まれ、月の上に立つ王妃の方は、「おお太陽よ、我は汝に従わん」とある。両者を結ぶ聖霊の力を示す鳩は、「聖霊は結びつくるものなり」という文字をたずさえている。

図3　裸の真実

第4図、浸礼。王と王妃は液体につかっている。これは第1図のメルクリウスの泉と関連して、盤の中にはメルクリウスの液体がたたえられている。このように液体にひたされるのは、化学的に言えば「溶解」の状態であり、物質の変化のはじまる過程であり、暗い原初的な状態へと回帰することである。これは一種の「夜の海の航海」である。中世の錬金術では、身体はヴィーナス(女性)、精神はメルクリウス(男性)で象徴され、それらを「結ぶもの」としての魂《アニマ》は両性具有的なものであると見なされていた。この図では、王が精神を、王妃が身体を表わし、それらを「結ぶもの」は、上からの鳩

図4　浸礼

と下方からのメルクリウスの水で表わされている。

第5図、結合。王と王妃は暗い海の中で結合する。図に附された言葉は、「おお月よ、わが甘き抱擁につつまれて、我の如く強く、また美しくあれ、おお太陽よ、知られ得るあらゆる光の中の最も輝かしきものよ。牡鶏が牝鶏を欲する如く、汝は我を欲する」と述べている。これはポルノ的な絵に見られようが、既に説明したように、これは高い象徴的意味をもち、神秘的結合(unio mystica)、反対物の統合を表わしている。この図までに示されていた鳩や花などの結合の象徴物が、この図では消え失せているが、ここでは、王と王妃そのものが結合の象徴となっているためである。ここには省略するが、ユングのあげている第5図の類画では、王と王妃に翼が描かれているのもある。

第6図、死。この図では泉の水盤は石棺となり、王と王妃は死亡し、二つの頭をもつ一つの身体にとけ合っている。図の説明には、「ここに王と王妃は死して横たわり、魂は大いなる苦悩とともに進む」と述べられている。この図は「腐敗」であり「受胎」をも意味している。腐敗に到る死の過程を経てこそ、新しい生命の再生が生じるのである。この腐敗すなわち死は、先に述べた近親相姦の罪に下された罰であり、この死は錬金術でいうニグレド(nigredo)の段階に相応している。ニグレドは黒化を意味し、暗黒であるが、そこから新しい生命が生まれてくることが予感されるのである。水の中に没してゆく過程は、このように死の底に到ってこそ、再生の道が拓けてくるのである。

王妃であらわされる身体性は、身体と結びついている無意識領域をも示すものであり、それと精神をあらわす王との一体化は、心理的に言えば、意識と無意識の結合を示している。ここに、人間の意識の中心としての自我は、無意識と結合して、ひとつの全体性を形成する。ユングは、意識、無意識をも含む人間の心の全体性の存在を強調し、その中心として自己(Selbst)の存在を仮定する。この図は、自我が自己に目覚めようとするひとつの過程を示すものとも受けとることができる。「溶解」の主題が見られるのは、自我があまりにも偉大な自己に接することによって、その存在の消滅体験をもったりすることとも関連している。

第7図、魂の上昇。死体から脱け出た魂が上昇する。二つの体は今や一体となっているので、魂は一つである。この過程は「妊娠」とも名づけられるが、これは通常の妊娠と異なり、肉体を脱け出た魂が、天上において霊的な力を受胎することを意味している。しかし、物質的なものが溶解し、魂が分離しているこの状態は、心理学的に言えば、無意識の力が強大となり自我の統制力がほとんど消滅している状態で、極めて危険なものである。精神分裂病的な状態と言っていいだ

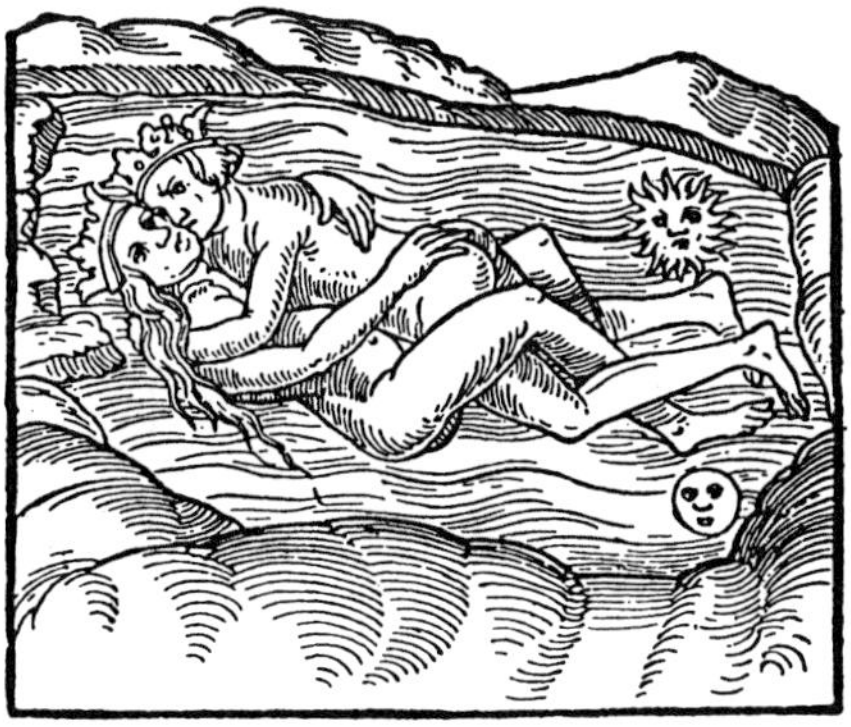
図5　結合

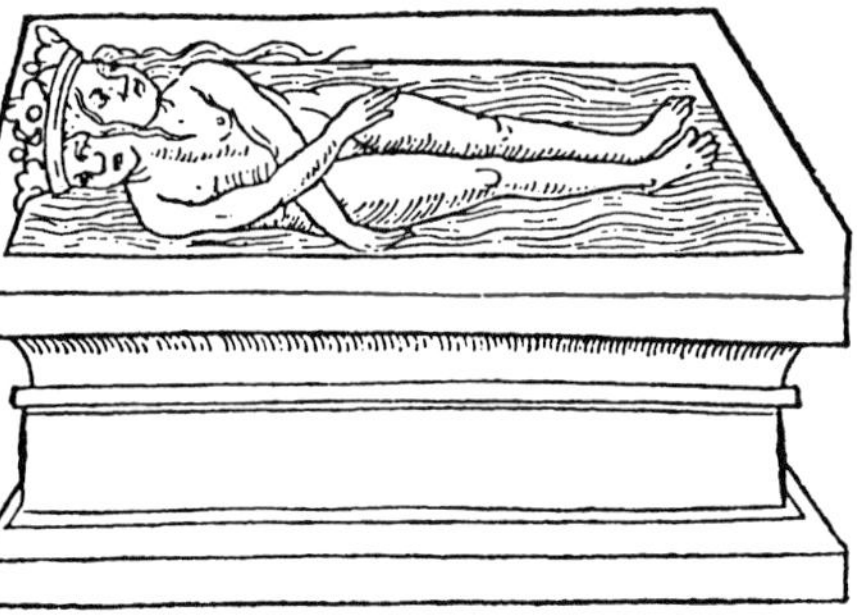
図6　死

図7　魂の上昇

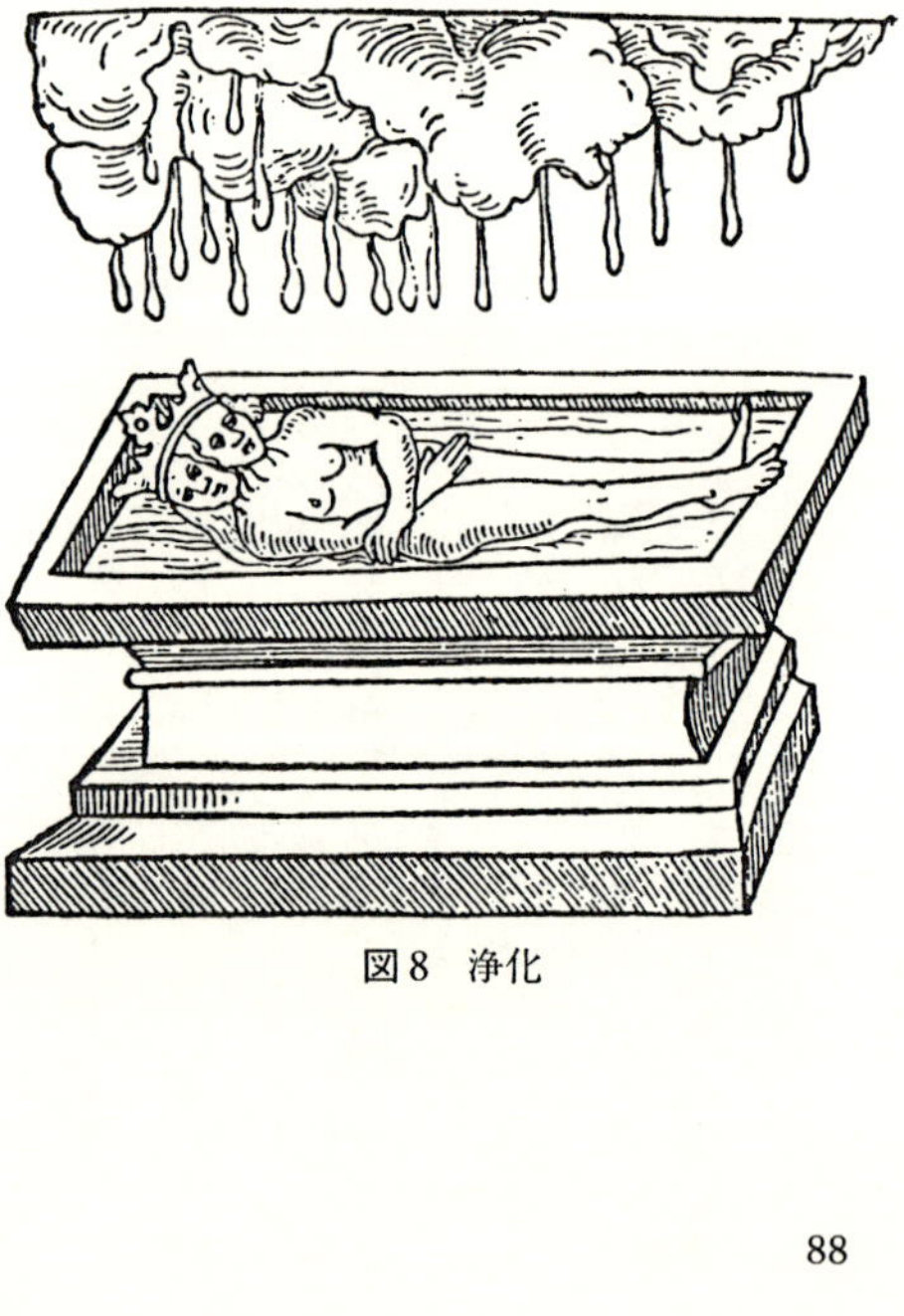

図8　浄化

ろう。このような危険な状態を経過することは必要なことであり、無意識の力の侵入は、ナイル河の氾濫にも比すべきもので、それによってこそ土地は豊かになるのである。

第8図、浄化。この図では死体に天からの雫がもたらされる。この天上の露によって黒い身体が浄化され、洗い清められるのである。これは錬金術におけるニグレドに続く、アルベド(白化)の段階であり、白化は光、日の出、照明など暗黒の次に来るものを意味している。下方(無意識界)への徹底した下降が、突然に天上からの照明をもたらすのである。

第9図、魂の回帰。ここでは死んで横たわる身体に息吹きを与えるべく、天上から魂が下ってきている。石棺

の下方にいる巣立ちしている鳥と、巣のなかに隠れている鳥は、メルクリウスの地中の存在としての、また空中の存在としての二面性を表わしている。これは両性具有的な対立するものの統合の達成が近づいているにしろ、両者の葛藤は未だ最終的な解決に到っていないことを意味している。

第10図、新生。この第10図によって過程は完結する。ここの10は先に述べたマリアの公理における、1、2、3、4をすべて加算すると10になることもあって、完全数として用いられている。死より再生したヘルマフロディテは、左半身は男、右半身は女で、月の上に立っている。月はヘルメス盤を示している。背中の翼は、再生した身体の霊的性格を示す。右手には三頭の蛇、左手には一匹の蛇をもっているが、三頭の蛇は天上の三位一体に

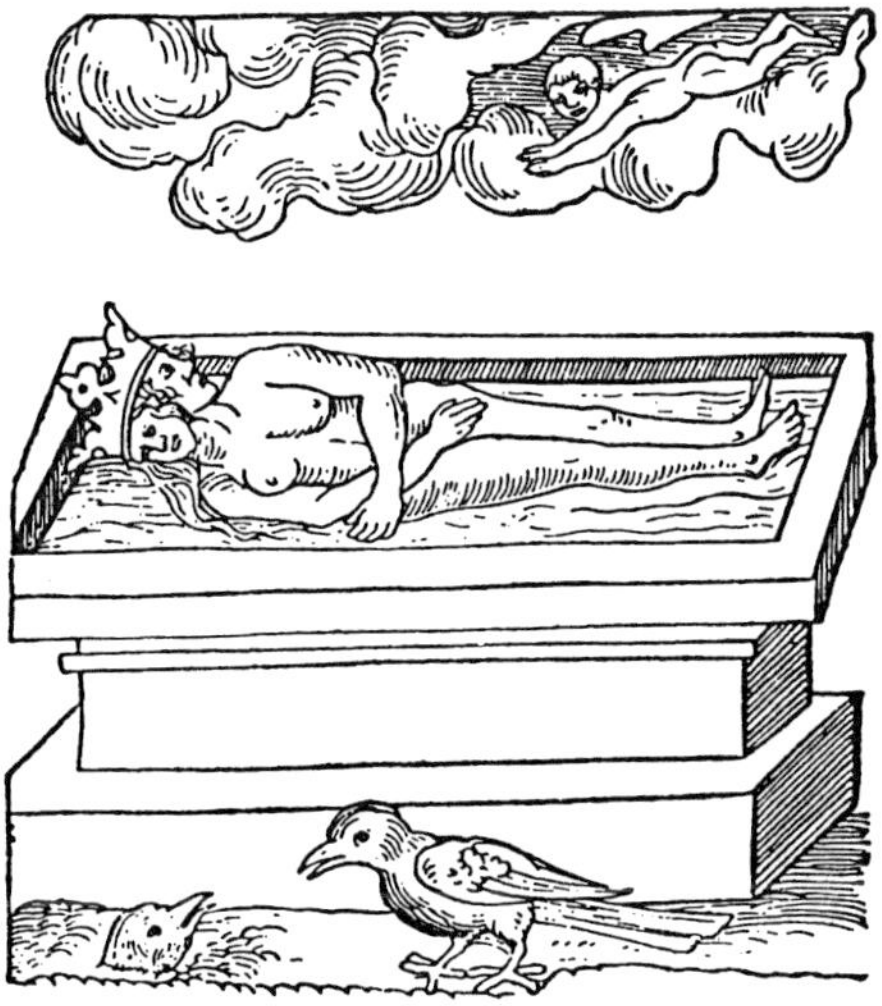

図9　魂の回帰

図10　新生

対応する地上の三位一体を表わしている。足もとにいる鳥は悪魔を暗示するからす、木は太陽と月の木、あるいは哲学の木と呼ばれるものである。

このヘルマフロディテを錬金術師は「賢者の息子」とも呼び、しばしばキリストに類比した。中世後期の錬金術師たちがキリスト教の考えを受けいれていることは確かであるが、その底流として、アラビア、ギリシャ、あるいはグノーシスなどの異教的な考えが存在していることも事実である。従って、この過程に示された秘儀は、キリスト教の父性的な天上における精神的なものに対して、母性的な地上の物質的なものが強調されていると感じさせられる。つまり、ヨーロッパにおいては、その意識の確立にあたって、父—息子の軸が強く、自我は壮年男性像によって示すのが適切であるが、そのことを前提として、それを補償し、全体性を回復するものとして、両性具有的なイメージが出現してきたと考えることができる。

このような錬金術の過程に対して、東洋における真の自己に到る過程を示すものとして、これもまた十枚の図像によってなされている「十牛図」を次にとりあげてみることにしよう。

五 老と若

次に示す十枚の図像は、北宋の末ごろ廓庵《かくあん》禅師によって作られた「十牛図」である。「十牛図」について、上田閑照は「それは「真の自己」の自覚的現成を十の境位に分けて図示したものである。それぞれの境位を表わす十個の図とその間の連関とが、自己実現の道程と自己の諸相を示(8)」すと述べている。これは禅家のものであるが、これを禅のことに限定せず、「自己の現象学」として読みとってゆくことが可能である、と上田は述べているが、

図1　尋牛

図2　見跡

筆者もそのような考えに従って、この図を前掲の錬金術の図像と比較してみたいと思う。筆者が両者の図を比較しようと考えたのは、「老若の軸・男女の軸」という題を与えられたとき、筆者にはなじみの深いこの二組の十枚の図の最後の図がすぐに想起されたためである。既に示したように、錬金術の図では最後に男と女の共存が示され、十牛図では、老と若の共存が示されているのである。そこで、最終的にはこの点に焦点を当てて考察するのであるが、それより前に、十牛図の方を上田の解釈に従って簡単に説明しておこう。読者は日本人として錬金術のシリーズよりは了解しやすいと思うので、詳細は上田の論文を参照していただくとして、ここでは相当簡略に述べることにする。

「十牛図」においては、「真の自己」が牛の姿で表わされている、という。牧人はその真の自己を求めている自己である。

第1図、尋牛《じんぎゅう》。野原の中で何かを探し求めている一人の若者が描かれている。「見失われた心牛を尋ね求めるという初発の境位」を示している。錬金術の第1図に誰も人物が描かれていなかったのと対照的である。

第2図、見跡《けんせき》。若者は牛の足跡を見つける。これに続く、第3図「見牛」、第4図「得牛」、第5図「牧牛」までの一連の図に対しては、

図3　見牛

図4　得牛

それほどの説明が要らないであろう。はじめは野原に一人で立っていた牧人と牛とのかかわりは、このようにして次第に近く親しくなってゆく。

第6図、騎牛帰《きぎゅうき》家《か》。ここでは牧人はもはや牛の手綱をもっていない。牛の背に騎り、笛を吹きつつ家路についている。これを上田は、「牧人と牛とはすでに一体、自己の自己へのかかわりにおける分裂葛藤がやみ、自己存在はおのずから詩趣を帯びてくる」と述べている。牛に集中されていた牧人の目は、遥かな大空をのぞみみている。

第7図、忘牛存人《ぼうぎゅうそんにん》。牛に騎って家に帰り、自己が真に自己であるところへと帰着した境位である。ここで、牛が消え失せる——忘牛——のが、極めて東洋的な感じを与える。牛と全く一つになり切ったので、牛が完全に自己化され、もはや牛として客観的に見られることがなくなったところである。第6図までは求める自己が求められている真の自己と一つになるという方向だったが、ここでは、その一体の内で真の自己が現実の人になったのである。今まで牛は「真の自己」を表わすという表現をしてきたのは一応のことであって、ここにおいてはじめて、「真の自己」は分裂のない一体として示されるのである。ところで、このような境位も超えられて、次のような境位がひらけ

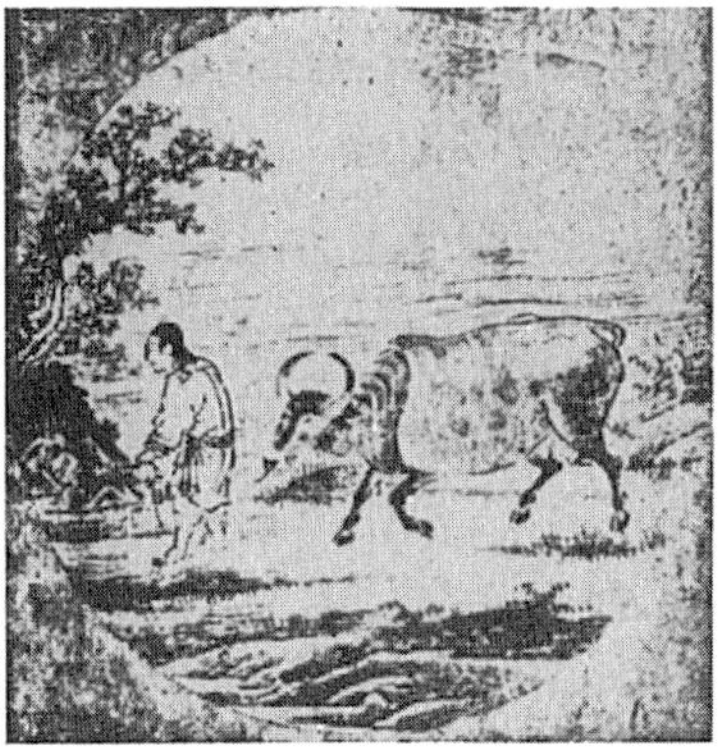

図5　牧牛

図6　騎牛帰家

てくる。

第8図、人牛倶忘《にんぎゅうぐぼう》。前図において牛が消えたことは驚きであったが、ここでは人まで忘れ去られるのである。1から7までの全過程は、ここで絶対否定され、一切のものを消し去った絶対無の境位となる。ここに7から8にかけて決定的な非連続の飛躍がある。上田は、「第七から第八へは、それまでのように「成る」(werden)のではなく、還滅する(entwerden)のである」と述べている。この境位は、自己の否定とか、自己の無化などということではなく、絶対無であり、これ以上の境位は望めぬとも思われようが、この絶対無を始原として、第9、第10へと動きが生じるのである。

第9図、返本還源《へんぽんげんげん》。これには川の流れと岸辺に花さく木が描かれ、「本に返《かえ》り、源に還《かえ》る」と題されている。これは人間の内的状態を表わしたものとか、いわゆる心象風景などとかいうものではない。8から9にかけて、「絶後に再び甦る」と言われ、絶対無から端的な肯定へと大転換する。「人間と人間、人間と自然、人間と超越などの諸領域におけるあらゆる意味と形態における相対対立分裂が、主もなく客もない分裂「以前」の無に還滅し、今やその分裂「以前」をくぐっての甦りである」状態なので、山水はただちに「自己ならざる自己」を

図7　忘牛存人

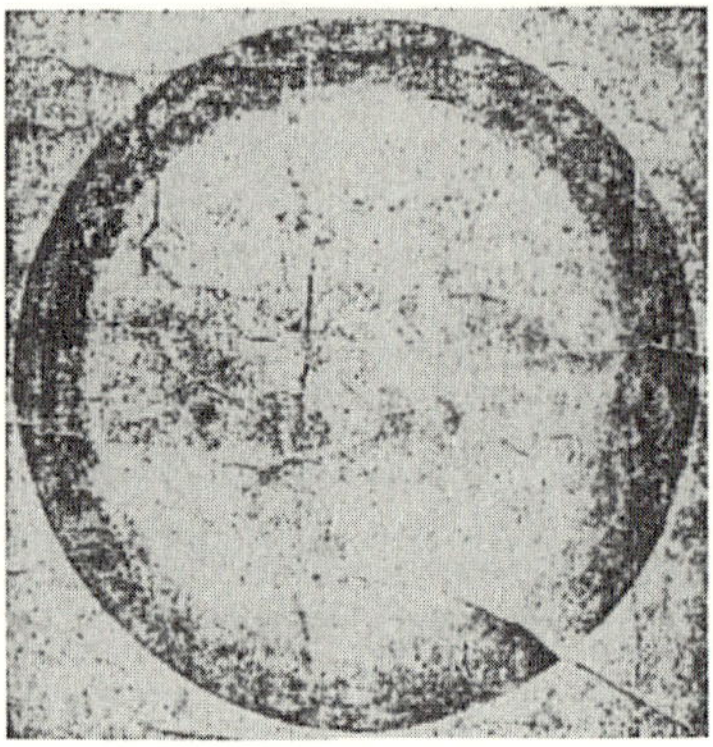
図8　人牛俱忘

非対象的に具現しているもの、と言わねばならない。

第10図、入廛垂手《にってんすいしゅ》。これには世間の路で出会う老人と若者が描かれている。入廛垂手とは、廛すなわち街《まち》に入って、手をさしのべて衆生のために尽すことを意味している。従って、ここになんの変哲もない路上で出会う二人の人が描かれている。ただ、この二人は一方が今までの境位を経てきた自己で、一方がそれと出会う他者である、というようなことを示しているのではない。「真の自己」はこの「向い合った二人」なのである。これは、錬金術の図の王と王妃が一体となっているのと対応している。二にして一なのである。

上田によれば、第8、9、10の境位は、もはや段階的な高まりではなく、相互透入相即互転の関係にあるという。9と10は言うなれば、第8の絶対無のヴァリエーションなのである。第10において、真の自己は街に出て他者と交る。老人は若者に「何処から来たのか?」、「名は何だ?」などと日常的な問を発する。しかし、これらの日常的な問は、実のところ、多くの禅問答が教えてくれるように、真の自己への問の発端になっている。問われた若者は自ら真の自己を尋ねる道を歩みはじめることになり、それは再び最初の「尋牛」へとつながってゆくのである。かくて、今までの叙述は、上田によれば、「第一尋牛か

図9　返本還源

図10　入鄽垂手

ら始められ第十まで経歴して来たが、今や、第一から第十までの歩みそのものが実は第十における彼と彼との出会いの出来事が開かれたものという意味をあらわして来る。最後の第十になって自他の問題が唐突につけ加えられたというごとき事ではないのである」ということになる。

簡略化したための誤解も生じるかと思うが、一応「十牛図」についての説明を終えた。この十枚の図と錬金術の図とを比較してみるとき、違っていると言えば確かに随分と違っている。しかし、意外に類似点もあるのではなかろうか。まず、類似の方に注目すると、これはややいたずら半分ではあるが、ユングが錬金術の図1より10に到るまでに付した題名を、そのまま十牛図にあてはめてみると、何となく意味が通じる感じを与えるものがあるのである。たとえば、3図「裸の真実」、5図「結合」、7図「魂の上昇」、9図「魂の回帰」、10図「新生」など、もちろん牽強附会であるが、もともとまるっきり別個のシリーズに命名されたものをあてはめたという事実から考えると、その一致度は相当高いといっていいだろう。それに、少し象徴的な思考にたよるならば、6図「死」、8図「浄化」なども関連性が感じられる。8図はまったく異なる図版であるように見えるが、十牛図における、

8図より9図への転換を上田が説明して、「絶対無をくぐって浄められている」(傍点筆者)という表現をしているし、錬金術の図で、死体に天上の雫が降ってくるというのは、「無」を表現したものとも受けとられるので、一見して感じるよりは差は少ないと思われる。

両者の差については次節に述べるとして、類似点について考察を続ける。錬金術の図と十牛図と、一見してまったく異なるように見える図に、その底流として流れるものの類似性をわれわれが感じるのは、両者ともに、言うなれば「真実の自己」を求める過程を描いているからである。このように考えると、むしろ、類似点が多いことこそ当然である。ここで少し端的な表現をするならば、両者ともに描き出そうとしているものは同一のもの、すなわち「真実の自己」であり、それを把握する意識構造の差のために、その表現に差があると言えるのである。「真実の自己」そのものを、われわれは知ることはできない。われわれはただそれをいかに把握したかについて、表現できるのみである。両者に共通の要素として認められる、死とそれからの甦りの過程、および、最終的に示される二にして一なる存在、すなわち両立し難いものの共存による全体性、などは「真実の自己」の表現において本質的なことと受けとってよいであろう。

ここで、錬金術と十牛図とによって示された「真実の自己」は、果してどちらのほうが、より真実であるのか、という問題に関心をもつ方もあろうが、筆者としては、むしろ、真実の自己をこのような形でとらえてみせた意識の在り方の違いについて考えてみたいと思う。そのような点から考えるには、錬金術の図と十牛図の相違が問題となるが、ここにまずひとつの点をあげると、錬金術の図に示されていることは、既に説明したように、心の内奥に生じていることを図示したわけであり、いわばそれを見ている「自我」は図の中には示されていない。これに対して、十牛図の牧人、「真の自己を求めている自己」とは、西洋流にいうと、自我ということになろう。

つまり、十牛図には自我が図のなかに描きこまれているのである。

このことは極めて重要なことである。十牛図では、いうならば、自我は——後の展開によっても明らかなように——、西洋のそれと違って、見るものと見られるものというような判然とした区別の上に立っているのではなく、それは見るものでもあるし、見られるものでもあるのである。これは第8図の境位において、絶対無というような境位に達するためには、どうしても必要な前提である。同じく全体性を目指しての過程を描くものであっても、既に述べたように、西洋の自我＝意識が母親殺しを達成したものであるのに対して、東洋のそれは、母性的一体感のなかに未分化のままで存在しているという差は、どうしても避けられないものである。もちろん、ここに「未分化」という表現を使うこと自体が、西洋的発想であると言わねばならないが。

六　全体性

人間の自我＝意識は、それなりの体系をもち、ひとつのまとまった存在でなければならない。それが体系や統合性を保つためには、それと相いれないものを排除する傾向をもっている。しかしながら、人間の自我の不思議な点は、それは自我防衛によって異質なものを排除し、まとまりを保持しようとする傾向と、むしろ異質なものを取りこんで、崩壊の危機に陥りながらも、自我を拡大し再統合をなそうとする傾向と、どちらももっているところにある。後者のはたらきは、もちろん、自我のはたらきのみに帰すべきではなく、むしろ、その根本の動因は人間の無意識内にあるというべきであろう。後者のような心のはたらきは、心の全体性へと向うはたらきということができる。

人間の自我＝意識の在り方は、実に多くの種類があるはずである。しかしながら、近代ヨーロッパにおいて確立された自我の優位性は、自然科学の驚異的な発達によって全世界に立証された形になり、それを極端にまで発展させたと思われるアメリカ合衆国は、「世界の中心」であるかの如き観を呈したこともあった。しかし、一九七〇年代になると、そのような中心性に対する疑いは強烈になり、現在では、欧米中心の思想は相当弱くなってきたとみるべきであろう。

欧米の自我＝意識は、男性、それも母親殺しを成しとげた英雄によって表わされるものである。これを、壮年男子の意識とでも名づけることにしよう。母親殺しの後で孤立した英雄が世界との関係を回復するために、女性との結合を求め、それによる全体性の回復をはかろうとすることは、既に述べたとおりである。このことは、外的現実としては、欧米における女性を大切にする――レディ・ファーストの――態度を習慣として確立することになった。しかし、これはあくまで、男性原理中心の男性社会において、女性を大切にすることであり、最近になってそのことに気づいた女性たちが、女性解放の運動を強力におしすすめ出したことは周知のとおりである。ここには、男性も女性も同じであることを主張するという意味で母性原理がはたらいている。ただ、女性闘士たちの主張は、女性も男性原理で生きられるので、それを認めよといっている点で、それは未だ男性中心の世界観から外にでていない。

人間の意識にはいろいろなタイプがあり、ヨーロッパ型に対して、おそらく、もっと他の、たとえば、老の意識、女の意識、少年の意識などと名づけられるものがあると思われる。可能性という点で言えば、すべての人間は、老若男女、いずれの意識の選択も可能なのであろう。女性でももちろん、男性の意識の確立は可能であり、欧米ではある程度そのとおりのことをしているといっていいだろう。その場合は、「女の意識」は開発されずに残ることになる。あちらとればこちらとれずのジレンマは常に存在する。

文化や社会の変動が少なく安定しているときは、その集団に属する人々は、共通の意識タイプをえらび、それが唯一絶対であり他のものの存在すら疑わないほどの状態にある。従ってそのような安定を願う人間の心は、その意識体系の保存に役立つ道徳や習慣をつくりあげて、それを守ってゆくのである。しかし、集団内に生まれてくる天才の力や、集団外の影響力などによって、その意識体系は時に改変を迫られることになる。現在は、交通機関の急激な発達によって、異文化が前よりもはるかに密接に接触し、その上、欧米中心の思想も弱体化しているため、混乱は非常に烈しくなっている、というべきであろう。人々は、どのような意識体系を選ぶべきかに迷っている。これと呼応して、今まで絶対と思われていた習慣や道徳は、急激に相対化されてくるのである。老若男女の壁をつくりあげていた道徳習慣は、打ち破られ、可能性は一挙に拡大したように思われる。もっとも、これを可能性の拡大とみるか、道徳の頽廃とみるかは、その人によって異なることであろう。

問題は日本のことになるが、これは欧米のことを論じるときのように明確にゆかぬことを、まず最初に断っておかねばならない。欧米の自我を壮年男子の英雄像で示したが、はたして日本人の意識は、老若男女いずれの像によって示すのがもっとも適切であろうか。これに対して、おそらく明確に答えることは不可能であろう。そのような明確さを拒否するところに日本人の意識の特徴があるからである。ただ明確に言えることは、日本人の意識における母性の優位ということである。しかし、母性というものがすべてのものの区別を曖昧にし、全体として包みこんでしまうものであってみれば、それは老若男女をも包含しているので、そのうちのどれかひとつを代表として立てることは困難なのである。ヨーロッパ型の、自我の確立→補償する存在→両者の統合による全体性、といった直線的な図式を用いることができない。十牛図の第8図に示されるように、それはすべても含み、絶対無でもあるのだ。

日本人の意識構造は、しかしながら、欧米のそれとの接触によって今は相当の危機に陥っているようにも思われる。これを十牛図の展開に即して言うならば、次のようにも言えるだろう(これは十牛図の「解釈」ではないことは、あらためて断ることもないだろうが)。日本人の自我をどのような像で示すにしろ(あるいは、示せないにしろ)、それを確立する以前の状態として、少年の姿を心に描いてみよう。この際、この少年の姿を、父―息子の軸によってみるか、老―若の軸によってみるかに、決定的な差があるように思われる。父―息子の軸による場合、これは欧米型の自我の成長があり、その軸上に母親殺しが展開する。老―若の軸には母親殺しは無い。母親は、若者が老いる自然の展開の背後に絶対的に存在しつづける。このような軸は、どうも東洋のものであるらしい。日本人の自我＝意識はひとつのイメージとして表現し難いと言ったが、このような見方からすれば、老の意識と呼んでいいかも知れない。それは、性の区別を超えていて、老人であればいいのであるが、目には見えないが、絶対に存在する母性を前提として、男性の老人によって示すのが適当であろう。老人は進歩発展と無縁である。有無を言わさずにそこに存在していることに意味がある。老の意識は青年の意識ほどに、ものごとを「明確」にとらえることはできない。力も弱い。進歩とも無縁である。ただ前者の優位性は、人間にとって避けることのできない死に対しても配慮がゆきとどいていることである。それは、生と死、有と無、という両立し難いものを、全体性の中に(青年の期待する明確さはないが)まとめあげている。そこでは、自我さえも漠然とした境界によって、他と共に全体性にくみこまれているのである。

このような見方で、十牛図の最終図、老と若をみると興味深い。西洋の図像が男女の共存によって、全体性の回復をはかったように、こちらの図は、老若の共存によって、老の意識を補償し、全体性の回復をはかったのであろうか。しかしながら、十牛図のなかの若者が西洋流の英雄たらんと欲するなら、彼は第1図の尋牛の道にもどり、ウロボロス的な円環性に満足できるであろうか。彼は円環的な充足性よりも、直線的な進歩を願い、敢えて十牛図の円の外に突出することを欲するであろう。しかし、果してそのようなことは可能であろうか。日本の若者たちは、現在のところいくら努力しても、太母の手のひらの上で跳びまわっている孫悟空のようなことになりそうに思われる。

ここで、再び阿闍世の物語に立ちかえってみよう。既に述べたように、それはもともと父親殺しの話であり、阿闍世を救う仏陀も男性である。あるいは、父親の頻婆娑羅王が殺害した仙人も男性である。仙人―頻婆、頻婆―阿闍世(実は仙人の生まれ代り)、この対立関係は、十牛図の最終図の老人と若者を思わせるし、若者の阿闍世が実は仙人(老人)の生まれ代りであるという、円環構造も注目に値する。これらのドラマは西洋のそれと異なり、仏陀という高い次元の存在により救われることになるが、その原理は母性の原理であることは既に述べた。つまり、目に見えぬ母性の存在を前提として、男どものドラマが展開されているのである。前面に活躍しているのは男性であるが、背後にはたらいているのは母性であるという事実は、現在の日本においても変りないと言っていいだろう。

ところで、ここで古沢平作によって、既に述べたような日本的改変が行われたことについて考えてみよう。背後にはたらいている母性原理を顕在化させるために、意識的・無意識的に、それは母―息子関係を強調する物語に変えられていったことは既に述べたとおりである。しかし、ここで注目すべきことは、仙人殺しを行なったのは、頻婆ではなく韋提希であるとした事実である。この改変について古沢はどこまで意識していたかは疑問である。ただ韋提希の仙人殺しは、彼女が自分の容色が衰え、夫の愛を失うのをおそれて子どもを欲しく思い、子ど

して生まれ代る仙人を殺したと説明されている。この行為は、極めてエゴ中心である。それは言ってみれば、男性原理に基づく自我の萌芽である。仏陀が男性でありながら、極めて高次の母性原理の体現者であるのに対して、韋提希は女性でありながら、極めてプリミティブな男性原理の体現者として現われている。彼女の行為も結局は、広大無辺な仏陀の手の内に包みこまれてしまうのであるが、この韋提希の姿を、東洋の母性優位の世界において、西洋的な自我を確立しようとする動きと見ることはできないであろうか。男性どもの母性の強さに業を煮やして、女性が強力に(プリミティブな形で)父性原理を主張することは、現在の日本において行われていることではなかろうか。

ともあれ、仙人殺しをなしとげた女性像は、ひょっとすると、日本人の自我を象徴するのに最も適切な姿ではないか、と思われてくる。それは、父性原理と母性原理の共存した姿を提供する。その共存の仕方は奇妙であり、まだまだ洗練を要するものであろう。しかし、日本人の深層心理を説明しようとして苦闘した先覚者である古沢平作の無意識内に、最も適切なイメージが生じてきた、と考えることはできないであろうか。男性の聖者を殺害し、しかもそれを我が子として育てる女性像は、怨念と感謝の軸上にたって、強くエゴを主張する。日本人の自我の今後の在り方を考えてゆく上で、古沢の提供した韋提希のような女性像は示唆するところが大きいのではなかろうか。

まとめ

人間の無意識内には、老若男女の元型が存在している。無意識内においては共存可能な元型も、人間の意識内においては共存はほとんど不可能である。人間の意識はそれをまとまりのある存在として自我＝意識をつくりあげてゆくためには、そのルーツとしての元型は、ひとつのものを選ぶのが得策である。ある時代、ある文化の特徴は、その集団が自我意識のルーツとして、どのような元型を選んだかといった観点からみることができる。老若男女はそれぞれ、老若男女の元型を背後にもった自我＝意識をつくり出すのが、もっとも無理がないことであろう。しかし、その時代や文化の潮流の影響を受けて、ある程度の無理をしてその集団のコンセンサスに適応した自我＝意識をもったり、傍役に甘んずることによって生きてゆくことになる。人間の心の全体性という点から見れば、一面的な自我は常にそれに対立するものによって、何らかの形で補償される必要があり、その点では、常に傍役を何らかの意味で必要としているものである。

ある集団がひとつの意識体系を選択するとき、それを補償するはたらきは底流となって生じてくる。たとえば例としてあげた、キリスト教と錬金術のような場合である。あるいは、ひとつの意識体系が対立するものの補償作用をあまりにも抑圧するときは、急激な社会変動が生じることによって、相当な混乱の後に、補償作用が行われることもある。傍役たちは常に主役の座を狙っており、時に役割の交代さえ生じるのである。

西洋近代に確立された自我は、母親殺しを成し遂げた壮年男子の英雄像で表わされる。この社会においては、老人、子ども、女性は、無理をしてでも、そのような自我＝意識の確立や維持に励み、男の意識を確立してそこにおいて活躍するか、それぞれの意識をもって傍役に甘んじることになる。可能性としては、「男の意識」を確立することは誰でも可能であるが、やはり、若々しい男性が有利であることは否めない。

今世紀の後半において、自然科学の爆発的な進歩によって、人間の可能性は一挙に拡大された。今まで不可能と思われていた多くのことが可能となった。このことにも関連して、人間は異文化との急激で密接な接触により、自分たちの選択している自我の意識が唯一のものではなく、ほかにも多くの可能性があることを知った。このため、現在の状況は、可能性を求めての大混乱をきたすことになった。まず、近代西洋の自我の強力さにまだ固執する人は、誰でも老若男女を問わず、壮年男子の意識をもちうると考え、それに向って努力を始めた。その一番顕著なものが欧米における女性解放の運動であろう。女性も男性と同等に生きられること、生きるべきことをそれは主張する。あるいは、東洋の若者たちが、西洋的自我の確立を願って努力しているのも、この動きに入れられるだろう。このことに無意識的に動かされている日本の若者たちが、内的にやり抜くべき仕事を単純に行動化し、自分の母親に暴力をふるったりしている事実があることなども、既に指摘したとおりである。壮年男子像のモデルは、まだまだ全世界において力を発揮するであろう。

次にあげるべきことは、全体性を求めての動きともいうべきものである。それは、子どものときから広い可能性に向って開かれているために、社会のなかで固定した役割をとり難い、という形であらわれている。つまり、人間の意識体系が一定のときは、子どもは早くそれをつくりあげて成人になり、その上で社会から要求される役割を身につけようとする。しかし、現在では、男性の役割、女性の役割、などの境界は曖昧になり、一体、どのような意識を確立することによって、「大人になる」のかが曖昧なのである。子どもは、あれもこれもと可能性を追っているうちに、一定の道筋をすすむことが難しくなり、いつまでも未成熟なままでいるようになる。全体性を求めての動きが明確に意識されないときは、それは、今まで社会によってきめられていたいろいろな境界を破る行動として表わされるだけで、自我の未成熟や、ときには崩壊にさえつながることになろう。そこは永遠の少年《プエル・エテルヌス》の病理がはびこる世界となるだろう。

可能性の拡大や追求は、どうしても西洋的自我と結びついて、進歩発展や拡張の方にばかりすすむようであるが、真に可能性を望むのならば、老の意識、女の意識、少年の意識などをこそ、もっと追求すべきであろう。老人が若がえり、女性が男性化することのみが可能性の追求ではない。そして、今まで示してきたように、われわれ日本人は、老の意識や女の意識について、西洋人よりはよく知っているように思われる。このことの意味を明らかにし、その明確な評価をなした上で、西洋的な自我との対決と相互作用をはかることこそ、現代の日本人に課せられた責務のように思われる。(9)

注

(1) 本多勝一編『子供たちの復讐』上、朝日新聞社、一九七九年。
(2) 江幡玲子「「家庭内暴力」について」、前掲注(1)書、所収。
(3) 前掲注(1)書。
(4) 古沢平作「罪悪意識の二種」、小此木啓吾編『現代のエスプリ』148「精神分析・フロイト以後」、一九七九年。
(5) 小此木啓吾「古沢版阿闍世物語の出典とその再構成過程」、前掲注(4)誌。
(6) E. Neumann, Ursprungsgeschichte des Bewußtseins, Rascher-Verlag, 1949.
(7) C. G. Jung, "Die Psychologie der Übertragung," in Praxis der Psychotherapie, C. G. Jung Gesammelte Werke, 16, Walter-Verlag, 1976.
(8) 上田閑照「自己の現象学　十牛図を手引として」、『展望』一九七七年十一月号。
(9) 以上の諸点についての筆者の考えは、『昔話と日本人の心』岩波書店、一九八二年にまとめてある。〔本著作集第八巻所収〕

3　老いの神話学

一　老いの尊厳

老いと言えば「ぼけ」を連想する、というのが最近の傾向ではなかろうか。また実際にも、壮年のときは八面六臂の大活躍をした人が、老いてくるに従ってまったく無力となり、さらに老い故の多くの混乱状態を示すようになる事実は、われわれの周囲にもすぐ見出すことができるのである。このような一種の固定観念のようなものができあがってしまったので、老いが近づく人は「ぼけ」を恐れるし、若い人は自分の親が「ぼけ」になったときにどうするか、と早くから心配するというのが現在の一般的状態である。

このような傾向に対して、根本的に老いの意味を問い直してみるために、人間としての尊厳を保つのみならず、むしろ逆に輝かしき老いとさえ言えるような老いを生きた例などを参考にしつつ、老い＝ぼけの対極をなすような老人観を示し、それについて考察したい。

1　老いの威厳

フロイトに協力して精神分析運動に力をつくし、後に決別して自らの分析心理学を確立したユングは、老いについて多くの考察を行なっている。ユングは人生を前半と後半に分け、人生の後半の意味を強調したので、当然のことながら老いに対する関心も強くならざるを得なかったと思われる。彼は多くの著作を残したが、『心理学と錬金術』をはじめ彼の主著と目される多くの著作を七十歳を過ぎてから書いたことにも示されるように、自らの人生においても、意義深い老いを生きた人である。そのユングが老いについて極めて興味深いことを述べているのを、次に紹介する。(1)

ユングは一九二四年にアメリカに旅行し、そのとき、プエブロ - インディアンたちの住んでいるところを訪ねた。そこでユングは多くのことを学ぶが、それらのなかのひとつとして、インディアンの老人たちが極めて威厳に満ち、悠然として暮らしていることに気づいた。ヨーロッパの孤独のなかに暮らす老人たちの姿に比べて、それはあまりにも立派なので、ユングは何とかしてその秘密を知りたいと思った。それはなかなか解らなかったが、ユングがインディアンたちと親しくなるにつれ、彼らがその秘密をもらしてくれるようになった。

輝かしい老いの秘密は、彼らの宗教、あるいはその神話のなかにあった。つまり、彼らの確信しているところによると、プエブロ - インディアン、特にその長老たちは太陽の運行を支えているのである。ユングに対して一人のインディアンは次のように語った。「つまり、われわれは世界の屋根に住んでいる人間なのだ。われわれは父なる太陽の息子たちだ。そしてわれらの宗教によって、われわれは毎日、われらの父が天空を横切る手伝いをしている。それはわれわれのためばかりでなく、全世界のためなんだ。もしわれわれがわれらの宗教行事を守らなかったら、十年やそこらで、太陽はもう昇らなくなるだろう。そうすると、もう永久に夜が続くにちがいない。」

これをきいて、ユングはインディアンたちのもっている「気品」のようなものの由来が分ったと感じるのである。そしてユングは、インディアンの「生活が宇宙論的意味を帯びているのは、彼が父なる太陽の、つまり生命全体の保護者の、日毎の出没を助けているからである。もしわれわれ自身の自己弁明、つまりわれわれの理性が形成する生活の意味と、インディアンの生活の意味とを比べてみると、われわれの生の貧しさを意識せずにはおれない」と感ずるのである。

ユングはインディアンの生活の意味と、ヨーロッパ人の理性が形成する生活の意味とを比べてみて、ヨーロッパ人の生の貧しさを強調している。このようなことを、ヨーロッパのほとんどの人がヨーロッパ中心主義の美酒に酔っていたとも言える一九二〇年代に考えていたのだから、これはまったく驚嘆すべきことであるが、一九八〇年代の現在において、ユングのこの言葉は日本人にとっても大きい意味をもってくると思われる。

ユングはプエブロ‐インディアンの話を聞き、周囲の光景を見ていると、彼らが世界の屋根に住み、神の近くに居て、太陽が天空を横切るのを助けているということを信じられそうな気がしてきた。つまり、彼らを取りまく自然の在り方も彼らの考えを支えているのである。このようにして、自然も人も一体として、強い確信をもちそれに生きるとき、老いの意味は強化され、威厳をもって老いることが可能となるのである。

2　神話の意味

現在では一般に「神話」という語は否定的に用いられることが多い。「事実とは異なる馬鹿げた思いこみ」というほどの意味で、それはよく用いられる。しかし、神話というものはそのようなものではなく、人生においてもっと深い意味をもっていることについて、ここでは論じてみたい。神話の価値を人間が認めなくなったことと、老人の評価が下落したこととは、あんがい軌を一にしているのかも知れない。

人間が生きてゆくためにはさまざまな知を必要としているが、科学の知は現代において極めて有力なものである。この世界を自分から切り離して対象化し、その対象を観察することによって見出した法則を集積して、科学の知が構成される。西洋近代に急激に発展した科学の知は、その有効性を全世界に示すことになったので、人々はそれに驚き、受けいれると共に、「科学の知」を自分たちの世界観にそのまま持ちこんでしまうようになった。確かに、科学の知の強力さは疑いのないことであるのだが、それをそのまま自分の世界観としてしまうところに問題があるのではなかろうか。科学の知は既に述べたように、自分と世界とを切り離すことによって成立する。そのように個人と関係のない普遍的な知を提供するところに科学の知の絶対的な強さがあるが、またそれだけに、それが世界観のすべてを律することになると問題を生じてくると思われる。

一人の老人が私の前にいる。その人の体重、身長のみならずいろいろな体力を測定する、知能検査も行なってみる。その結果、その老人は体力も知力も衰えてしまっていることが明らかとなる。科学の知によって測定した結果は普遍的な知をもたらす。誰もそれに反対できない。しかし、その老人が私の父である場合、私という個人が私の父という個人にどうかかわるべきかについて、科学の知は何も教えてくれない。科学は本来価値判断と無縁のものである。科学的に老人の能力の低さが測定されたとき、だから老人は無価値だと考える人は、どのような世界観によって立っているのか。おそらく科学の力があまりに強いので、科学的に測定し得る強いものが価値があり、弱いものは価値がないと思うようになったのであろうか。

科学の知は、自分以外のものを対象化してみることによって成立しているので、それによって他を見るとき、自と他のつながりは失われがちとなる。自分を世界のなかに位置づけ、世界と自分とのかかわりのなかで、ものを見るためには、われわれは神話の知を必要とする。ギリシャ人たちは太陽がまるい、高熱の物体であることを知っていた。にもかかわらず、太陽を四輪馬車に乗った英雄像として語るのは、人と太陽とのかかわり、それを基とする宇宙観を語るときに、そのようなイメージに頼ることがもっとも適切であるから、そうするのである。

父親が老化して、その言葉がわかりにくくなったとき、知能検査の言語能力のスケールに照らし合わせて測定する科学の知に対して、父親もそろそろ神の国の世界に行くことになって、われわれの理解し難い神の言葉で話すようになったという神話の知に頼る方が、はるかに自分と父親とのかかわりを濃くしてくれるのではないだろうか。事実、アイヌではまだまだ老人が尊重されているのだが、そこでは老人のわけの解らぬもの言いを「神用語」という。「あの世への旅立ちの準備で、神に近くなってきたからそうなると考えるのである。」[2]

科学の知と神話の知についての省察を行なった哲学者の中村雄二郎[3]は、「まことに科学的知の一つの徹底としての近代科学は、私たち人間にとって科学的知が人間の知としてどのような位相にあるかをあからさまに示すことになった。そして私たちはいま、そこに示されたことをかえりみてなにをなすべきかといえば、なによりも対象と私たちとを有機的に結びつけるイメージ的全体性を対象のうちに回復することであろう。なにも、それは、近代科学を前科学に引きもどすことでもなければ、近代科学の発達を逆行させることでもない」と述べている。そして、神話の知については、「神話の知の基礎にあるのは、私たちをとりまく物事とそれから構成されている世界とを宇宙論的に濃密な意味をもったものとしてとらえたいという根源的な欲求」であると的確に述べている。

ここでなかなか困難なことは、現代人として、われわれは近代科学の知をもちつつ、神話の知をもたねばならない、ということである。われわれはユングがいうように、「われわれの理性が形成する生活の意味」が、プエブロ‐インディアンのそれに劣ると知っても、にわかに、自分の生が太陽の運行を支えていると信じることはできないのである。そこで、われわれにとって課せられている仕事は、それぞれが自分にふさわしい神話を見出してゆくということになるであろう。この難しい課題を成し遂げるには相当な努力が必要である、と思われる。そのためには、自らの文化のなかで、老いの神話としてどのようなものがあるかを調べてみることも参考になるであろう。究極は、各人が自分にふさわしい神話の知を見出してゆかねばならぬのではあるが。

二　ライフサイクルの完成

神話は個々の人間が自分にふさわしいものを見出してゆかねばならないが、それらにはある程度の共通性がある。ある時代、ある文化にとって、ある神話的イメージが普遍的な意味をもつこともある。ある宗教を信じている人たちは、その宗教のよって立つ神話的イメージを共有しているわけである。

現代においては既に述べたように科学の知が急激に大きくなったため、神話の知は背後におしやられてしまい、困難が大きくなってきた。神話の知と科学の知をどのように心のなかで両立させてゆくかは、現代人の課題であるが、老いという点に関して言うならば、老いをもって人間のライフサイクルの完成期とみる見方は、科学の知と神話の知との折り合いを何とかしてつけたものとも言うことができる。

1　ライフサイクルと老い

西洋において生まれた心理学のなかで、人間の成長発達に関する研究を主とする「発達心理学」は、人間の誕生からはじまって成人になるところまでを扱い、それ以後のことについては研究しなかった。つまり、成人に達したときに、人間の発達は「完成」すると考えたわけである。これも考えてみると当然のことであり、人間の能力のなかで計測可能なものをいろいろ取り出してみると、運動能力にしろ知的能力にしろ、二十歳の前後あたりに頂点がきて、後は下降曲線をたどることになるのである。このような「発達的観点」は現代も心理学のなかでは主流をなしていると言っていいだろう。このような考えに立つかぎり「老年心理学」は、頂点からの衰退の状況をいかに把握するかに焦点がおかれることになるのも当然であろう。

西洋中心主義の考えに疑問をもっていたユングは、早くから人生の後半の意義を強調していた。これは彼のところに相談に訪れる人に人生後半の人が多かったこともひとつの要因となっているだろうが、彼が自分自身の内的体験を基にして考えたところが大であったと思われる。ユングも人生の前半において、「成人」として自分を確立してゆくことの重要性を大いに強調するが、それによって人間の「発達」が終るのではなく、内面に注意を向けると、内面的成熟はむしろ人生後半においてこそ行われると考えたのである。

ユングの主張はあまり一般に受けいれられなかったが、彼の没後、一九七〇年頃より西洋近代の科学の発展に対する疑問が大きくなってくることと相まって、欧米において人生をもっと広い観点から見ようとする傾向が急に強くなってきた。このように言っても、それがどの程度まで一般的なことか、まだ確実には言えないにしても、成人を頂点とする発達心理学に対して、人生全体を見渡して考えるライフサイクルの考えが相当にひろく受けいれられるようになってきた。

ライフサイクルについては、既に第1章に論じたのでここに詳述は避けるが、そのような考えのなかにおける老いの位置について少し述べておきたい。人生の後半の意味を強調したユングは、西洋中心の世界観を相対化するものとして東洋の宗教や思想に強い関心をもっていた。彼はインドや中国のことについて相当によく知っていたと思われる。ライフサイクルというと、日本人ならまず思いつく(と言っても若い世代ではそうでもなかろうが)、既に第1章に紹介した孔子の『論語』の為政第二の四の言葉もユングは知っていたのではないかと推察されるのである。

孔子の言は立派なライフサイクルの記述である。そして注目すべきことは、「老い」が完成の意味をもってここに位置づけられていることである。四十に到るまでの流れと、五十を過ぎてからの流れの方向に違いがあり、ユングの言う人生の前半と後半の意味の差がよく出ていると思われる。

このような事実を見、既に第1章に述べたヒンドゥー教の四住期の考えなどを見ると、ライフサイクルという考えはもともと東洋のものであったと思われるのである。何でも欧米からくるものは有難く感じられ、ライフサイクルなどと片仮名で書くと随分新しい考えにきこえるが、実は東洋の昔にあったものとも言える。といって、だから東洋の方が素晴らしいなどと速断する必要はない。何といっても、現在、われわれが西洋文明の恩恵のなかに生きていることは事実であり、それを支える西洋の近代科学の知と、東洋に古くからあった知との折り合いをつけてライフサイクルなどという考えがでてきたと言うべきである。それは科学の知と神話の知の微妙な接点に存在している。科学の知はそれを知り、それを適用すれば直ちに有効性を発揮するが、神話の知はそうは簡単にはたらかない。それを自分のものとするためには相当な努力を必要とする。ライフサイクルなどといくら強調してみても、そのような努力をしないかぎり、老いが完成として立ち現われてくれることはないのである。

2　老賢者

老いの神話学のなかで、重要なひとつのイメージは老賢者のイメージである。老いているが故に知恵深く、それは一般の常識や、壮年者の結果を焦る気持などを超えきっていて、思いがけない洞察を与えてくれる。このような老賢者のイメージは洋の東西を問わずに存在している。あるいは、現代人の夢のなかにも時に顕現してくるものである。そのような老賢者のイメージのなかで、ここではわれわれの文化的基盤を探る意味もあって、中国の老賢者について少し述べてみることにしよう。

孔子のライフサイクル観については、既に述べた。しかし、「心の欲する所に従いて矩《のり》を踰《こ》えず」と言ってから、孔子も僅か三年しか生きていなかったのだから、現実に老賢者であるということは実に大変なことだと思わされる。

中国における老賢者像としては、孔子に対立する考えを展開した老子をあげることができる。もっとも、老子の方は『老子』(あるいは『道徳経』)という書物は残っているにしても、その著者としての老子という一人の人間が実在したのか、どんな人間だったかはそれほど定かでない。しかし、むしろそれ故に、中国、日本において人々の心のなかに持たれ続けてきた「老子」のイメージは、内的な意味を多くもつものとして、老賢者のイメージとしてぴったりのものになってきたとも言うことができる。

福永光司[4]は『老子』の解説の冒頭に西田幾多郎の『働くものから見るものへ』のなかの「東洋文化の根底には、形なきものの形を見、声なきものの声を聞くといったようなものがひそんでいるのではなかろうか。我々の心はかくのごときものを求めてやまない」という言葉を引用し、老子こそは「形なきものの形を見、声なきものの声を聞く」ことを教えた人であると述べている。ここに老賢者としての老子の特性が見事に示されている。

福永はまた、『老子』という書物には、固有名詞が一度も現われないこと、および、特異な性格をもつ「我れ」(「吾れ」)という一人称代名詞が突如として現われてくる、という特徴をあげている。このような特徴から、福永は「ここでは現実の己れを生きる個としての人間が、道の普遍とそのまま結びついている。個と普遍の中間に何の媒介者も必要とせず、己れが道を観、道が己れを観ているといったような直截的な関係、もしくは己れが道であり道が己れであるといったような一体的な境地が実現している」と述べ、「「個」が直截的に「普遍」と結びつくところに、老子の思考の根本的な特徴が見られる」と結論づけている。

「個」が直截的に、「普遍」と結びつく、このようなイメージは、老賢者の知を示すのにぴったりである。このような老賢者像は、科学の知とも共存する、というよりは、科学の知を補償するものとして必要なもの、と言うべきではなかろうか。

ところで、『老子』の第二十一章には、「惚たり恍たり、其の中に象有り。恍たり惚たり、其の中に物有り」などという文があり、老賢者の様相を示すために用いられた「恍惚」という言葉が、現在の日本では有吉佐和子の小説以来、むしろ「ぼけ」を示すこととして連想されるようになった事実は、いかにわれわれが老賢者の本質を理解できなくなっているかを象徴的に示しているように思われる。

老子のイメージと関連して、中国における老賢者の姿を表わすものとして、碁を打っている仙人というイメージがある。これについては、大室幹雄の『囲碁の民話学』(5)が豊富なイメージを提供してくれる。ここにその詳細を述べられずに残念であるが、この書物においては特に老賢者と童子の結びつきが明らかにされているところが興味深い。そこには老人の知恵をもった童子が現われたり、童心に満ちた老人が登場してきたりする。つまり、老賢者はそのなかに童子性を有しているのである。囲碁に一日中打ち興じたりするのは、まさに童心にふさわしいことと言えるのである。そして、その囲碁の一石、一石が世界の事象に深くかかわっていたりもするのである。

囲碁を打つ老賢者像に触れたついでに、現代に生きるある老人の囲碁に関するエピソードを述べておこう。老人になると趣味をもっていないと駄目だという忠告を受け、ある男性が定年前から囲碁を打つようになった。あんがいに強くて腕がめきめきとあがり、熱中するようになった。定年後は碁会所にまで通いはじめ、有段者になるし、ますます熱心になった。しかし、七十近くなって彼は老人性の抑うつ症になった。好きな碁でもやって元気を出すようにと碁の友人たちが誘うが、まったくする気がしない。彼の子どもや親類が、何とか元気を出して貰うために、彼の欲しがっていた碁盤を求めて誕生日に贈ったら、そんなことをして貰って申訳ないと、ますます抑うつ症がひどくなってしまった。

このような例に接すると、老後の楽しみのために趣味をもて、という一般原則も、いつも有効なものではないことがよくわかる。趣味をもつことは確かにいいことだ。それによって時間つぶしができるだけでも大したことである。しかし、それが本質的に役立つためには、その個人の「神話」と関連するものになっていることが必要なようである。囲碁も、『囲碁の民話学』に出てくるイメージにつながるような、本来的「遊び」の境地に結びついてこそ、老いの神話に関連してくる。囲碁を単なる勝負ごととして打っている人は、老人になって思考力の衰えを自覚したとき、それは急にわずらわしいことにさえなり、老後の生活を助けてくれるものとはならない。趣味をもつにしても、少し工夫が必要なのである。

「個」が直截的に「普遍」に結びついてくる境地になると、碁を打つにしろ、盆栽の手入れをするにしろ、それは「太陽の運行」にかかわるのとまったく同等の重みをもつことになるのである。

三　死後の生命

老いをライフサイクルの完成としてみることについて述べたが、老いに続いて来る死を完成としてみるよりは、次の世界への入口として見る見方も存在する。世界の多くの宗教が死後の世界について述べたり、復活や再生について述べるのは、人間の死後の生命の存在について何とか納得のゆく解答を与えたいと思うからであろう。死を絶対的な終りとしてではなく、それに続く異なる生への入口として受けとめる方が、はるかに老いや死を受容しやすく感じられるのは当然である。しかし、昔の人々のように現代人は地獄・極楽のような死後の世界は単純に信じられないのである。

1 瀕死体験

現在において、「死後生」の存在を神話の知としてではなく、科学の知として主張している人たちがいる。日本でもよく知られているキュブラー・ロスがその代表的な人物である。キュブラー・ロスは不治の病いによって死んでゆく人たちに対して、その死を看とる仕事に打ちこんできたが、その経験を通じて死後生の存在を確信するようになった。

キュブラー・ロスは「私は、死後生を信じているのではなく、科学者としてわかっているのです」と強く主張する。(6) つまり、神話の知として信じているのではなく、科学の知として知っているのだ、と主張している。この点の当否については暫くおくとして、彼女がなぜこのように主張するのか、その点について簡単に述べることにしよう。

最近になって蘇生術が急激に進歩したこともあって、一度は「死んだ」と思われた人が蘇生してきて、その間の自分の体験を語ってくれることが増加してきた。そのような体験は瀕死体験(near death experience)と呼ばれているが、それについて研究を行なった精神科医、レイモンド・ムーディ(7)によると、それらの人の報告に多くの共通点が認められるという。第1章でも触れたが、ごく簡単に述べると、そのような時、人は自分自身の肉体から脱け出し、死に瀕している自分の姿を見る。そのときに、以前に死んだ友人や肉親が迎えに来てくれるのがわかり、素晴らしい愛と暖かさに満ちた「光の生命」とも言うべきものに会う。このとき、自分の一生の出来事を一瞬のうちに思い出す人もある、という。

キュブラー・ロスも瀕死体験を聞く機会が多く、また死んでゆく人たちが先に死んだ肉親の人たちが迎えに来てくれていると告げることもよく経験している。これらの例については省略するが、これらの経験をもとにして、彼女は死後生の存在を主張するのである。

キュブラー・ロスは医者である。彼女のこのような主張を聞いて、せっかく医学という科学的教育を受けながら、「霊の問題にかかわっている」と非難する人もいるし、彼女は「精神病になってしまったのだ！」とまで極言する人もある。筆者は、ムーディやロスの報告している事実は、そのとおりの事実であろうと思っている。筆者のささやかな経験に照らしても、彼らの主張を肯定的に感じることが多い。ただ、そのような事実から「死後生」の存在を主張するのには論理の飛躍があると思われる。瀕死状態になったときの人間の意識は、確かに近代科学では説明不能な不思議な知覚をすることは事実であろう。しかし、それはそのような不思議な意識状態が存在し、その意識にとっては死後生の如きものが認知されたということであって、死後生そのものの存在については、われわれは判断を留保すべきである、と筆者は考える(8)。

ただ、ここで非常に大切なことは、このような瀕死体験をした人は、その後は死を恐れなくなるという事実である。死はその人の心のなかにしっかりと位置づけられ、受容されるのである。これは素晴らしいことだ。死後生について何かを知ったという確信が、その人に相当な安定感を与えるのである。

このような点から考えると、死後生について、われわれはその存在を科学の知として肯定することは留保するにしろ、それについて自分なりの神話の知をもつことは、自分が老いや死をどう受けいれるか、という点で有用であることを認めねばならない。そして、瀕死体験の内容は、われわれが死についての神話の知を形成するときに、多くの示唆を与えてくれるものと考えられる。

2　死を迎える

老いを真に受けいれるためには、われわれは死を受けいれねばならないし、老いの神話学は従って、死の神話学につながるものでなければならない。

既にユングの説を紹介してきたが、彼は自分の学説にふさわしい見事な死を迎えている。(9) 彼は死が近づいてきた頃に次のような夢を見ている。「私は「もう一つのボーリンゲン」が光を浴びて輝いているのを見た。そして、ある声が、それは完成され、住む準備がなされたことを告げた。そして、遠く下の方にクズリ(いたちの一種)の母親が子どもに小川にとびこんで泳ぐことを教えていた。」ここに述べられた「もう一つのボーリンゲン」については説明を要するだろう。ユングはチューリッヒ湖畔のボーリンゲンに、彼独特の「城」をつくり、時に日常生活を避けてそこに行き瞑想にふけったり、もっぱら内界との接触を保つ場所としてきた。夢の中で、彼は「あちらの世界」に「もう一つのボーリンゲン」が完成されたことを知り、彼の死が近づいたことを知るのである。

このようにうまく夢が見られるものか、と思われるかも知れないが、それはそれまでの長い精進の結果であって、一朝一夕にできることではない。われわれは死を迎えるためには長い大きい努力を必要とするのである。ここに「もう一つのボーリンゲン」が出現しているところが印象的である。つまり、ユングが生きている間にボーリンゲンにおいてなした努力が、あちらの世界の住居づくりの準備となっていたと考えられるからである。

わが国においても、ユングの前述の夢に匹敵するような夢を見て、「此の夢は死夢《しにゆめ》なりと覚ゆ」と断定し、死の準備をした人がいる。その人は明恵上人《みようえしようにん》(一一七三—一二三二)といって、鎌倉時代の名僧である。明恵はその生涯にわたって夢の日記をつけ続けた稀有の人であるが、その生涯は真に立派という他のない僧である。[10] 当時の人々は明恵こそ死んで後に兜率天《とそつてん》に生まれ変った人と信じたと言われている。兜率天は弥勒菩薩《みろくぼさつ》が住み、説法を行なっていると信じられているところである。その明恵が見た「死夢」を次に示す。「梅尾明恵上人伝記」[11]より引用する。

上人夢に、大海の辺に大磐石《ばんじやく》さきあがりて高く聳《そび》え立てり、草木・華菓鬱茂《うつも》して奇麗の勝地なり。大神通力を以《もつ》て大海と共に相具して、十町ばかりを抜き取りて、我が居所の傍に指し置くと見る。

明恵はこれを見て、来世の果報に現世をつなぐものと考え、「死夢」と断定したのである。ユングがボーリンゲンの「城」を愛したのに対して、明恵は「自然」を愛した人であった。彼が若い時代に和歌山の白上の峯ですごした時は、この夢に示されているような自然に触れたことと思われる。それが夢の中で「あちらの世界」の自然を見、明恵の場合は、それを引き抜いて自分の住んでいるところの傍においたのである。

ユングも明恵も、どちらも「死後の住居」についての神話の知を夢を通じて得ているところが共通である。そして、それが個人の人生経験と深く関係しており、キリスト教や仏教の教義にあまりとらわれていないイメージであることも共通している。彼らはこのような死後の生に関する神話の知に支えられ、輝かしく静かな老いを生きることができたものと思われる。

老後のために貯蓄することは極めて大切であるが、老後のために準備すべきことは物質的な面のみならず、ここに述べたような心の面においても重要なことがあることを心得ておくべきであろう。

注

(1) アニエラ・ヤッフェ編、河合隼雄／藤縄昭／出井淑子訳『ユング自伝　思い出・夢・思想』2、みすず書房、一九七三年。
(2) 藤村久和『アイヌ、神々と生きる人々』福武書店、一九八五年。
(3) 中村雄二郎『哲学の現在』岩波書店、一九七七年。
(4) 福永光司『老子』上、朝日新聞社、一九七八年。
(5) 大室幹雄『囲碁の民話学』せりか書房、一九七七年。
(6) キュブラー・ロス、秋山剛／早川東作訳『新・死ぬ瞬間』読売新聞社、一九八五年。
(7) レイモンド・ムーディ、中山善之訳『かいまみた死後の世界』評論社、一九七七年。
(8) この点に関する筆者の意見の詳細については、下記を参照されたい。河合隼雄『宗教と科学の接点』岩波書店、一九八六年。〔本著作集第十一巻所収〕
(9) ユングの死および次に紹介した夢については下記を参照されたい。河合隼雄『ユングの生涯』第三文明社、一九七八年。〔本著作集第一巻所収〕
(10) 明恵の生涯および、その「夢記」の解釈については、河合隼雄『明恵　夢を生きる』京都松柏社、一九八七年、を参照されたい。〔本著作集第九巻所収〕
(11) 久保田淳／山口明穂校注『明恵上人集』岩波書店、一九八一年。

4 老夫婦の世界

一 夫婦と老い

人間の平均寿命が急激に長くなったので、いわゆる「老夫婦」として生きる人たちの数も急増してきた。そのような老夫婦がどのような「世界」のなかに生きることになるのか。筆者は心理療法家として接する、いうなればば「特殊な」老夫婦に対しては知っているが、もっと一般的な老夫婦のイメージを知ろうとして、文学やその他の文献などにも少し目を通してみたが、「老夫婦の世界」というものが、あんがいどこにも描かれていないのである。文学においても、谷崎の『鍵』や『瘋癲老人日記』、伊藤整の『変容』などの名作のように、老いや老人ということについて語るものは相当にあっても、「老夫婦」について述べたものは少ない。これは「老夫婦の世界」という課題の困難さを反映しているように筆者には感じられる。しかし、せっかく与えられた課題であるので、以下に考えを述べてみたい。

1 高砂

結婚式には謡曲の「高砂」の一節が謡われることが多い。翁と姥が老松を背にして並び立つイメージは、めでたさの象徴にふさわしいものと、一般に受けとめられている。そして、結婚した夫婦は、高砂の翁と姥のように長年にわたって結婚生活を続けることこそ、望ましい、と期待されるのである。

確かに、夫婦が共に老いるまで、長く結婚生活を続けることは、かつては偉大なことであり、めでたいことであっただろう。しかし、最近では金婚式をあげる夫婦も、それほど稀でなくなったのではなかろうか。そして、残念ながら、その実態は「めでたい」とばかりは言っておられないように思われる。少し端的な表現を許して貰うなら、昔は長寿であるということ自体が、その人の素晴らしさを示していると言ってよかったが、今は近代医学やその他の助けによって、生かされているといいたくなる場合もあるように思われるのである。生きることに関する心身両面の苦労が限りなく存在するなかで、夫婦ともに長生きすることは、もうそれだけで立派なことであった。しかし、近代の科学や福祉によって長生きすることは、もちろんまことに喜ぶべきことであるが、そのこと自体をめでたいことと手ばなしで喜んでおれぬ状況をつくり出しているのではなかろうか。

『痴呆性老人の世界』の映画作品をつくり出した羽田澄子の仕事は、老いの問題を考える上で多くの示唆を与えてくれるし、強い刺戟をも与えてくれる。(1) 彼女は、女性の老人たちが痴呆になったときに、自分の家に居ながら他家に居るように思いこみ、「お世話になりました」「もう帰ります」と挨拶して、自分の実家に帰ろうとする事実を述べている。そして、「このおばあさんたちは他家に嫁して、夫とその両親に仕え、子供を育て、ながい年月をかけて主婦の座を築いた人たちである。それなのに老いて、たまたま痴呆になったとき、心に浮ぶ「家」は、自分が苦労して同化した婚家ではなく、自分の両親やきょうだいと暮らした幼い頃の家なのである」と指摘している。これを見て、老人は昔の記憶が鮮明であり、近いことほど忘れてゆくのだ、とか、女性は他家に嫁しているからだ、ということだけで説明がつかぬようにも思われる。

この事実に似た現象を夢分析をしていると気づくことがある。結婚して子どももあり、相当に夫婦生活の期間が長い人でも、夢の記述の際に、「私のうちでは」と言うとき、それが現在住んでいる家ではなく、自分の生家を指して言っていることが、男女を問わずよくあるのである。こう言いながら自分ではっと気がついて、「長い間暮らしていながら、自分の今住んでいるところを、「私のうち」と思ってないのでしょうかね」などと述懐される人もある。つまり、自分の生まれ育った家が「自分のうち」だという意識は、日本人の場合、男女を問わず相当に強いのである。ここにわざわざ日本人の場合と書いたのは、欧米人を意識してのことであり、この点は文化差によって大分異なるであろう。

ともあれ、日本人にとって夫婦関係は、長年続いたとしても心の奥では親子や同胞関係よりも脆弱なところがあるようにも思われる。たとえば、安達生恒の論述(2)は、過疎地における農家の老人たちの姿を生き生きと伝えてくれるのだが、老夫婦の姿はそこからあまり浮かんで来ないのである。ひとつだけ老人夫婦の例があげられているが、六十八歳の夫が自分のできる範囲で農業をする余暇に絵を描いたり彫刻をしたりしているのに対して、六十四歳の妻は農作業にはまったく手を出さず、花つくりが好きで、庭いっぱいに花を植えている、というのがある。これは理想の夫婦の姿とも受けとめられるが、果して夫婦の関係という点ではどうなのか、というと、その点は明らかではない。夫と妻とがそれぞれ別の世界に生きていて、その間の関係はあまり問題にされていないようにも思われる。老夫婦の関係について考えてみると、それはどのようになっているのだろうか。

2　「よりかかり」と「とりこみ」

老夫婦の関係ということを考える場合、「よりかかり」と「とりこみ」という言葉が浮かんでくる。これは老人夫婦の――その否定的な側面の――記述によく出てくる言葉なのである。

老人の女性の間で、彼女らの夫のことが話題になるとき、夫があまりに「よりかかる」のでたまらない、という表現がよく用いられる。老いた夫が何から何まで、何でもかんでも妻に「よりかかる」のが、たまらなくわずらわしいと言うのである。それには少しニュアンスの差があって、わずらわしいと言いながら、それを誇りにしているような感じが流れるときもある。つまり、自分は妻としてそこまで夫を支えているのだ、という誇りである。

また実際に老年の男性を見ると、そこまでよりかからなくてもと思うほど、妻によりかかっている例が多い。しかも、多くの場合、よりかかっているという自覚よりは、自分の方が上なので妻が仕えている、と思っていたり、そうするのが当然のことと思っていたりする。そして、彼の妻が「よりかかる」彼のことをあちこちで嘆いてみせたり、心のなかでは馬鹿にしたりしていることを知らないことが多い。

もっとも、最近になって女性の方が、男性のよりかかりを突然に拒否する、高齢者離婚の事例が増加してきて、このような点が男性にも自覚され、一種の危機感のようなものも生じてきた。よりかかりの全面拒否のおそれを抱いた男性は、それまでの勢いは急激に消失し、全面降服の末、妻の要求に従うので何とか今までどおりに世話をして欲しい、と頼む例が多いようである。これらの男性は、一人で生きてゆくことがほとんど不可能の状態になってしまっているのである。自分自身の身のまわりのことができないのは、まったく幼児に等しくなってしまっている。

これに対して、老人の男性が自分の妻に対して愚痴を言う例は、比較的少ないように思われる。愚痴をくだくだと述べることを男性としていさぎよしとしない、ということもあろう。しかし、愚痴を言おうとしても、自分の状態の悪さを嘆く適当な言葉が見出せない、ということもあるように思われる。自分の現状に決して満足しているわけではないが、それをうまく表現できない上に、他人から見るとそれは「結構な」状態に見えることもあるのでなおさら、ものが言いにくいのである。従って、男性の老人は無口になることが多い。

男性の老人がそのような状態について嘆くとするならば、「とりこまれ」てしまっていること、とでも言うのではなかろうか。いろいろと世話をして貰ったり、大切にされたりしているように見えて、実のところは妻にとりこまれてしまって、手も足も出ない不自由さを嘆きたくなるのではなかろうか。このような状態は、なかなか表現するのが難しいのであるが、幸い文学作品のなかに適切なのがあるので、それによって次節に詳しく述べることにする。

「よりかかり」や「とりこみ」をわずらわしく感じ、それが強くなると、夫婦関係は急に疎遠になる。夫婦は同居していても、心はまったく別の世界に生きており、心の交流が存在しない。このような場合は、「よりかかり」や「とりこみ」を嘆いている夫婦よりも、もっと悲惨な状況になる。もっとも、このような生き方を「確立」して、夫婦ともにそれぞれの生活を楽しむ生活をしている老夫婦もあり、その場合はそれほど問題はなく、それも老夫婦としてのひとつの生き方であろうか、と思われる場合もある。それにしても、両者の間に流れる冷たさに、周囲の者はやり切れぬ感じを抱かされることもある。

いわゆる功なり名遂げた人が、このような冷たい夫婦関係のなかで老後を過ごしているのを見るときは、耐えられぬような痛ましさを感じるときがある。社会のために、そして、その人にとっては家族のために大きい努力を続けた代償として、晩年をまったく冷たい環境のなかに生きねばならぬ、ということは実に痛ましいことのように思われる。しかし、考えてみると、その人の成した多くの仕事や努力は、夫婦関係の絆という観点から見るかぎりほとんど無に等しいとも言えるわけであるから、それもある意味では当然の帰結と言えるかも知れない。夫婦の問題は一見すると、片方が悪いように見えるときでも、深く考えるとほとんどの場合、両者が共に責任を負っているものである。

「よりかかる」と言えば、女性が男性によりかかるイメージがまず持たれると思う。確かに老年まではそうかも知れない、そして、老年になってもそのままであるとき、男性はそれについて嘆く人はあまりないであろう。それは男性と女性についての一般のイメージのとおりであるし、そのよりかかりもそれほど強くはないであろう。これとは逆に男性の女性へのよりかかりは、無意識的要素を多くかかえこんでいるだけに、女性の愚痴の原因になると思われる。

二　文学のなかの老夫婦像

既に述べたように、文学のなかに老夫婦の問題が描かれているのは少ないようである。老人の問題が取りあげられ、そこに副次的に老夫婦のことが語られているのは、かなりあると思われるが。

かつて鶴見俊輔が永井龍男の『朝霧』を取りあげて論じているが、それなどは数少ない例のひとつであろう。(3)なお、鶴見俊輔がそのエッセイのなかで、「社会史においても、個人史においても、混沌―秩序―混沌という、ほろびをうけいれる図式をもつほうが望ましいと私は思う」と述べていることは、老人問題を考える上で、いつも念頭に浮かんでくる言葉である。

1　『ソウタと犬と』

安岡章太郎の短篇『ソウタと犬と』のなかに、老夫婦のひとつの姿が実に巧みに描かれている。(4) この作品には、「わたし」(信太)が自分のアレンジした父親の再婚家庭を訪問するところが描かれている。訪ねてゆくと、家の構えまで「いつになく小綺麗な、仄かに色気のありげなものに見えた」。継母は信太を見ると、「ああ、おじいちゃん、おじいちゃん、信太さんですよ」と、大袈裟にハシャぎながら父を呼ぶ。

「父の血色は、これまでになく良く、磨きこまれたようにかがやいており、頭髪はきれいに刈りこまれて、後へ撫でつけられていた。」再婚して暫くのうちに父親はすっかり変ってしまったのだ。

信太にとっては驚くべき新しい事実がつぎつぎと明らかになってきた。父親は今まで絶対に他人の手にまかせたことのなかったトリの世話を妻にまかせてしまい、今までのように泥に汚れた姿ではなく、こざっぱりとしている。特に信太の驚いたことは、父親が「ソウタ」を羽織っていることであった。ソウタとは、父の郷里の言い方で、袖なしのチャンチャンコのことだが、彼も彼の父も実はソウタが嫌いで一度も着たことのないものだったのである。しかも、継母は「おソウタ」というので、信太はよけいにイライラさせられるのである。父親のソウタ姿を見ていると、「鈍重な動物が這い上ったような感じで、……どうしようもない違和感のやってくるのをおぼえ」てしまうのである。

継母は十八年間も飼い続けてきた犬と一緒に暮らしている。継母はその犬について嬉しそうに語るが、それを聞いていると信太には、自分の父親が老いぼれた犬のように見えてきて仕方がないのである。

だからといって、継母が父を粗略に扱っているというのではない。むしろ、その逆であると言っていいであろう。父が眠そうにすると、「あら、おじいちゃん、おやすみ?」と、押入れから枕やらカイマキやらを出して、父の体に着せかけてやる。言ってみれば、手取り足取り世話を焼いているのだが、それは「まるで病人だな」と信太が思うような、取り扱いなのである。

継母は夫を大切にしている。一所懸命に世話をしていると言っていいだろう。しかし、信太はそれを見ていて何かイライラとしてたまらなくなるのである。その気持を端的に表現すると、「コタツで継母から犬の身上ばなしを聞かされながら、彼はついに、おやじは継母によって犬に飼育されてしまった、という幻想にとりつかれ、口をきかぬ父親の顔がセッター種の老犬に見えてきそうな気ばかりした」ということになる。

信太は「アテのない憤懣」を何とかして、継母に対して表現しようとする。しかし、老夫婦が朝の食膳の前に坐っている姿を見ると、何にも言えなくなってしまう。

「父は、れいのソウタを羽織ったうえに、継母にヨダレ掛けのようなもののヒモを頸のうしろで結んでもらっており、その傍であのテリヤ犬が、うらやむ眼つきでそれを見上げている。朝日は彼等の背後から射しており、それはいちべつの光景にすぎなかったけれども、まるで宗教画をおもわせるほど堅固なコンポジションを示して、もはや傍からこれを突きくずすことは不可能におもわれた。」

これは「よりかかり」とか「とりこみ」などという言葉によっては捉えることのできない、「宗教画をおもわせるほど堅固なコンポジション」を示しているのだ。これに対しては、信太も父親もただ沈黙するより仕方がないのである。

安岡章太郎によってここに描かれた老夫婦の姿は、日本の多くの家庭に見られる問題を浮き彫りにして見せてくれているように感じられる。そして、それが宗教画のようなものだと表現されるのは、これがいかに日本の文化の伝統に根ざし、宗教的な支えをさえもっているものであり、どれほど重く日本人の上にのしかかってきているものであるかを、如実に示していると思われる。

安岡のもうひとつの作品『海辺の光景』[5]は、もうここに詳しくは取りあげないが、やはり老夫婦の姿を描いたものである。こちらの方は、夫の無意識的よりかかりについに耐えかねて、精神に障害をきたしてしまった妻と、その危篤状態のときに病院を訪れた夫の姿が描かれている。そして、死んでゆく妻を看る夫の姿を見ながら、作者の「私」は両親のそれまでの夫婦関係の在り方について、いろいろと回想をめぐらすのである。この夫は家族のために努力していると思い、威張ってもいるのだが、無意識的な妻へのよりかかりは大きく、それが極限に達したところで、妻は精神障害になってしまったと言えるだろう。

これらの小説を読んで、日本人の夫婦関係の本質がうまく捉えられているのに感心すると共に、どうして日本人の老夫婦はこのようになってゆくのか、という疑問も生じてくる。そして、日本人の人間関係の根本的なモデルとしては、母―息子の関係があり、老人になってもそれから自由になれない、というよりは、老人になってそのモデルにますますはまりこんでゆく、と考えられる。

『ソウタと犬と』のなかに描かれているように、年老いた夫は妻の息子としての役割を背負い、手取り足取りの彼女の世話にただ黙って従ってゆくのである。そして、彼女自身が自慢するように、「おじいちゃんは見違えるほど、綺麗になったでしょう」と言われれば、誰も反対はできないし、彼女を立派な妻として賞賛しなくてはならないであろう。しかし、実のところそのような世話によって、夫の成人としての人格は無視され、信太の幻想のように、「おやじは継母によって犬に飼育されてしまった」という極端なイメージさえ浮かんでくる。そして、「ソウタ」は老人を子どもに変身せしめる魔性の着物のようにさえ思われてくるのである。

母―息子のモデルは、別に老人の男性のみを息子役に仕立てるだけではなく、男女を問わず老人に息子役を背負わせ、その周囲の人々――老人の子どもたちなど――が母親役となって、老人を大切にしてゆく形によって老人の自由を奪うことに役立っている。このことに対して敏感に反応する老人はそれに腹をたてても、ともかく傍目には感謝すべき状態におかれているので、言語によってうまく反撥もできず、家庭内暴力をふるう子どもたちと極めて似通った行動パターンをとり、暴力や暴言を用いたりすることになってしまう。そして、あれほど皆で大事にしてあげているのに、「ボケ」てきたという烙印を押されてしまうことになる。このような例は多いと思うが、夫婦のことからずれることなので、この点についてはこれ以上論じない。

母―息子モデルは日本において非常に強力であるので、これから自由になることはなかなか難しい。もっとも、母―息子モデルが何につけても悪いなどということはなく、日本人の多くの人間関係は、この関係をうまく利用しているのだから、老夫婦の場合も、このモデルにうまく従ったり、それを楽しんだりして適当に生きている人もあるのは当然である。その場合は、夫婦のどちらかがある程度その関係を意識化して把握していることが必要で、母親役や息子役を演じつつ、それを楽しんだり、時にその役をつき離して見る余裕をもって生きているようである。

2　孫

安岡章太郎による前述のふたつの作品は、日本の老夫婦の暗い面を的確に描いていて、暗然とさせられるものがある。夫婦が共に年老いてゆくということは、確かに大変なことだ。このような老夫婦の在り方に、明るい面をもたらしてくれるものとして、孫という存在がある。孫と祖父母との関係は、児童文学のお好みの主題と言っていいかも知れない。

いずみだ まきこ作『しぶちん変奏曲』(6)には、痛ましい老夫婦が登場する。老いた夫は養子として生きてきた責任感から、家の財産を築くために節約に節約を重ねて生き、そのために妻や息子にまで嫌われてしまって、一人で生活している。そして、最後には入院中に遺産のことなどが心配で禁止を犯して自分の家に帰り、そこで倒れて死んでしまうのである。この作品そのものについて、ここでは論じるつもりはないが、私にはこの作者の「あとがき」が印象的であった。その「あとがき」によると、作者はあるおじいさんの話をきき、それが「ぐうっと胸につきささった」と言う。ここからは筆者の想像だが、おそらく「ケチ」のために家族と別居して暮らし、一人淋しく死んだ老人の話だったのではなかろうか。

ところで、作者はその暗い話を児童文学の素材にしてみたいと考えているうちに、この作品の主人公となっている、二人の孫のイメージが心に浮かんできたというのである。もちろんこの作品はいわゆる子ども向きの甘い話にはなっていない。しかし、ただ暗いだけのような話を豊かにし、そこに意味を見出してゆくためには、「孫」の登場が必要だったのであり、この孫たちの活躍によって、別居していた老夫婦の生き方に少しずつ光がさしてくるのである。作者が暗い話に心を打たれ、別居したままで片方の死を迎えた老夫婦の生き方について、その意味を考えはじめたとき、二人の孫のイメージが自然に心に浮かんできた、という事実は印象的である。孫は老夫婦の生き方に大きくかかわってくるのだ。

「孫は来てよし、帰ってよし」をそのまま絵本にしたようなのが、E・H・ミナリック文、モーリス・センダック絵の『おじいちゃんとおばあちゃん』(7)である。この絵本は祖父母と孫が共に読むと、本当に素晴らしいと思われる。祖父母と孫との暖かい心の交流がユーモラスにうまく描かれているのである。

こぐまのくまくんは、ある日、おじいちゃんとおばあちゃんを訪ねてゆく。くまくんは祖父母を訪ねてゆくのが大好きである。この孫の登場によって、くまのおじいちゃんおばあちゃんの姿が俄然生き生きとしてくる。おばあちゃんは孫の大好きなケーキを一所懸命につくる。くまくんは食べながら心配になってきて、「ぼく、たべすぎじゃないよね?」と疑問を提出するが、おばあちゃんは、「ええ、ええ、たべすぎじゃありませんとも!」とすぐにそれを打ち消してくれる。

おじいちゃんの方は孫と何か面白いことをしようと大張り切りである。くまくんは、「おとうさんが、おじいちゃんをくたびれさせちゃいけないっていったよ」と父親の忠告を思い出すが、「わしは、ぜったいにくたびれたりはせんぞ!」とおじいちゃんは頑張るのである。そのくせ、おじいちゃんは、少しの間に居眠りをはじめたりしてしまうのである。

祖父母の話に聞きいったり、くまくんも大喜びだが、両親が迎えに来てくれた頃には、疲れていないよと言いながら、彼も眠ってしまい、両親に抱かれて帰途につく。まさに「孫は来てよし、帰ってよし」である。

孫の存在がどれほど老夫婦の生活を生き生きとしたものにするかを、この作品は如実に示してくれる。しかし、これを見ていて少し心配になってくるのは、この原作が二十五年も以前の一九六一年の出版であり、ここに描かれているような祖父母と孫の心の交流が、現代も行われているだろうか、ということである。それと、この主人公が熊だということは、何だか動物の世界には暖かい接触が残されているけれど、人間の間にはこれだけのことが果して残されているだろうか、という疑問を生ぜしめるのである。現代に生きるわれわれとしては、せいぜい熊に負けぬように、祖父母と孫との接触を保つように努力したいものである。

児童文学の傑作には、老人と子どものペアが現われることが多く、それについては次章に論じる。老人は確かに児童文学によく現われてきて重要な役割を演じるのだが、ここでも、老夫婦の姿が浮かんでくるようなのは、あんがい少ないように思われる。と言っても、それほど多くを読んでいないので偉そうなことは言えないのだが、自分の読んだ範囲で思いつくのは、フィリパ・ピアス『まぼろしの小さい犬』(8)と、クリスティーネ・ネストリンガー『あの年の春は早くきた』(9)に登場する老夫婦である。どちらも素晴らしい作品で、それぞれ少年と少女が主人公なのであるが、彼らの祖父母が大切な役割をもって登場しており、老夫婦の関係の在り方も興味深いものがある。

日本流の老夫婦と違って、西洋の老夫婦は年老いても、一人の男性と一人の女性が個と個としての主張をぶっつけ合い、個と個としての愛憎を感じ合って生きている、という感じを受ける。時には力関係で、強い方が相手を支配するという感じを受けるときさえある。また、老夫婦が手を組んで散歩しているのなどを見ると、思わず微笑したくなるような感じを受けるのである。

『まぼろしの小さい犬』では主人公の少年の祖父母、『あの年の春は早くきた』では主人公の少女の祖父母が登場する。どちらの作品も素晴らしいが詳細については残念ながら割愛して、老夫婦の姿だけに限ってみてみることにしよう。両方共に共通なことは祖母の方が能動的、積極的であり、祖父はその言いつけによって動く――といっても、祖父は祖父の世界をちゃんともってはいるが――ような点である。たった二作のなかの老夫婦像から一般論を引き出すのではないが、この点について考えてみると、一般にこのような傾向は見られるのではないか、と思われる。というのは、男は一般にその職業に生きているので、職業から離れてしまったとき、家庭のなかではその「世界」のなかでイニシアチブを取りにくい。男にとっては本来の「仕事」がそこに見出せないのである。これに対して、女性にとっては、年老いても彼女の「世界」は連続して存続しているわけであるから、どうしても積極的、能動的に行動することになる。彼女にとって「仕事」はずっと継続されているわけである。

このふたつの作品で、祖母の方が孫に対して現実の厳しさを教えるような態度で接するのに対して、祖父の方が孫の願いや理想などに対して理解をもって接する、という点も共通に見られるのも興味深い。夫婦というものは、知らず知らずのうちに相補的に行動する傾向があり、どちらかがひとつの役割をもつと、他方はそれを補う役割をとりやすいので、このようなことがよく生じる。その際に、必ずしも祖母が厳しい役で、祖父が優しい役をするとは限らない、と思われる。しかし、職業をもっている間の男性は厳しさをもっていても、引退してしまって、特に孫に接するときは急に優しくなりすぎ、それを補う意味でも祖母の方が厳しくならざるを得ない、ということもよく起こっているようである。

このような相補機能が、これらの作品に描かれているようにうまく働いているときは、むしろ健全で、祖父と祖母が孫に対して、優しさ競争をはじめたりすると、両親は大いに迷惑することもある。

『まぼろしの小さい犬』では、家庭内で祖母がいつも主導権をもっていて、祖父は祖母の目を盗んで紅茶にそっと砂糖をひとさじ余分に入れたりして、自分の世界を守っている有様である。ところで、この作品の主人公ベンは、誕生日に祖父母から犬を贈物として貰うことになり、大変楽しみにしていた。祖父はベンが兄弟のまんなかで、なんとなく皆のなかにとけ込めずに孤独でいるような様子を察して、犬をあげるなどと約束したものの、犬を買うのも高くつくし、そもそもベンのアパートは犬を飼えないし、というので困ったあげくに、誕生日の贈物に犬の絵を送ってきたのである。

ベンは落胆と怒りでものも言えぬほどになる。その贈物には手紙がそえてあった。祖父母からの手紙は、手がふるえて字が書けないが字をよく知っている祖母が、祖父に文面を言って書き取らせ、その後で祖母が綴りをチェックして後に署名するという形で、いつも送られてくるのだった。ところが、今回の手紙には、祖母の署名の下に祖父の書き加えた言葉が書かれていた。その文には綴りのまちがいがあったので、この文は祖父が祖母の目を盗みながら――紅茶の砂糖をごまかしたように――大急ぎで書き加えたものに相違なかった。

「犬のことはほんとにごめよ」と、そこには書かれていた。ベンは犬の代りに絵の犬を送ってきた祖父母に対して、烈しい怒りを感じ、祖父母のところなど一生行くものかと思うほどだったのに、この誤字のある短い文を見て、怒りがうすらいでゆくのを感じるのである。犬を買うのは高い、それにアパートで犬を飼うことは禁止されている、などの現実原則を明確に打ち出す祖母と、その目を盗んで孫の心に直接に語りかける言葉を書く祖父と、この両者の異質の愛とその相互作用のなかで、少年ベンは育ってゆくのである。その経過については原作を読んでいただくとして、ここに描かれた老夫婦は、孫ということを媒介として、心の通い合う世界をつくりあげていることを感じとっていただきたいと思う。

もっとも、この祖父にしても祖母の言いなりにいつも動いている、というのではない。やや逃げ腰ながらも、自分の主張すべきことは妻に対してはっきりと言っている。このようなところは、既に述べたように日本の老人男性が妻にすっかり「とりこまれ」ているように見えるのとは異なっていると思われる。やはり、個対個の関係であることは、はっきりと現われている。

三　新しい課題

夫婦はそれぞれが個人として、それぞれの世界をもつものではあるが、両者がいかにして、どれだけの世界を共有してゆくかという課題を背負っている。そこにはそれだけの努力を必要とする。人間の寿命が長くなったために、われわれはそのような新しい課題を人生において背負ったことになる。以前は、人間は言うなれば適当な時に「お迎え」を受けることになっていたが、最近は医学の力によって、そのお迎えの時期を先に延ばす方法を考えついたものの、その延長期間にもたらされる極めて困難な課題を老衰してゆく人間がいかに受けとめるかという点については、誰もあまり配慮してくれないのである。うっかりすると、随分と世話をして貰っているように見えながら、安岡章太郎の小説に見られるように、「ソウタ」にまるめこまれて動物のように飼育されたり、種々の栄養剤や器具などの助けによって、植物的生命を生きながらえさせられたりするだけのことになってしまう。人間としての生命を生きつつ、夫婦の世界を構築することは至難のことと言っていいかも知れない。これに対して、あまり気のきいたことも言えるはずがないが、少し考察を続けたい。

1 秘密

精神科医の大橋一恵《かずやす》は、自分の出会った老人たちの姿を通じて、老いの諸相を示してくれている。(10) これにも老夫婦の姿を描いている例はあまりないが、ひとつだけ注目すべき話があった。七十歳のある女性が「五十年前に人を傷つけるようなことをしたため、そのことを最近になって人から責められているような気がする」という主訴で来談した。五十年前のこととは、彼女が結婚後、近所の人たちが彼女のことを噂話をしていると思いこみ、隣家に無記名でかなり失礼な内容の手紙を出した、ということであった。このときは何事もなく過ぎたが、その後、彼女はそのことについて誰にも話さず秘密にしてきたものの、度あるごとに思い出して、後悔や自責の念にかられるのであった。七十歳になって、そのことが急に強くなり抑うつ症状もひどくなって彼女は来談したのである。治療の過程のなかで、彼女は医者のすすめもあって、はじめて夫に秘密を打ちあけた。彼女の言葉によると、夫は「聞いてくれただけでなく、夫の方の苦しみなども聞く機会になった。夫婦でいながら互いにやはり一人一人苦しみを背負った人間だと思った」ということになって、彼女は治っていったのである。

この例から簡単な結論は下せないが、七十歳くらいの老夫婦の間に生じた重要なエピソードとして心を惹かれるものを感じる。結婚後五十年して、妻は夫に秘密を打ち明ける。夫はそれを聞いてくれただけではなく、夫も自分の苦しみを語り、妻はそこで「夫婦でいながら互いにやはり一人一人苦しみを背負った人間だ」と思うのである。つまり、ここで夫婦は一人一人別だと感じつつ、そこに心の通い合うものを感じとるのである。

夫婦というものは協力し合うことはできても、理解し合うということは難しいのかも知れない。二人で協力して生きているとき、生きることの目標と自分の側の努力などは意識されるとしても、本当は相手がどのように感じ、どのように考えていたかを意識していないのかも知れない。安易な一心同体的な了解によって、自分の苦しいときは相手も苦しく、自分の楽しいときは相手も楽しいだろうぐらいに思ってしまって、相手の感じている苦楽の質、および、自分との間の質的な差などに思い及ぶことはまずないのではなかろうか。

この例においても、夫婦共に力を合わせて生きているなかで、夫は自分の妻がまさかそのような秘密の苦しみを背負って生きているとは気づかなかっただろうし、妻の方は妻の方で、夫の本当の苦しみについて思いを致すことはなかったのである。

この例を見て、だから夫婦の間に秘密はない方がいいなどと考える人があると、それはあまりに安易と言わねばならない。秘密というものは実に取扱いの難しいものである。この例においても、この妻があの秘密を簡単に夫に話してしまうような人であれば、夫婦の関係はあんがい破綻していたかも知れない。秘密を一人で持ち続け、それについて考えることによって、この女性は自分を支え強く生きてきたかも知れない。秘密が語られるには、それにふさわしい時熟を必要とするのである。

秘密の問題についてはこれ以上論じることを割愛するが、この例において印象的なことは、七十歳の老夫婦に新しい理解や関係の生じてくる可能性をはっきりと示していることである。五十年間共に暮らしたので、何もかもわかっていると考えるのは早計である。男女が互いに相手を知りつくすことなど不可能なのである。

2 関係への意志

夫婦は一心同体という言葉がある。このような考えが通じる場合もあろうが、現代の老人夫婦のことを考える場合は、もう意味をもたぬのではなかろうか。一心という共同幻想が夫婦の間で意味を持ち続けるには、あまりにも長年月を共に生きねばならぬのである。そこで、ひとつの方法としては、この幻想が破れたときに離婚するということもあろう。しかし、その人が離婚して、もう一度「一心」であり得る相手を他に求めようとしても、うまくゆかぬことが多いであろう。夫も妻も、それぞれ多様な世界観のなかに生きてゆくことができるのが現代であり、そこで共に「一心」幻想を持ち続けることは、まず不可能と思われる。

既に述べた日本式の「よりかかり」と「とりこみ」の図式は、どちらかが無意識であるかぎり、「一心同体」幻想を持ち続けることはできるかも知れない。しかし、どちらか意識化の道を歩みはじめたものにとっては、それは耐え難いものとなるであろう。もちろん、その人が「賢い」人の場合は、それを楽しんでみたり、距離をおいてみたりして続けてゆくことも考えられる。

「一心」ではなく心の異なる男性と女性が、老人になり死に到るまで自分のコスモロジーのなかに相手をも明確に定位させてゆくことは、大変なエネルギーが必要である。コスモロジーは単に頭で考え出すことではなく、その人の生き方そのもの、生きてきたことなどが関連してくることであるから、老夫婦としてのコスモロジーの構築のためには、相当に早くからそのためのエネルギーの投資を必要とする。古い形の夫婦関係や家族関係によりかかっていたのではうまくゆかないのではなかろうか。

既に述べたように、そのことは本人の社会的成功や地位などとはほとんど無関係であるとさえ言える。もちろん、ある程度の社会的地位を得ていないと老後も安心し難い、ということはあるだろう。しかし、社会的地位や職業などにエネルギーを投入するばかりで、夫婦の関係という点においてエネルギーを使用しなかった人は、いかに社会的地位を確保しても、それ相応の代償を晩年になって払わされることになるようである。

これは何も男性が家事をするとか、女性が職業につくとかいうことで解決がつくようなものでもなさそうである。そんなことをしても、それが夫婦関係の根本的な確立とすぐにはつながってゆかぬことは、アメリカの例を見るとよくわかるだろう。夫が家事を分担し、妻が仕事をもっていても、破局に到る例もあるし、外的な形態だけでは何とも言えないのである。

われわれは結婚をゴールインと呼んでみたり、高砂の翁と姥の姿を無条件にめでたいと感じたり、結婚とか夫婦とかを美化しすぎてきたのではなかろうか。確かに種の一員としての使命は子孫をつくることにあるので、結婚はめでたいことであるのに違いないが、子どもを生み育て、種の一員として使命を全うした後で、三十年も時には四十年も個として生きてゆかねばならぬ人が多くなった最近においては、種の一員としての使命のみではなく、個の使命ということを前よりもよほど考えねばならず、そのような個としての男と女が死ぬまでペアを構成してゆく上で、関係への意志と努力がどれほど必要であり、意味あるものであるかをここらで真剣に考え直してみることが必要なように思われる。

注

(1) 羽田澄子「映画「痴呆性老人の世界」をつくって」、『老いの発見2 老いのパラダイム』岩波書店、一九八六年、所収。
(2) 安達生恒「成熟社会のなかの「老い」過疎地の老人たちをめぐって」、『老いの発見1 老いの人類史』岩波書店、一九八六年、所収。
(3) 鶴見俊輔『家の中の広場』編集工房ノア、一九八二年。
(4) 安岡章太郎『ソウタと犬と』、『安岡章太郎集』4、岩波書店、一九八六年。
(5) 安岡章太郎『海辺の光景』、『安岡章太郎集』5、岩波書店、一九八六年。
(6) いずみだ まきこ『しぶちん変奏曲』講談社、一九八六年。
(7) E・H・ミナリック文、モーリス・センダック絵、まつおか きょうこ訳『おじいちゃんとおばあちゃん』福音館書店、一九八六年。
(8) フィリパ・ピアス、猪熊葉子訳『まぼろしの小さい犬』学習研究社、一九七六年。
(9) クリスティーネ・ネストリンガー、上田真而子訳『あの年の春は早くきた』岩波書店、一九八四年。
(10) 大橋一恵「老年期 老いの受容をめぐって」、『岩波講座 精神の科学6 ライフサイクル』岩波書店、一九八三年、所収。

5　ファンタジーの世界

一　はじめに

老いの問題を考える上において、ファンタジーの世界における老人像を取りあげることにした。老人と言えば「ボケ」を連想するくらい、現代においては老人ボケというイメージが定着してしまっている。従って、多くの人が、老人になってもボケないようにと願ったり、あるいは、そのうちに老人の世話をしなくてはならぬ立場にある人は、ボケ老人の世話をどうしてするかとか、何とか世話を逃れたいものだなどと思い悩んだりする。どうしても、老人のイメージというとマイナスのことばかりになってしまうのだが、果してそうであろうか。老人は役に立たない。老人はボケるときめこんでいる現代人の強い固定観念が、そのような結果を生み出すことに拍車をかけていないだろうか。

このような固定観念を見直し、くつがえしてみるために、ファンタジーの世界のなかの老人たちを見てみようというのが、本章の趣旨である。ここでは、児童文学(1)のファンタジーとして世界的にも高い評価を得ている三つの作品、アーシュラ・ル＝グウィンの『ゲド戦記』三部作(2)、ミヒャエル・エンデ『モモ』(3)、フィリパ・ピアス『トムは真夜中の庭で』(4)を取りあげて、論じることにするが、その前に序論として、現代における老人、および、ファンタジーの意味について少し考えてみることにしよう。

1　老人と現代

はじめに極めて具体的な例をあげてみよう。小学生の男の子が頻尿で困るというので、母親に連れられてカウンセラーのところに相談に来た例があった。頻尿というのは度々——ひどいときは十分間おきくらいに——小便がしたくなって困る症状である。話を簡単にして言えば、ここの両親ははじめ父方の祖父母と同居していたのだが、祖父母の考えや孫に対する接し方に不満を抱いていた両親が、やっと新しい家をもとめ、別居して暫くして子どもの頻尿がはじまったというのである。そこで、もっと話を詳しく聞いてみると、この母親はなかなか悟りの早い人だったので、自分で状況を話していきながら、自分で問題点に気がつかれたのであったが、要するに、自分としては孫に「悪影響」を与えていると思っていた祖父母が、案に相違して、子どもが生きてゆく上で相当にプラスの役割を担っていたことに気づかれたのである。

どこまで本気なのか知らないが、狐や狸が昔は人を化かしたのだなどと面白そうに話をしてみたり、夕食後はおやつをやらぬ約束なのに、祖父が隠れてチョコレートを孫に与えたりする。若い親にすれば「教育上悪い」ことばかりだったはずの祖父母の存在が、両親の厳しい態度をどこかで柔げたり、母親が自分の仕事のことで頭がいっぱいで、子どもの方に心が向いていないときには、母親代理の役割を祖母がしてくれていたのだ。そんなことにまったく気づかずに、祖父母と別居して、これで自分たちの教育方針に従って、自分の子を教育できると意気込んだときに、子どもが頻尿という警告を両親に与えたのである。

物わかりのいい母親だったので決断も早く、それではもう一度祖父母と同居すると言い出されたのを押しとどめ、ゆっくりと事情を考え、敬遠しがちであった祖父母との交流を前よりももっと多くするという方針に変え、このことによって問題は割に早く解決されたのである。

今ここに示した簡単な例は、現代社会における老人の地位について深く考えさせられるものをもっている。「老人の知恵」という言葉が昔からあって、そのために老人は家庭にあっても、地域全体のなかでも尊ばれていたものである。しかし、これも社会の変動が激しくない時代のことであり、伝統社会においてのみ言えることではないだろうか。古くからある慣習やしきたりを老人がよく知っていても、それは伝統をそのまま守る社会においてのみ「知恵」としてはたらくのではなかろうか。社会がどんどん発展し、能率よく回転してゆくことを目標とするとき、老人の古いものに対する固着は、「無駄」であり「障害」になるのではないか、というのが、現代一般の老人に対する見方であると言えるだろう。しかし、先にあげた例は、このような考えに対しての反省をうながすものである。

能率よくする、無駄を省く、ということ自体はもちろん大切なことであるが、それは恐ろしい半面をもっている。何を能率よくするのか、無駄とは何か、などについてよほど本質的な考えをもっていないと、それは命とりになってしまう恐ろしさをもっている。能率よく、無駄なく育てられた子どもが、どれほど無味乾燥な、あるいは、創造性に乏しい人間に育ってゆくことか。創造ということは、常識的に「無駄」と思われていたことから生まれてくるものである。このように考えると、単純な発想によって現代において「邪魔者」扱いをされる老人たちの存在は、現代のもつ弱点に対して、それをカバーし、反省をうながす知恵をそなえたものとして見ることができるのである。それは単に伝統の保持者などということではなく、邪魔とか無駄とか考えられる、その存在の在り様のなかに深い知恵が内包されているのである。

2　ファンタジーの意味

無駄といえば、ファンタジーも現代においては無駄なものと思われているもののひとつではなかろうか。小学校の国語の時間に昔話などを教えると、この科学の時代に子どもが非合理な空想の世界に逃げこむことを覚えるだけで害があるばかりだ、と言った教師があったが、これなどそのような考え方の典型であろう。ここではながながとファンタジー論を展開する気はないが、このような単純な発想をする人には、昔話のなかでいわゆる魔法メルヘンと呼ばれるようなファンタジーに富んだ話をもつのは、他ならぬ自然科学を発達させた西洋だけだという事実を指摘しておきたい。ファンタジーは多くの創造的思考の萌芽を包みこんでいるものなのである。

それにしても、ファンタジーは非現実的だから無用とか有害とかの発想は、老人は使いものにならないと断定するせっかちさと通ずるものがあり、現代人のセカセカとした生き方を示している。それだからこそ、老人の意味やファンタジーの意味について見直すことが、すなわち、現代におけるわれわれの生き方に根本的な反省をうながすことになると思われる。そして、このことは、これから述べるようにファンタジーの世界においては、老人が高く評価されることが多い事実と無縁ではないと思われるのである。

ファンタジーの意味、および、そこに現われる老人像について考えるために、スイスの分析心理学者、ユングのファンタジーを例に取りあげてみる。ユングはファンタジーを、自分の内界を表わすものとして極めて重視した人である。人間は外界との関係も大切だが、自分の内的な世界とどう関係するかということも大切なのである。

ユングはその『自伝』(5)のなかに、自分の見た夢を次のように報告している。

青い空であった。それは海のようで、雲でおおわれているのではなく、平たい茶色の土くれでおおわれていた。それはまるで土くれが割れて、海の青い水がそれらの間から現われてきつつあるかのように見えた。しかし、その水は青い空であった。突然、右側から翼をもった生物が空を横切って滑走してきた。それは牡牛の角をつけたひとりの老人であるのを私は見た。彼は一束の四つの鍵をもっており、そのうちのひとつを、あたかも彼が今、錠をあけようとしているかのように握っていた。彼はかわせみのような、特徴的な色をした翼をもっていた。

ユングはこの夢を見たあとで、この不思議な老人を絵に描いてみた。その絵はユングの没後に発表されたが、なかなか印象的な絵である。ところで、ユングはこの老人にフィレモンという名をつけて、フィレモンとファンタジーのなかで対話をしてみた。そうすると、フィレモンがいろいろと深い知恵のある発言をし、ユングは彼によって導かれるというように感じたのである。

こんなことを言うと馬鹿げたように思われるかも知れない。しかし、これは小説家が小説を書きすすんでゆくと作中の人物が勝手に動き出して、作者の思うように簡単に筋が運んでゆかない、と言うのと同様のことである。人間が深くファンタジーの世界にはいってゆくと、自分の意識を超えた存在に出会うのである。このような言い方が解りにくいと思われる人も、人間の心のなかにはどんな人でも、「老賢者」が住んでいるのだ、というと同意されるかも知れない。

ユングは心のなかの老賢者フィレモンと対話をかわして、多くの知恵を得た。このことは、ユングが素晴らしい晩年をおくり、静かな死を迎えたことと無縁ではないと思われる。彼は八十六歳で死んだのであるが、彼の著作のなかで主要なものとされるのは、すべて七十歳をこえてからのものであるという事実には驚かされる。彼の獲得した老人の知恵は、死に到るまで活発にはたらいたのである。

以上述べたことで、ファンタジーが人生にもつ意味を感じとっていただけたであろうか。そして、既に述べたことが関連してくると思うが、ファンタジーの作品を読むと、そのなかには老人がよく登場し、それがまさに老人の知恵の在り様をうまく示していることが多いのである。昔話のなかにも、そのような老人が登場することもあるが、ここでは児童文学のなかのファンタジーを取りあげることにしよう。

二　老人と少年

老人と少年は多くの物語のなかでペアとして登場する。それは両者の対比によって、お互いの特性がよく浮かびあがってくる、ということもあるが、このペアはもう少し本質的なことと関係しているようだ。言うならば、老人の心の中には少年が住んでいるし、少年の心の中には老人が必ず住んでいるので、これらはペアであることによって、そのはたらきを十分にすることができるのである。実際、老人の心の中で少年らしいいたずらっぽいところがはたらいたり、少年の心の中に老人の知恵がキラリと光ったりするのを見て、われわれは魅力を感じるのである。あるいは、知恵がある老人と思われている人が、まったく子どもっぽい失敗をすることもあるし、元気な子どもが老人のように無気力、無感動の様相を示すこともある。

1　『ゲド戦記』

ル＝グウィンの『ゲド戦記』三部作は、アメリカでも日本でも、子どもにも大人にも、よく読まれたファンタジー物語である。この第Ⅰ部『影との戦い』と、第Ⅲ部『さいはての島へ』とは、老人と少年のペアについて見事なイメージを提供してくれる。第Ⅱ部は男性と女性の関係を主題にしている部分が大きいので、この際は割愛する。

物語そのものをここでは紹介する余裕はないが、われわれの主題に関係する程度に適当に述べてゆきたい。詳しくは原作を参照されたい。この物語は「アースシーの世界」というまったく架空の世界において、主人公のゲドが生まれ、成長し、老賢者となってゆく生涯を語ったものである。それに、このアースシーの世界では「魔法」というものが効果をもっており、ゲドは他ならぬその魔法使いのなかの長老になる、という極めてファンタジー性に富んだ話なのである。

ゲドの母親はゲドが一歳にもならないうちに死んでしまった。彼は、従って、母との関係ということを知らないのである。老人とペアになるのは少年であり、母とペアになるのは息子である、と分析心理学者のヒルマンは言っている(6)。同じ、男の子でも母―息子の軸を中心として成長するか、老人―少年の軸を中心として成長するかによって、その在り方は随分と変ってくる。この点に関しては、既に第2章に述べた。

ゲドは天性に恵まれていたこともあって、伯母から魔法を習い、それによって武功をたてたりするが、彼の住む島の大魔法使いのオジオンの弟子になる。オジオンに連れられてオジオンの住居まで行く間、ゲドは何か素晴らしい魔法が始まるか、と期待しているが、何事もなく、ただ足でテクテクと歩くのみである。ゲドはとうとうたまりかねて、オジオンにつっかかるが、次のような興味深い対話がかわされることになる。

「師匠、修行はいつになったら始まるだね?」

「もう始まっておるわ。」オジオンは答えた。

沈黙が流れた。ゲドは言いたいのを必死でこらえていた。が、とうとう我慢できなくなった。

「だけど、おれまだなんにも教わってねえ。」

「それはわしが教えておるものが、まだ、そなたにわからないだけのことよ。」

これは、やる気十分の若者と、知恵に満ちた老人との会話の典型のようなものだ。若者は早く学びたいと焦るが、老人は既に自分は教えているのに、それがわからないのだという。ここで血気にはやる若者なら、老人が出まかせを言っているとか、結局は何も学ぶところがないと判断して、老人を棄ててしまうかも知れない。しかし、それは大きい損失である。老人の知恵を学ぶにはまず辛抱がいるのである。

ゲドはオジオンの推せんを得て、魔法の学院に入学することになる。ゲドは最優秀生となるが、同僚との争いから誘惑に負けて、呼び出してはならない死霊を呼び出そうとし、「影」に襲われて殺されそうになる。そのとき学院の院長ネマールは、ゲドを助けようとして必死になって魔法を使い、何とか「影」を追い払うが、体力を消耗しつくして死んでゆく。ここにも、老人と少年の大切な関係が描かれている。有能な少年は傲慢と無縁であることはできない。少年に傲慢の罪をはっきりと知らしめ、且つ、死の危険から救うためには、多くの場合、老人は命を賭けねばならない。

傲慢な若者を救うために老賢人が命を棄てる。これは割に合わないことのように見える。しかし、ここで本質的には、死と再生のプロセスが生じているのである。事実、何年か後には、ゲドがこの学院の大賢人の地位を占めることになるのだ。後継者の養成というのは大変なことである。もちろん、後継者のために老人が常に命を棄てることが必要というのではない。しかし、それは自分の命にかかわるものであるという自覚がなくてはならない。老賢者ネマールはそのあたりのことはよく知っていたのであろう。静かにおごそかに死んでいった。

2　生と死の均衡

今どき魔法の話でもあるまい、と思われるかも知れない。この「魔法」ということはいろいろなこととして読みとれるだろうが、ものごとを支配する力というふうに考えてみてはどうであろうか。人間は多くのことを支配している。時には、山をなくしたり、池を埋めたり、空を飛ぶこともできる。それに他の人間をさえ支配できることもある。現代人は昔の人から見るとまったくの魔法使いに見えることだろう。しかし、果してそれは人間にとってどんな意味があるのだろう。

魔法使いのオジオンがなかなか魔法を使わぬことを、少年のゲドは不思議に思った。ところが、そのゲドも大賢人になったときは、なかなか魔法を使わず、彼と一緒に旅をすることになった若者アレンを不思議がらせるのである。それはどうしてか。それはうっかり魔法を使うことは、宇宙の均衡を破ることになりかねないからである。学院の生徒に魔法を教えるときに、長老たちはこの点を繰り返し強調している。「ロークの雨がオスキルの旱魃をひきおこすことになるかもしれぬ。そして、東海域におだやかな天気をもたらせば、それと気づかず、西海域に嵐と破壊を呼ぶことにもなりかねないのだ」と長老は戒めている。人間はその支配力をめったに行使してはならないのだ。人間が何でも「開発」する力をもつようになった現代において、老人の知恵はぜひ必要なことだ。功をはやる若者は局地的な変革を急ぐが、老人は全体的な均衡に目をくばろうとするのだ。

老人と少年の不思議さは、両者は内的にあまりにも共存しており、容易に地位の反転が生じることである。たとえば、老人の為政者が「開発」を焦り、若者たちは自然の均衡を大切にして反対運動をするなど。ところが、そのやり口を見ると為政者は狡猾に老人の知恵を使用し、若者たちは短絡的に自分たちの支配力を高めようとしたりする。

『ゲド戦記』の第Ⅲ部では、世界中の「均衡」が根本的に破れかけていることに気づいたゲドが――当時既に大賢人になっていたが――若者のアレンを連れて、均衡を正すための旅をする話が語られる。第Ⅰ部では少年だったゲドはここでは老人として登場するのだ。この第Ⅲ部は、まさに老人の知恵に満ちているが、あまり多くを引用する紙面の余裕はない。関心のある方はぜひ原作を読んでいただきたい。ひとつの例をあげよう。次に示すのはゲドがアレンに語っている言葉である。

> よくよく考えるんだぞ、アレン、大きな選択を迫られた時には。まだ若かった頃、わしは、ある人生とする人生のどちらかを選ばなければならなくなった。わしはマスがハエに飛びつくように、ぱっと後者に飛びついた。だが、わしらは何をしても、その行為のいずれからも自由にはなりえないし、その行為の結果からも自由にはなりえないものだ。ひとつの行為がつぎの行為を生み、それが、またつぎを生む。そうなると、わしらは、ごくたまにしか今みたいな時間が持てなくなる。ひとつの行動とつぎの行動の間のすきまのような、するということをやめて、ただ、あるという、それだけでいられる時間、あるいは、自分とは結局のと

ころ、何者なのだろうと考える時間をね。

「する人生」よりも「ある人生」の重みを知ること。このことによって老人も、それを取りまく人々も、老人の生きていることのはかり知れぬ意味を知ることができるのではないだろうか。「ある」人生の重みから逃げたり、目をそらしたりするために、何と多く人が何かを「する」ことに狂奔していることだろう。

アースシーの世界の均衡が破れているのは、生と死との均衡が破れていることだということがわかる。永遠の生命を持ちたいと願った者が、死者の国と生者の国の境目の扉をあけて、死者がこちらに帰って来られるようにしたためである。この均衡を取り戻すため、ゲドはアレンと共に力をつくし、それに成功する。しかし、ゲドはそのために魔法の力を使い果し、もはや魔法使いではなくなってしまうのである。

このあたりの話はまったく省略するが、われわれにとって考えなくてはならぬのは、生と死の均衡の問題である。現代はこのバランスが崩れて、われわれはあまりにも死の問題を遠ざけようとしすぎているように思われる。生きている一瞬一瞬に生と死のバランスは必要なのであろうが、近代医学の発達によって、われわれは多くの病いに対抗し得るようになり、死の危険について昔ほどに思い悩む必要はなくなった。このこと自体は素晴らしいことなのだが、これによって死のことを不問にしたり、目をそらせようとすると問題が生じてくるのではなかろうか。死を視界から遠ざけようとして、その近くに存在する老人までも排除してしまう。しかし、その人も結局は老人となり死を迎えるのだが、そうなってから慌ててみても、あまりにも準備不足ということになるのである。

老人の方も、もちろん心しなくてはならぬことは多い。たとえば、若者のアレンを連れての旅のなかで、賢人のゲドが、「自分は供を連れてきた、とそう思いこんでおった。だがな、アレン、ついてきたのは、わしのほうだった。わしがそなたについてきたのだよ」とつぶやくところがある。大魔法使いのオジオンが当時の少年ゲドに対しても、同じようなことを言うところがあった。いかなる老賢人も、実のところは少年に導かれねばならぬときがある。このようなはっきりした自覚をもってこそ、老人は死を受け容れ、それを再生への体験として受けとめられるのであろう。少年から学ぶところのない老人の「知恵」は、すぐ立枯れてしまうのである。

三　老人と少女

老人と少女のペアも、物語によく登場し、これは老人と少年のペアとは異なった意味合いをもってくる。昔話に登場する老人と美女の組合せについては既に他に論じたことがある(7)が、ここでは、ミヒャエル・エンデの『モモ』を取りあげて論じることにする。これは西ドイツにおいても、わが国においても非常によく読まれているファンタジー作品である。

1　モモと老人

モモは孤児である。ゲドの母親は早くに死んだのだが、モモの場合はどこで生まれたのか、両親は誰か全然解らない状態で、古ぼけただぶだぶの男の上衣を着て、年齢も八歳なのか十二歳なのかもわからないくらいという、浮世離れをした少女なのである。彼女は一人でイタリアのある町の円形劇場の廃墟に住んでいる。彼女もやはり老人と濃い結びつきをもつ子どもとして、両親との縁が薄いのである。

主人公のモモと大切な関係をもつ老人は二人居て、一人は道路掃除夫のベッポであり、もう一人は「時間の国」の主である、マイスター・ホラである。この二人はまったく対照的で、ベッポは「頭がすこしおかしい人じゃないか」と皆に思われているような老人で、外見的には何の取柄もなく、ただ、毎日ゆっくりと道路の掃除をしている。これに対してマイスター・ホラは「時間の国」に住み、すべての時間の運行にかかわっている知恵深い超自然的な老人である。この対照的な二人の老人のどちらも、モモという少女を必要としたのである。

ベッポはものを言うのに大変時間がかかるので、多くの人は待ち切れなかったが、モモだけはじっくりと待って話を聞いてくれる。そこで、ベッポは落ちついてモモにだけは十分に自分の考えを話せるのである。彼は長い道路の掃除をするときに、せかせかとあわててやるとしまいには息が切れて動けなくなるといい、次のようにいやり方について語る。

「いちどに道路ぜんぶのことを考えてはいかん、わかるかな? つぎの一歩のことだけ、つぎのひと呼吸《いき》のことだけ、つぎのひとはきのことだけを考えるんだ。いつもただつぎのことだけをな。」

「するとたのしくなってくる。これがだいじなんだな、たのしければ、仕事がうまくはかどる。こういうふうにやらにゃだめなんだ。」

モモはベッポの話から得るところがあろうし、ベッポは少女の聞き手を前にして、自分の考えを語れる楽しさを味わうことだろう。このように、老人と少女の組合せは素晴らしい。ベッポは興に乗ってくると途方もないことを言い始める。つまり、ベッポとモモはもっと以前に「べつの時代」に会ったことがあるというのである。城壁のあたりを掃除していたら、そこに特別変った石が五つはめこんであるのに気づき、それを見ているうちに、

「べつの時代」にベッポとモモがそれをはめこんだことを思い出したというのである。こんなわけだから、ベッポの話すのを聞くと、「にやにや笑ったり、あいつは気がふれていると言わんばかりに指でじぶんのひたいをたたいたりする人がいるのも、むりはありません。でもモモはベッポがだいすきでした。そして彼のいったことばをぜんぶ、心の中にだいじにしまっておきました」。

われわれは老人の言うことに対して、それが正しいか誤っているかなどという前に、ともかくそれを「心の中にだいじにしまっておく」ことが大切ではなかろうか。それにモモとベッポのように、その老人が大好きだなどということになると、老人はどれほど幸福に感じることだろう。

ゲドの物語では死者の行く国の話があった。現代人のわれわれは単純に前世や来世の存在を信ずることなど出来ないであろう。しかし、前世や来世があるものとして考えてみて、それを「心の中に大切にしまっておいて」はどうであろう。このことをしっかりとするだけで、老人の問題は大分軽くなるとさえ思われる。ユングは、「人は死後の生命の考えを形づくる上において、あるいは、それについての何らかのイメージを創り出す上において――たとえ、その失敗を告白しなければならないとしても――最善をつくしたということができるべきである。そのようなことをしたことがないのはたいへんな損失である」と『自伝』のなかに述べている。

2　時間の意味

モモとベッポの幸福は残念ながら長続きしなかった。「時間どろぼう」の灰色の紳士たちがこの世に現われ、それのもたらす混乱に二人とも巻きこまれたからである。

灰色の紳士たちはまことに巧妙な方法で人々を説得してゆくのだ。たとえば床屋のフージー氏の場合、灰色の男の「わたくしは時間貯蓄銀行から来ました。ナンバーＸＹＱ／３８４／ｂという者です。あなたは、わたくしどもの銀行に口座を開きたいとお考えですね？」などという言葉につられて、いろいろ無駄な時間を節約し、時間の貯金をしようとするのだ。灰色の男はフージーさんの生活をよく調べており、老いた母親とおしゃべりしている時間は無駄だとか、ボタンインコを飼って世話しているのも無駄、合唱の練習に行ったりするのも無駄、などとつぎつぎと数えたて、フージーさんを説得してしまうのである。フージーはそれに乗せられ、とうとう時間貯蓄銀行に口座をひらき、灰色の男から、「あなたはいまや、ほんとうに近代的、進歩的な人間の仲間に入られたのです」とおだてあげられる。しかし、その結果、

彼はだんだんとおこりっぽい、落ちつきのない人になってきました。というのは、ひとつ、ふにおちないことがあるからです。彼が倹約した時間は、じっさい、彼の手もとにひとつものこりませんでした。魔法のようにあとかたもなく消えてなくなってしまうのです。彼の一日一日は、はじめはそれとわからないほど、けれどしだいにはっきりと、みじかくなってゆきました。

時計で測れる時間というものは不思議なものである。それを倹約しようとすればするほど、それは短くなってきて、いらいらとさせられるのである。時計によって測れる時間に対して、「星の時間」というものがあると「時間の国」の老賢者マイスター・ホラは言うのである。

モモは灰色の男たちとの戦いに巻きこまれるうちに、灰色の男たちが敵視しているマイスター・ホラの家にやってくることになる、そこで、彼から星の時間についての説明を聞くのである。マイスター・ホラはそれについ

て、モモに次のように説明している。

いいか、宇宙には、あるとくべつな瞬間というものがときどきあるのだ。

と彼は言う。

それはね、あらゆる物体も生物も、はるか天空のかなたの星々にいたるまで、まったく一回きりしか起こりえないようなやり方で、たがいに働き合うような瞬間のことだ。そういうときには、あとにもさきにもありえないような事態が起こることになるんだよ。だがざんねんながら、人間はたいていその瞬間を利用することを知らない。

確かにわれわれの人生には「星の時間」というものがあるような気がする。しかし、現代社会において、人々が時計による時間に縛られて忙しく立ちまわっているとき、それに気づくことは出来ないのである。そんなときに、星の時間の存在を指摘してくれるのが老人ではなかろうか。

モモはマイスター・ホラに人間は死んだらどうなるのかを聞く。彼は、人間が死とは何かを知っていたら、怖いとは思わないだろうといい、モモに「時間のみなもと」を見たいかと尋ねる。そして、モモの願いでそれを見せてくれる。「時間のみなもと」は一種の素晴らしい花であった。それを描写するためには、ここにながながと引用しなくてはならぬのでやめておくが、それはまさに時間のみなもとというのにふさわしいものであった。モモはこの素晴らしい光景を友人に伝えたいと思うが、マイスター・ホラは、それを話すためには「おまえの中でことばが熟さなくてはいけない」ので今は駄目だという。

確かにそのとおりである。いかに素晴らしい体験をしても、「ことばが熟さない」うちにそれを人に語ると誤解されたり、時には変だと思われたりするものである。作者が「時間のみなもと」について、くどくどと描写しなかったのもよかったかも知れない。それは各個人が個人にふさわしい方法によって知るべきことなのであろう。マイスター・ホラやモモがどのような方法で灰色の男たちを滅亡させるのか、その楽しいお話については原作を読んでいただくことにして、ここでは省略する。われわれとしては、マイスター・ホラという老賢人が言った、人間が死とは何かを知ったら、恐ろしいとは思わないだろう、とか、ことばは心の中で熟するまで待たねばならない、などの知恵を知ったことで満足することにしよう。

四　老人とファンタジー

これまでに述べたのは、男の老人の話であった。最後には女性の老人の話を取りあげることにしたい。これはファンタジーのなかの老人の物語でもあるし、老人のファンタジーの物語でもある。老婆と少年の物語と言えば言えるのだが、その大切な老婆は物語のなかに、ほとんど登場しないのである。児童文学の世界で極めて高い評価を受けている、フィリパ・ピアスの『トムは真夜中の庭で』がその不思議な物語なのである。

1　『トムは真夜中の庭で』

少年トムはせっかくの夏休みを、家族と離れて親類に暫くあずけられることになる。トムの弟のピーターがはしかになったので隔離させられるためなのである。ゲドやモモと違って、トムはイギリスの普通の男の子である。両親もちゃんとそろっている。しかし、このように思いがけないことに親から離れねばならぬことになり、そのようなときに不思議なことが生じるのである。

トムは伯父夫婦との暮らしが早く終り帰宅できるのを楽しみに、しぶしぶそこに行ったのだが、思いもかけない体験をそこですることになった。伯父の住んでいるアパートの家主、バーソロミューさんは年老いた女性である。彼女が大切にしている古時計がホールにあったが、トムが行った翌日の夜、それが十三時を打ったのである。不思議に思って階下に降りていったトムが、裏側の扉をあけてみると、そこにはまったく予想もしなかった素晴らしい庭園があった。

翌朝になってトムはいろいろ調べてみるが、別に庭園などは全然なかったのである。しかし、夜になって大時計が十三時を打ち、トムがそこにゆくと、庭園はちゃんとあったし、それればかりかそこには人が住んでおり、その子どもたちのなかのハティという子とだけ、トムは言葉をかわすようになる。

不思議なことに、トムが毎晩そこにゆくたびにハティはぐんぐんと成長し、若い女性になってゆく。そして、その世界ではハティだけがトムの姿を見、話をすることができるのである。トムはこの不思議な庭と、ハティに心惹かれて、両親のところに帰りたくないと思いはじめる。

この物語のなかにおける、この「庭」の描写は素晴らしい。読んでいるわれわれも不思議に心を惹きつけられ、一種の不可解ななつかしさのような感じを味わうのである。どんな人間でもこのような「庭」を心の中にもっており、それこそが心の故郷と呼べるものではないかと思ったりする。そして、そのような秘密の庭の存在に気づいたとき、子どもたちは両親と離れてでもそちらに留まっていたいと願うことになるのだ。

大きくなって立派な娘となったハティとトムがスケートで、凍結した川を滑ってゆくところの光景は素晴らしい。トムはハティの心のなかに住む男の子なのか、トムの心の中にハティという素晴らしい女性が住んでいるのか。そんなことを考えたくなるほど、二人は心を合わせて、川を下ってゆくのである。

ところで、トムの夜毎の冒険も、トムがとうとう帰宅しなくてはならぬ日になって、その謎がとけるのである。それは、家主のバーソロミューおばあさんこそハティその人であったことをトムが知ることによって、何もかもが明らかになるのだ。つまり、バーソロミューさんは年老いた体でただ一人の生活をする間に、眠っている間は自分の子どもだった頃、若かった頃を夢に見、トムがやってきてからは、その夢をますます鮮明に見るようになって、トムはその夢の中に「はいってしまった」のである。このことが明らかになって、バーソロミューさんとトムは一度に親しくなり、何やかやと「夢」のなかの体験を話し合った。しかし、トムはもうその日に帰らねばならなかったので、再会を約してお別れすることになった。トムは階段を降りて帰りかけたが、衝動的に向き直ると、バーソロミューさんのところへ走り寄っていった。そのときの様子を見ていた、トムの伯母は後で次のようにそれを夫のアランに伝えている。


トムが駆けあがっていくとね、ふたりはしっかりと抱きあったの。まるで、もう何年も前からの友だちみたいで、けさ知り合ったばかりだなんて、とても思えなかったわ。それからねえ、アラン、もっとふしぎなことがあるのよ。あなたは、きっとばかばかしいといって笑うでしょうけど……もちろん、あのバーソロミュー夫人は、トムより心もち大きいか大きくないかっていうぐらいに小さくちぢんでしまったおばあさんですけどね……トムは、相手がまるで小さな女の子みたいに、両腕をおばあさんの背なかにまわして抱きしめていたのよ。

ここで、この感動的な物語は終っているが、ラストシーンは、老人の心の中に幼い心から若者の心まですべてが内包されていることを示している。トムと抱き合ったバーソロミュー夫人は、トムを抱いてもいるし抱かれてもいるのである。鈍感な人には老人は老人にしか見えない。ただ、無為に時を過ごしているように見える。しかし、トムのようにその内界に「はいる」ことのできる者にとっては、その内界には素晴らしい「庭」があり、その庭をめぐって、いろいろなドラマが進行していることがわかるのである。そして、トムにとってもそのような「庭」の存在を生き生きと知り、かけがえのない秘密をもつことによって、両親からの自立への大切な一歩を踏み出すことになるのである。バーソロミューおばあさんは、トムに何かをしてやったわけではない。しかし、ベッドに横たわって、夢見ることによって、トムの成長にとって極めて大切な節目に立会い、それを助ける人となったのである。

2　老人の意味

今まで述べてきたことによって、老人という存在がこの世に対してもつ重要な意味が、相当あきらかになったことと思う。それをいちいち繰り返す必要もないと思うが、まとめて見る意味において、次のような日本の昔話を紹介しておこう。既に他に発表したこともあるが、ファンタジーの世界の老人についてまとめるのにふさわしいと思うので、述べることにした。これは「うばすて山」(8)という昔話である。

六十歳になって山に棄てるべき老人を息子がかくまっている。殿様があるとき「灰で縄をなってこい」といいつける。誰もできずに困ったが、息子がかくまっている父親に相談すると、老人は縄を固くなって、それを焼くとよいと教えてくれる。このようなことから結局は老人の知恵が認められ、うばすての慣習がやめになる。この話は「老人の知恵」について、極めて象徴的に語っている。灰で縄をなうことに皆が苦心しているとき、老人はこれを思い切った逆転思考によって解決する。つまり縄をなってから灰にすることを考えつくのである。

この話の示唆するところと、これまでに述べてきたことはうまく一致するのではなかろうか。「無駄をなくそう」と皆が努力している。これに対して「無駄を大切にしよう」と老人の知恵は語るのである。「死は恐ろしい」と考える人に対して、それは「生と死の均衡」こそが、人間の生にとって大切であることを教えるのである。何か価値のあること、何か意味のあることをしなくてはならぬ、と人々が忙しくしているとき、老人は何もしないでそこにいること、あるいは、ただ夢見ることが、人間の本質といかに深くかかわるものであるかを示してくれるのである。

何もせず、ただ寝た切りの老人の「存在」が、現代の社会の盲点に対して鋭い批判をなげかけ、その解決のいとぐちをさえ示唆しているのである。

注

(1) 児童文学作品には、ファンタジーでない作品でも老人について考えさせられる名作が多い。今江祥智「老いと死をめぐって　児童文学に読む」、山中康裕他編『老いと死の深層』有斐閣、一九八五年、参照。

(2) アーシュラ・K・ル゠グウィン、清水真砂子訳『影との戦い　ゲド戦記Ⅰ』『こわれた腕環　ゲド戦記Ⅱ』『さいはての島へ　ゲド戦記Ⅲ』岩波書店、一九七六―七七年。

(3) ミヒャエル・エンデ、大島かおり訳『モモ』岩波書店、一九七六年。

(4)フィリパ・ピアス、高杉一郎訳『トムは真夜中の庭で』岩波書店、一九六七年。
(5)アニエラ・ヤッフェ編、河合隼雄/藤縄昭/出井淑子訳『ユング自伝　思い出・夢・思想』1、みすず書房、一九七二年。
(6)J. Hillman, "The Great Mother, her Son, her Hero, and the Puer," in Ratricia Berry ed., Father and Mother, Spring Publications Inc.
(7)河合隼雄『昔話と日本人の心』岩波書店、一九八二年。〔本著作集第八巻所収〕
(8)関敬吾編『一寸法師・さるかに合戦・浦島太郎』岩波書店、一九五七年。

II　現代社会と境界性

6　現代と境界

一　境界例

現代はあらゆる面において、「境界」ということが大きい問題となりつつあると考えられる。いわゆるフロンティア精神は、既知の領域から「辺境」に向かってゆく、という意味であったが、ここに取りあげている「境界」は、既知の領域と既知の領域の間にある一本の「線」として、「領域」であるという認識さえなく、あまりにも自明のこととしておかれたものである。その自明な線は果してそれほど自明であったろうか、という疑問があちこちに生じてきて、それはそのような区分によって保たれているかに見えた秩序を根本的に揺がすほどのものとなりつつある。

現代における「境界」の意味を論じるに当って、まずわれわれ臨床家の間でとみに大きい問題となりつつある、境界例(borderline case)について少し触れてみたい。これは一応「病的」な現象であるが、現代の社会・文化的状況を考える上において、重要な手がかりを与えてくれると思うので、あまり専門的にならぬ程度に、その概略を説明しよう。

たとえば、病的な症状をまったく持たない青年が自分の生き方について考えたいので、と言って相談に来る。

話し合っていると頭もいいし、鋭い感受性をもっていることもわかってくる。人間の生き方について話し合っているうちに、ある大学の宗教学の先生の著書にほれこんでしまって、せっかく就職している職場を放棄して、その先生のおられる大学院を受験して宗教学を研究すると言う。あまりに非現実的なので思いとどまらせるが、それからしばらくすると、自分が本当にやりたいことを治療者が無理にやめさせたので生きる意欲がなくなって最近は会社に行っていないと言いはじめる。その後、いろいろともめごとがあって結局は会社をやめる。次に大学院を受験するが失敗。そのうちに、よく考えてみると自分は大学院受験などするべきでなく前の会社に居て仕事を続けるべきであった。そのところを見抜けず「安易に自分をやめさせ、受験を強制した先生は、専門家として許し難い」といって、猛烈に治療者を攻撃しはじめる。治療者もはじめは落ちついて経過を話し合い、何も強制などしていないなどと言っているが、途中からムラムラと腹が立ってくる。何しろそのようなことが何回も続き、はては電話をかけてくる、速達がつぎつぎくるなどとなってきて、治療者も怒りを爆発させる。すると、「専門家のくせに、自分の感情をコントロールできないのか」などと言い出して、戦いはますますひどくなり破局を迎えてしまうこともある。

境界例の治療にあたって、腹の底から湧きあがってくる抑え難い怒りを体験しない治療者はまずないであろう。こちらが立腹せざるを得ないことをどうしてこんなにうまく言うのだろう、と思わされるが、言っている本人はそんなことをまったく意識せず、マジメに正直に自分の思ったとおりのことを言っているだけという場合が多い。

境界例のある側面のみを記述したが、調子が悪くなると幻覚妄想体験が生じたり、自殺企図があったり、これは精神病ではないかと思わされるが、しばらくすると普通の状態に戻ってしまうところが特徴的である。普通になって「よくなった」などと喜んでいると、突然に（治療者も予測し難いことが多い）困難な状況が生じてきて驚かされる。また、感情の方も大揺れに揺れて、治療者を神様のようにほめたたえているかと思うと、次には悪魔のごとく嫌われる。「不安定のなかの安定」という表現を境界例の記述に用いた学者がいるが、こんなに不安定になってどうなるかと心配していても、まったくの破局に到らずに安定にかえってくるところが特徴的なのである。

症状が悪化しているときに、それだけを見ると「精神分裂病」と診断したくなる。ところがそれを過ぎて「安定」した状態のときは、「神経症」または「正常」とさえ言いたくなる、往時の精神病理学においては、精神分裂病と神経症との間に明確な一線が引かれ、両者を鑑別診断することが大変重要なことと思われてきたが、そのいずれとも診断し難い現象が生じてきて、それを「境界例」として、診断せざるを得なくなってきたのである。このあたりのことを詳しく専門的に述べると切りがないので、このような簡単な記述にしておくが、ともかく、「境界例」をひとつの疾患単位として認めるまでには、相当な迷いと苦しみを精神病理学者たちは経験しなくてはならなかったのである。

この現象を現代の社会・文化の在り様と関連づけて考えるならば、いろいろと考えるべきことがあるが、そのひとつとして、現代人の思考が、あまりにも明確に物事を区別して考えるのに対する、「自然」の側からの反撥、あるいは挑戦として受けとめられないだろうか。病気の人に対して診断を下すことは必要である。診断が確定しないと治療も確定しない。分裂病か神経症かという区別を立て、そこに明確な「線」が引けると思っていたとき、そのような明確さを打ち壊す現象としてこのことが生じてきた。言うなれば、人間の一面的な思考法に対する自然の反作用として捉えることができる。

境界例の人と会っていて治療者が感じさせられる、ムラムラと湧き上ってきて抑え難い感情は、現代人が現実を無視して無理矢理に区別をたて、それによって自分の心を秩序だててきたときにおさえこんでいったものの集積の顕われだとさえ感じられる。境界例の人と話し合っていると、巧妙に組立てられた二者択一的な論理によって、論理的に正しいようだが、現実とはまったく異なる判断を押しつけられそうになり、急にムラムラと怒りが湧いてくるときがあるように思う。これなど、現代人が用いてきた手法を逆手にとって、現代人を困らせようとしているのだと考えると、納得がゆく感じがする。

二　現代と境界

現代人が有力な武器とする、明確にものごとを区別する考え方に対する反逆として、境界例が出現してきた、と述べたが、まず、明確に区別すること、について考えてみたい。

他の動物や植物に比して、人間はその意識を極端に発達させてきたことを、その特徴としてあげることができる。そして、人間の意識のあり方は、長い人類の歴史のなかで変化し、「進歩」してきたという事実も、無視できない重要なことである。このような人間の意識の出発点は、ものごとを区別することにある、と言ってよいだろう。混沌とした全体的に未分化な世界が、光と闇、天と地、などに区別される。このような区別を明確にしてゆくことによって、世界が分化して認められ、人間の意識も進歩してゆく。

世界が分化されるだけでは、バラバラになってゆくだけで、それらが何らかの意味で「統合」されないと、それは進歩とは言えない。人間の意識は限りない分化と統合の繰り返しによって進歩発展を遂げてきた。そのような過程のなかで、西洋の近代において、心と体、自と他、の区別が確立されたことは、実に偉大なことであった。

自と他の区別が確立することで、人間は、自分から切り離して、他の現象を「観察する」ことを知り、自分の身体をさえ、自分の心から切り離した対象として、観察することを覚えたのである。このことによって、近代の自然科学が確立され、その後大いに発展してきたことは、誰もが知るとおりである。

自然科学の知識が豊かになり、それを基として考え出されてきた技術が発展し、その成果が上れば上るほど、人間は前記のような自然科学的な見方による世界の姿が、「現実」であると考えるようになった。つまり、自然科学の知識と技術によって「現実」が支配されるので、それはそのような見方が正しく「現実」を把握していると考えるようになったのである。そのときに、それに対する反逆のひとつとして境界例の現象が出現してきたことは既に述べたが、もうひとつ「自然科学主義」に対する反逆として生じてきたものが、心身症である、と筆者は考えている。

心身症は、ぜんそく、胃潰瘍、アトピー性の皮膚炎など多くあるが、それは単純に心の問題が原因で身体の病気になっている、などと言えるものではない。日本心身医学会も、心身症を定義して、「身体症状を主とするが、その診断や治療に、心理的因子についての配慮が、とくに重要な意味をもつ病態」という慎重な表現をしている。おそらく心身症は、心と体というものを明確に分離して、どちらかが原因である、というような考え方そのものに反する現象とみるのが妥当と思われる。最近は、子どもの心身症も増えてきたりしているが、これも境界例と同様に、「自然科学主義」に対する、自然の側からの反逆と考えられそうである。

このような点について、精神科医の成田善弘は、「人間が与えられている意識、知というものはもともと人間の身体にそぐわないもの、分に過ぎたもののように私には思える。その進化の代償が心身症なのであろう。……いかに医学が進歩しようとも心身症を一掃するなどということは不可能であろう。一掃するどころか、医学の進歩が心身症をつくり出しさえするのである」[1]と述べている。この最後のところは「現代の西洋医学の進歩が」と言うべきであって、医学そのものの在り方が変れば、それは「心身症をつくり出す」ことにはならないかも知れない。

心と体を一本の境界線によって区別するのではなく、境界地帯の存在を考えてゆく方が賢明なのではなかろうか。とすると、その領域を何と呼び、いかにして研究するのか、という問題が生じてくる。これがまた、なかなか一筋縄ではいかない問題である。それは、領域または地帯であるとしても、われわれが心と体を分離してきたのと同様の方法で、領域を限定できるようなものとは考え難いのである。そんなあいまいなものを「科学」に持ちこんでいいのか、と叱られそうだが、ともかく心身症という症状はちゃんと存在しているのだから、何とかしなくてはならないのである。

社会に目を転じても「境界」の問題は実にさまざまなところで焦点となっていることがわかる。そのなかで、ひとつだけ、男性と女性の問題に触れておこう。男性と女性も、よほど特殊な例でないかぎり、身体的に区別が明確であり、男性は一生男性であり、女性は一生女性である。このような区別を背景に、それぞれの文化や社会で、男らしさ、女らしさの観念が生み出されたり、男女差を前提とする、それなりの「秩序」がつくられてきた。しかし、最近になって、そのような考え方に対する反撥や、反省が強く起こり、状況も改変されつつあるのは周知のとおりである。男性と女性の間の「境界」も越え難い一本の線ではなくなったのではなかろうか。女が「男らしく」ふるまってどこが悪いのか。男が「女らしく」ふるまうのもいいだろう。このような考えが行動に移され、服装を見ても、男女いずれかすぐには判定し難いこともよくある。

このような傾向に対して、無闇に腹を立てる人がある。道徳的頽廃であるとさえ考える人もある。そのような人たちは、せっかく明確な区分をたて、それによってそれなりの「秩序」を確立しているのに、それが破られてくるのを感じるので、その防衛のためにも道徳的な低い評価をつけたくなるものと思われる。

もっとも、男性と女性の「境界」の問題は、既に述べた「心身症」などの場合とニュアンスは異なっているとも言える。後者の場合、自然からの反逆などという表現をしたが、男性と女性の区別は、むしろ「自然」には明確であると言えるだろう。雌雄同体などというのは生物としては低いレベルにあり、高等な動物ほど雌雄の別が明確になってきているからである。従って、この問題は人間の意識の在り方と、「自然」との関係を考える上で困難にして重要な課題となることと思われる。いずれにしろ、二十一世紀における挑戦を必要とする境界領域であることには間違いないことだろう。

最後に、もう一点問題にしなくてはならぬことは、自と他との区別ということである。自分という存在を他と明確に区別する。そして、そこで主体性をもって確立された自我をもつことを評価することは、西洋近代においてなされたことである。個人を英語で individual と言うのは、分ける(devide)ことができないことを意味する。すべてを分けていっても分けることのできない最後の単位として「個人」が存在する、というわけである。

ところが、現代の西洋において、個人はそれほど他と分離し得るものだろうか、という反省が生じてきている。トランスパーソナル心理学もそのひとつである。これについてはここにあまり述べないが、簡単に言うならば、われわれの通常の意識にあっては、自と他との区別は明確であるが、意識の次元が深くなってゆくと、その境界はあいまいとなり、融合が生じてくるのである。このような現象をできるだけ記述し、それによって人間の生き方を個人主義を超えて考えてみようとするわけである。西洋近代が極めて重要視してきた自我を超えた意識をもとうとするのである。

自と他との融合などというと、そのようなことは、日本人が昔から今まで得意にしていたことであって、いまさら言い出すこともないとか、だからこそ、日本は欧米より優れているとか速断する人もあるが、前述のような考えが、厳しい個人主義の確立の後に生じてきている事実を見逃すことはできない。この点をよく弁《わきま》えていないと、日本人としては大きい誤りを冒すことになるだろう。

三　分裂

境界例の症状を最初に論じたが、境界例の人と接していると、心の分裂という方法によって自分を守っていることによく気づかされる。たとえば、はじめにあげた例によって説明してみよう。ある大学の先生にほれこんで大学院で勉強したい、と言うときは、何が何でもそこに行きたいし、行くための努力はする、と何度も何度も主張しておきながら、試験に落ちて、あんなところなど行くべきでなかった、行くのを同意した治療者が悪いと攻撃するときは、以前に言ったことは完全に無視、あるいは忘却されてしまっているのである。つまり、個人のある時の行為や主張とまったく反対のことが急に現われてきて、その間が分裂してしまっているのである。

あるいは、頑張ってやるとか、これまでのことを反省している、などと言い出すと、よくそれだけものがわかっているなと感心させられるほどで、こちらも喜んでいると、その日のうちに逆転して、先生が有頂天になるのでついついよいことばかり言わされてしまった、ほんとうは苦しくて辛くて何もかも破壊してしまいたいのだ、という状態になる。

時には、自分の「善い」側とばかりつき合う人をA、「悪い」側とばかり関連する人をB、というように選択して、Aさんは善いがBさんは悪いという論を極端に展開したり、Aに対して、自分はいかに善いことをしようとしてもBがいるのでどうしても出来ない、と弁解を続け、自己満足しているときもある。この場合も、そのようにAとBとを善玉、悪玉として使いわけている自分に、まったく無意識なことが特徴的である。

「境界」の状態が「分裂」を呼び起こすという事実は一考に値する。というのは、境界例などというのでなく、一般の人間も境界領域の問題に取り組んでゆくときは、知らず知らず心のなかに分裂を生ぜしめる危険性を強くもっている、と思われるからである。たとえば自と他との区別という点を例にとれば、仏教では自他の区別どころか、一切の区別がなくなるほどの生き方が説かれることがある。そこで、そのような有難い教えを説く宗教家の生き方を見ていると、日常生活においては個人主義どころか利己主義の権化のようになって、ひたすら自と他とを区別することに専念していたりする場合がある。そこには、完全な分裂がある。

あるいは、男性と女性との問題についても同じようなことを言える例が見受けられる。一方で極めてラディカルな男女平等を主張しながら、実際の生き方を見ると、まったくそれに反するような盲点をもっていることがわかるのである。これらのことは、その人の生き方や人格がどうのこうのと言う前に、「境界」領域にはいりこむことの危険性を強く示しているものと受けとめるべきであろう。

既に述べたように、人間の意識はものごとを区別し分化して、それを統合する方法で進歩してきたのである。それに敢えて挑戦してゆこうとするのだから、よほど注意深くないと失敗してしまう。つまり、「統合」という人間にとって極めて大切な方法がうまく使えないので、「分裂」によって切り抜ける——といっても成功するわけはないが——ことになるのではなかろうか。

こんなことを見ると、すぐ反省する人は、自分もひょっとして「境界例」ではないか、とか心配されるかも知れない。しかし、そのような反省をする人は既に完全に「分裂」しているわけではないので、あまり心配はない。人間はそもそも多くの矛盾をかかえこんでいる。それらに悩み、考えてゆくことは分裂ではない。分裂と呼ぶのは、心のなかの矛盾間に何らの関係もない、ただ別々に存在している場合を言うのであって、その人自身はその矛盾に苦しむことがない場合である。

それでは、何も無理をして境界領域などに手を出さず、これまでの近代科学主義でやればいいではないか、と言われそうだが、そのような考えでは律し切れぬ「現実」が、既に論じたようにあちこちに見えてきているために、困っているのである。近代科学主義は、デカルト＝ニュートン主義と呼ばれたりもする。確かに、デカルトの提示した心と体の明確な分離、ニュートン力学の世界、これらの組合せを基にして発展してきた西洋近代の科学のパラダイムを呼ぶのに、この名はふさわしいかも知れぬが、これは別にニュートン自身、デカルト自身の世界観がそうであったことを意味しない。彼らにとって「神」の存在は極めて重要なものであった。後世に発展したデカルト＝ニュートン主義は彼らの世界観のうちの都合のいいところだけ抜き取ってつくりあげたものである。

ところで、西洋近代科学のパラダイムはあまりにも現実を支配するのに好都合なので、神の存在を忘れたり、おびやかしたりするほどになった。そして、それが頂点に達したかの如く思われた最近になって近代科学に対する反省や、その矛盾を指摘するような事実が生じてきた。先に述べたように境界領域に挑もうとする人が、「分裂」によって自分を守るのに対して、古い科学を守ろうとする人は「拒否」によって身を守ろうとするように思われる。彼らにとって「非科学的」であると思われることは、それがどんなに事実であっても、「非科学的なるが故に現実ではない」という論理によって拒否しようとする。あるいは、そのような事実を無視してしまうのである。

「知者は知ろうとしない」という言葉がフランスにあるそうだが、いったん「知者」としての地位を得ると、それ以上に新しい事実が出てくれば自分の地位が危くなる可能性があるので、新しいことなど知ろうとしないのである。なるべく新しい事実を拒否しようとするのが、既成の科学者であったりするのもこのためである。このような人は境界領域の存在をなかなか認めようとしない。

四　境界への挑戦

近代科学の絶頂とも言えるのが二十世紀とすれば、二十一世紀はおそらく、そのパラダイムの変換が意図されることになりそうである。そのためには、二十世紀の科学において、明確に領域を区分する「線」としてみられてきた境界を、「領域」として見直し、その領域の探求に挑戦してゆくことが必要である、と考える。

この際、「線」と思われていたものを、よく見ると線よりも厚みのある領域だった、などというのではなく、従来どおり単純に考えてきた「線」による分離ということ自体を反省してみるようなことが必要と言わねばならない。従って、本当のところはそれを「領域」と呼んでいいのかもわからぬくらいなのである。線による分割を基礎として出来あがっている体系を、根本的に疑ってかかるようなことを、境界への挑戦は必要としているのである。

たとえば、ユング派の分析家のヒルマンが「たましい」の重要性を主張するとき、彼はそれを心と体の中間に存在する「領域」として打出すのではないのである。ヒルマンは、「たましい」という言葉によって、私はまずひとつの実体《サブスタンス》ではなく、ある展望《パースペクティブ》、つまり、ものごと自身ではなく、ものごとに対する見方、を意味している」[2]と述べている。つまり、心と体の間にたましいが在るなどというのではなく、心と体とを明確に分離し、心と体とによって人間存在ができあがっているという見方に反対しているのである。そのとき、一応たましいは在るという見方で事象を見てみると、デカルト゠ニュートン的パラダイムによって現実を見ていたために見失っていたものが見えてくるだろう、というわけである。

このような態度で境界への挑戦を試みると、いろいろと不思議な現象が見えてくる。それは現代の科学によって因果的には説明できない現象であって、ユングはそれらを共時的現象として重要視した。これはそもそも現実というのはそのようなものであって、不思議でも何でもないのだが、デカルト゠ニュートン的な世界観で事象を見ることに慣れ切っているものには、不思議に見えるのだと言うべきであろう。不思議どころか、そんなことは「あり得ない」として拒否されることさえあった。あるいは、まったくの偶然として考慮の範囲外に排除されてしまうのである。

心理療法という仕事はその性質上、どうしても「境界への挑戦」をせざるを得ない。まず、来談した人に対して、客観的観察の対象として接するときは、よほどの場合でないとことが進展しないであろう。自と他との境界を弱くし、治療する者とされる者とが微妙な相互連関を体験してこそ、治療が進展するのである。そのときに夢を手がかりとすることが多いが、夢こそまさに「境界」存在の典型のようなものである。それは意識と無意識の境界にあるだけでなく、心と体、自と他、生と死などの境界にも関連してくる。夢のなかではこれらが錯綜して不思議な映像をくりひろげる。夢はたましいの言語である、つまり、境界について語る言語なのである。

心身症の患者をよく治療しておられる、ある医者と話をしていたら、次のようなことを言われた。子どものときからのぜんそくが治らず困っていた中学生の男子が、あるとき、それを語るだけで四十分間もかかるような夢を見た。それは非常に感動的で、本人も何か癒されたという感じがあった。それ以来、彼のぜんそくはぴったりとよくなってしまった。医者はあまりにも不思議だったが、どこか納得のゆくところもあって、それを他の医者たちに話したが、誰も本気で相手をしてくれなかった、というのである。おそらく、学会で発表しても誰も相手にしてくれないだろう。筆者はこのようなとき、理論的説明や、そこから思いつく治療法などについて、焦って結論を出したりする前に、そのような事実そのものをもっと発表していただきたいと思う。そのような事実の集積のなかから、「境界」に挑んでゆく新しい方法が生まれてくると思われるからである。おそらく、誰かが思い切って発表すると、類似の体験がだんだんと語られるようになる、と思われるのである。

「境界」に関する不思議な事実が、最近に相当語られるようになったことのひとつは、生と死の境界であろう。瀕死体験については第1章に少し論じたが、レイモンド・ムーディの発表に刺戟され、その後もどんどんと類似の現象が発表されるようになった点が印象的である。このように誰かが先鞭をつけると、馬鹿にされるのを恐れて沈黙していた人たちも、隠していた事実を発表するようになるだろう。

ここで、もっとも注意しなくてはならぬのは、そのような現象をいかに理論化するかという点にある。一番単純な失敗は、そのような現象をデカルト＝ニュートン的パラダイムに入れこんで説明する、あるいはそれによって「科学的真実」であることが確かめられた、と考えることである。東洋的と称せられるものや、半分宗教的なような「不思議な」治療法などが「科学的」に証明された、などと宣伝する類である。これまでの近代科学のパラダイムを離れて新しい現象を探索しながら、それを正しいと言うために古いパラダイムに頼るのだから矛盾している。そのためもあってか、そのような「科学的」証明は、厳密な科学者から見る限り、まやかしを含んでいることが多いようである。このようなことの結果、不思議な事実の存在そのものまで否定されてしまうのは、実に残念なことである。

ある不思議な現象、たとえば夢によって未来の事実を知ったとか、祈りによって不治の病気が治ったとか、それらを基礎にして「理論」をつくり、それを絶対真であると主張しはじめると、それは科学というよりも宗教になってしまう。改変の可能な「仮説」ではなく、絶対性をもった「教義」にそれがなってしまうからである。そして、その教義の真であることを守るために、前節に述べた、分裂や拒否の機制を用いることになりがちになる。このように、境界への挑戦は実に危険極まりないことなのである。

自と他の境界をあいまいにする、などのことは、考えてみると日本人が古来からやってきたことだと言うこともできる。あるいは、心身一如などの言葉も、日本人なら誰でも知っている。このような伝統をもっているので、ここに述べたような境界への挑戦を試みるとき、日本的、あるいは東洋的と呼ばれる考え方や技法などが参考になることは事実である。欧米においても、そのためにヨガや禅、などに対する関心が大いに高まっていることは周知のとおりである。しかし、そのときに西洋は駄目で東洋は素晴らしい式の単純な断定を下さないことが必要である。

なかには西洋は物質主義で日本は精神を大切にするなどと、まったくのナンセンスなことを主張して、物が豊かになって人間が物質によってスポイルされているとき、日本の精神尊重の態度が役立つだろう、とまで言い出す人もある。こんな人に対しては欧米人なら、それなら日本の経済的発展はどうしてか、とか、日本のビジネスマンの猛烈ぶりなどに対する批判とかを述べて疑問を提出することだろう。そもそもエコノミック・アニマルなどという悪名をつけられているくらいだから、それをどう考えるか、これらのことを不問にして、日本の精神などと言う人は、既に述べた分裂機制がはたらいていると言わねばならない。矛盾を平気でかかえている点を攻撃されると、ひとたまりもない、のである。
分裂もせず拒否もせず、境界の現実を見すえることは、困難極まりないことである。しかし、このことをやり抜いてゆくことが、現代に生きることではなかろうか。そのような困難な課題を背負って生き抜いているうちに、何とか新しいパラダイムが見えてくることと思われる。それまでは、ともかく事実を集積してゆくことが大切であろう。それが、これまでの「科学」の常識を破るものであっても、ともかく事実は事実として認め、それに単純な理論づけを行うことなく見ていると、何か新しい手がかりが見出せることであろう。既に述べてきたように、境界というところは余程の慎重さをもって進んでゆかないと、すぐに足をすくわれてしまう、危険に満ちた「領域」なのである。

注

（1） 成田善弘『心身症と心身医学』岩波書店、一九八六年。

（2） J. Hillman, Archetypal Psychology, Spring Publications Inc., 1983.

7　境界例とリミナリティ

一　はじめに

境界例と診断される例が、最近とくに増加してきたように感じられる。もっとも、このようなことにも一種の流行が治療者側にあるようで、境界例という概念がはやると、そのような診断が増加する傾向もあるが、それにしても、やはり増加しているということは、臨床家たち一般に感じていることであろう。

境界例の治療の困難さは、ここに繰り返す必要がないだろう。現在において心理療法に真剣に従事しているなら、誰しもその経験をもっているだろうし、治療者・患者が相互に簡単には癒し難い傷を負ったり、負わせたりした経験をされたことが多いであろう。

筆者は心理療法の本質の理解、およびそこから派生してくる技術的な問題をも含めて、最近の文化人類学者による研究が大いに役立つことに注目してきた。そのなかでも、特にイニシエーション(initiation)儀礼とか、トリックスター(trickster)などの事実が心理療法の理解に大いに役立つことを既に論じたが、(1)今回は前者におけるリミナリティ(liminality)と、コムニタス(communitas)という概念によって、境界例の治療の問題を考えてみたい。これも結局は心理療法全般に関係することで、特に境界例と限定することもないと言えるのだが、境界例というのがまさにリミナリティ（境界性）の本質について考えさせてくれるという点もあって、境界例との関連で考えてみることにした。

リミナリティとコムニタスの考えは、ヴィクター・ターナーの考えに従って述べている。(2) 以下、特に断らないかぎりは、彼の『儀礼の過程』からの引用であり、その考えに従って筆者の論を展開してゆく。

二　リミナリティ

通過儀礼の本質について最初に注目すべき論文を書いたヴァン・ジュネップ（Van Gennep）は、通過儀礼はすべて、分離、周辺、再統合の三段階によって特徴づけられることを示している。この第二段階である「周辺」が、すなわち「境界」の段階であり、儀礼に参加する者は、このような境界を通過して後に、その実存的な変革を遂げて以前の社会に再統合される。このような境界的状況およびその特性を指してリミナリティ（境界性）と呼んでいる。

心理療法は人格の変容にかかわるものとして、その過程が通過儀礼のそれと極めて類似した特徴をもつことは、既に他に論じたところである。しかし、それはあくまで「類似」のものであって同じものではない。近代社会以後においては、われわれは厳密な意味での通過儀礼はすべて放棄してしまっているのである。従って、心理療法においては、それがどのような点において、通過儀礼と類似し、また相異するのかを、治療者がよく自覚している必要がある。まず第一に、心理療法においては、本来の通過儀礼における重要な前提となる神あるいは絶対的存在を、前提としてもっていない点において、それが後者と決定的に異なることを知っておかねばならない。心理療法の空間を、一応、日常生活とは「分離」した空間として取り扱ったり、夢の体験を非日常的な「境界」において生じた体験として重視したりすることなどを通じて、心理療法の空間において、クライエントは自分の自我＝意識を超えた何かを体験し、ヌミノースな体験をする。それが日常の意識を超え、自我を超えた体験であるため、クライエントはある種の「境界をこえた」体験をする。そして、その体験の「再統合」が行われることなどの過程を見ると、それは、通過儀礼と極めて類似した過程と言わねばならない。しかし、ここで心理療法家は絶対者の存在を前提とせず、もっぱら、クライエントおよび自分自身の無意識の過程に信頼をおきつつ、常に自分の意識と照合しながらこのことを行なっているという事実を忘れてはならない。

心理療法の難しさは、それが通過儀礼に類似したものでありながら、心理療法の空間を、完全に「分離」や「境界」としての意味をもった空間にすることができない点にある。実際、クライエントが限られた面接時間が終了した後には実社会へと戻ってゆくことを考えると、心理療法家としては常に日常生活とのかかわりを意識しておらねばならず、このことを忘れると大変な危険性が生じてくることがある。

実際の心理療法場面と通過儀礼とを比較して考える際に、もうひとつ大切なことは、通過儀礼によって人格変容を起こすべき人、あるいは、起こそうとする人は、必ずしもクライエントのみと限らないということである。治療者が司祭役をして、クライエントが修練者の役割をとるときは理解しやすいが、心理療法場面における不思議な相互性や相補性によって、治療者の方が通過儀礼を体験する側になることも生じてくるのである。時にはお互いに役割を交換し合うようなときもある。このようなことも、われわれは決して忘れてはならない。従って、以後、長老と修練者について述べるとき、それを常に治療者とクライエントの双方が場合によってどちらにもなり得るとして考えるべきである。

表

リミナリティ	身分体系
移行	状態
全体	部分
同質	異質
コムニタス	構造
平等	不平等
匿名	命名の体系
財産の欠如	財産
身分の欠如	身分
裸ないし制服	服装による識別
性欲の節制	性欲
性別の極小化	性別の極大化
序列の欠如	序列の識別
謙虚	地位に対するプライド
個人の外観の無視	個人の外観に対する配慮
富の無差別	富の差別
非自己本位	自己本位
全面的服従	上位の序列にのみ服従
聖なる性質	俗なる性質
聖なる教訓	技術的知識
沈黙	ことば
親族関係の権利と義務の停止	親族関係の権利・義務
神秘的な力に対する絶えざる祈願	神秘的な力に対する間欠的な問いかけ
愚かさ	聡明
単純	複雑
苦悩の受容	苦悩の回避
他律性	自律性の諸段階

以上の点に留意しつつ、リミナリティの特性について、ターナーの述べるところに従って考えてみることにしよう。リミナリティの諸属性と身分体系の諸属性を対比して、ターナーは別表のように箇条書きによって示している。

この表を一覧すると、リミナリティの特性が大体つかめるであろう。表中のコムニタスということについては、次に述べる。

この表のひとつひとつの項目を、心理療法の場面と照らし合わせてみると非常に興味深い。実に多くの項目が両者に共通にあてはまることに気づかされるが、それぞれの項目について詳しく論じることは省略して、むしろ、心理療法場面には当てはまらない、あるいは、当てはめるのに無理があると感じられる、「裸ないし制服」、「全面的服従」、「聖なる性質」、「沈黙」、「他律性」について簡単に論じてみたい。既に論じたように、心理療法場面を完全に「聖なる性質」をもったものと規定できぬことから、ここに取りあげた諸項目の問題が生じてきている。ここで、「全面的服従」、「他律性」などのことは、その空間が完全に聖なる性質をもつことを前提としている。その点を自覚して、心理療法家は、聖なる性質をもつ空間に限りなく近接する態度をもち、この項目にあげられているような身分体系から自由になって、謙虚な態度でクライエントに向き合わねばならない。さもないときは、治療者が知らぬ間にクライエントによる絶対者イメージの投影を引き受けてしまって、治療者がクライエントに対して「絶対服従」を強いたり、治療者のもっている理論を、クライエントに対する「他律」として押しつけてしまったりすることになる。

心理療法家で「裸ないし制服」でクライエントに会う人はないであろう。もっともアメリカでは、集団で裸になって "Encounter"(出会い)するような方法もあるようだが、これは事の本質を弁《わきま》えずに、文字どおり外的現実におきかえてしまっているのであって、問題にならない。「制服」というと現代では、むしろ、日常での職務やペルソナと関係する制服を考える人が多い。そこで、精神科医などが白衣という「制服」を脱ぐことによって「身分体系」から自由になって患者に会えると思っている場合もある。しかし、その際、それは真のリミナリティに存在するための「制服」を着ていないので、極めてあいまいな危険な状況にいる——心理療法家はすべてそうなのだが——ことを自覚していないと、大失敗をしてしまうことになる。心理療法家は「制服」という守りをもたず、リミナリティ類似の状況にいることをよく知っていなくてはならない。

次に「沈黙」の問題がある。心理療法の場面が、リミナリティに近接するに従って、「沈黙」が増加してくるであろう。しかし、現代、多くの心理療法が「ことば」によって行われていることは周知のことである。これは、心理療法の場面が、その場のリミナリティを尊重しつつ、そこにおいて生じてきたことを「身分体系」のなかに再統合することを論じねばならぬので、ことばが多く用いられるのも当然のことである。しかし、心理療法場面におけるリミナリティの重要性を考えると、われわれはもう少し「沈黙」を尊重する態度をもつべきと思われる。もっとも、この際も、あまり文字どおりに受けとめると失敗してしまうと思うが。

以上、リミナリティの特性と心理療法との関連について簡単に論じた。

ターナーは「リミナリティは、しばしば、死や子宮の中にいること、不可視なもの、暗黒、男女両性の具有、荒野、そして日月の蝕に喩えられる」と述べているが、これも心理療法の空間の特性を象徴的に述べているものとして受けとめることもできる。

三　コムニタス

次にコムニタスについて述べる。ターナーは通過儀礼の境界においては、特別な人間関係の様式が存在すると考え、それをコムニタスと呼んだ。そこには「謙虚さと神聖性との、均質性と仲間意識との混和」があり、「〃時間の内と外の瞬間〃世俗の社会構造の内と外の瞬間に当面する」ことになる。『儀礼の過程』の訳者、冨倉光雄は「訳者あとがき」のなかで、「コムニタスとは、かんたんにいえば、身分序列・地位・財産さらには男女の性別や階級組織の次元、すなわち、構造ないし社会構造の次元を超えた、あるいは、棄てた反構造の次元における自由で平等な実存的人間の相互関係のあり方である」と説明している。ターナーは、そして、一般に社会というと社会構造と同一視されるが、社会は構造とコムニタスという両者の存在が必要であり、「構造とコムニタスという継起する段階をともなう弁証法的過程」であると述べている。

ターナーがコムニタス状況は長期にわたって維持されることがない点を指摘しているのは重要なことである。「コムニタスそのものがやがて構造に発展する。そこでは、諸個人間の自由な諸関係は、社会的人格のあいだにおける規範＝支配型の諸関係に変化してしまうのである。」ヒッピーとか、あるいは、何らかの仲間集団がコムニタスを至上のこととして集まっても、それは知らぬ間に構造化されるか、あるいは解体を遂げてしまう。多くの宗教集団が堕落してゆく原因のひとつに、このような点が存在するであろう。

ターナーは「社会や個人の発展の周期《サイクル》は、無文字社会においては儀礼によって保護され刺激される境界状況《リミナリティ》の多少とも幅のある瞬間――その中核には潜在的なコムニタスを備えている――によって区切りをつけられるが、それと同様に、複雑な社会における社会生活の段階構造も、自然発生的コムニタスの無数の瞬間によって区切りがつけられる。ただし、この場合には刺激も保護も制度化されていない」と述べている。

これは、現在社会におけるコムニタスの意味についてうまく表現しているものと考えられる。ここで「制度化されていない」コムニタス状況を、治療契約という枠組のなかで何とか提供し、個人の発展の周期を区切る仕事をなそうとしているのが、心理療法であるとも言うことができる。無文字社会においては、制度によって保護され、儀礼という一定の形式にのっとって行われた境界状況を、現代社会において何の保護もないところで行おうとするのであるから、心理療法が極めて困難な仕事となるのは当然であり、またそれだけに、時間や場所や料金などを設定することが非常に大切となるのであろう。しかし、これらも、無文字社会における制度や儀礼と比較すると、極めてチャチな工夫であることも知っておかねばならない。

ターナーは、コムニタス関係のひとつとしてフランシスコ派修道会を取りあげて論じているが、そこで聖フランシスコの特徴をあげ、「この具体的、個人的、イメージ的な思考の様式は、人間と人間、人間と自然を直接に結びつける実存的コムニタスを希求する人たちの著しい特徴である」と述べている。これと関連して、彼はウィリアム・ブレイクの『予言の書』より「他者に善をおこなわんとする者は、微に入り細にわたっておこなわねばならない。一般的な善などは偽善者や悪党の弁解である」という言葉を引用している。境界例の人にお会いして「一般的な善」に頼ろうとし、「偽善者や悪党」のように罵倒された経験を多くの治療者がもっていることであろう。

ターナーは、コムニタスにおけるイメージ的思考の必要性を説いているが、コムニタスを考える上において、「比喩《メタファー》や類推《アナロジー》に頼らざるをえない」のは「コムニタスは実存的な性質のものである」ことのためであると述べている。われわれ心理療法家は、確かにこのような思考様式に熟達していなければならないのである。このことは、先にリミナリティにおいて「沈黙」を「ことば」よりも重視することについて論じたこととも関係してくるであろう。心理療法家はいかに言語に頼って仕事をするにしろ、そこに使用される言語が「沈黙」という深遠の裏づけをもっているのかどうかを反省する必要がある。

四　心理療法

以上に述べてきた点から、リミナリティやコムニタスについての考えが、われわれが心理療法を考える上において大いに役立つところがあると了解されたと思われる。ただ、既に述べたように、心理療法の場面においてはリミナリティを重視しつつ、身分社会体系にかかわることを話し合ったり考慮したりすることが一方では必要であるので、実際的にはなかなか大変になってくる。われわれの存在そのものが分裂《スプリット》されそうな危険を感じさえするのである。

コムニタスを重視すると言いつつ、心理療法の多くが、個対個の関係によってなされることについて考えなくてはならない。これは一見すると大変な矛盾に思われる。しかし、現代社会においては、その構造化があまりにもきつく、明確に行われているので、人が集団で集まるとき、それは真のコムニタス状況になることが極めて難しいのである。従って、コムニタス状況をつくるために、わざわざ時間と場所を設定し、そのような人間関係をもつことに専門的訓練を受けた人、つまり心理療法家と会うことが必要となってくるのである。そして、その場で話し合う内容を考えてみると、それは、ある意味では「集団」の場になっていることが了解されるであろう。すなわち、クライエントのもってくる夢には多くの人が登場する。その人たちは、まさに心理療法場面というコムニタスをつくるために参加してくる人たちなのである。夢に現われる人々とは、日常的に関係をもっているにしても、コムニタスとして会うことはほとんど不可能である。ところが、夢のなかでの彼らとの関係は、多くの点でコムニタス状況に近くなる。彼らは夢のなかでは、冨倉光雄の先に引用した言のように「構造ないし社会構造の次元を超えた、あるいは、棄てた反構造の次元における自由で平等な実存的人間の相互関係」を示すようなふるまいをすることが、多いのではなかろうか。

心理療法家のコンテイナーとしての役割に支えられ、心理療法の空間は、外的には一対一の関係でありながら、内的には多くの人々のコムニタス状況をつくり出すことになる。このことは、クライエントが夢を持参せず、日常の人間関係について語るときでも、治療者の態度いかんによって、それは単に日常の人間関係を論じていることを超えた、コムニタス状況に近いものとすることができるであろう。治療者は、クライエントの語る内容を、あたかも夢を聞いているかのような態度で聞くといいのである。

ここでもう一つ注目すべきことは、コムニタスにおいては、その社会において支配的でない機能が大切となってくることである。ターナーは、父系的社会においては、コムニタスにおいて母系的な特性が大切になってくる例を示している。この例から考えると、わが国の社会が相当に母性原理の強い点を考慮するならば、相当な父性原理がコムニタスには必要となってくる。このことが、わが国における心理療法の状況を余計に困難なものにしている。コムニタスはもともと母性的特性をもっている。社会の「構造」が父性原理によって維持され、コムニタスには母性が機能するのは解りやすい。ところが、わが国の実状はそれほど簡単ではない。従って、治療者はコムニタス状況において母性のみならず、相当な父性を要求されることになる。治療者が強い父性をもたずに、クライエントのコムニタスの希求に安易に身を任せると、まったく収拾のつかぬ混乱にまきこまれ、しかも、クライエントは満たされぬ不満を抱き続けることになる。

ターナーは、「私はいまでは、コムニタスは生理的に継承された衝動が文化的抑制から解放されてつくる単なる所産ではないと考えるようになった。むしろそれは、合理性、決断力、記憶力など社会での生活経験とともに発達する人間に特有な能力の所産であると思う」と述べている。これは示唆深い言葉であり、われわれはコムニタスを「衝動の解放」の場と誤解しないことが大切である。このことをしっかりと心におさめて行動するためには、われわれに相当な父性が必要とされるのである。

次に、リミナリティの特性としてあげられていた「性欲の節制」ということを、前述のこととの関連において論じてみたい。日本も相当に西欧化されているので、次のことは日本にも当てはまるが、欧米においての方が切実な問題ではないかと思われる。欧米においては、キリスト教の倫理観によって、夫婦間以外の性関係に対しては厳しい倫理的な制止がある。このことは社会の「構造」のなかに伝統的に組みこまれていることである。そのために、前述したように、「社会において支配的でない機能」として、治療者・クライエント間の性関係ということが大きい課題となってくる。このことは、「服装」に関して、リミナリティでは「裸ないし制服」ということになっている点も関連してくるし、性的結合は象徴的に「結合」、「合一」などの意味をもっている点もあって、非常に強化された要請となってくる。

このため、コムニタスへの希求が、治療者・クライエント間の性関係として、簡単に現実化されると、それはすぐさま、「男と女」「恋人同志」などの「身分体系」へと移行してしまい、最初の意図とは、まったく逆のことが生じて大きい混乱を生ぜしめる。

性ということは、既に述べたように象徴的意義が高く、しかも、それ自身、心と体の「境界」に存在するようなところがあり、単純には把握し難い性格をもっている。このために一般論を述べることは危険なことが多いので注意しなくてはならない。しかし、上述のことは一般論としてではなくとも、治療者が陥りやすい落し穴として自覚しておくことは必要であると思われる。

心理療法をイニシエーションとの関連において考えるとき、既に指摘したように、心理療法においては、絶対者の存在を前提としないことが大きい問題となってくる。現代社会においては、社会的構造がしっかりと確立されており、人間はその意識的努力によって――神の力を借りることなく――その構造内の諸段階を上昇してゆけると考えている人が多い。たとえば、学校への入学、卒業などがそうであり、結婚式や葬式さえ、それが「宗教的」儀式であるにもかかわらず、それに参加している人が、絶対者の存在をあまり問題にしていないことさえある。意識的にはそのように行われていても、人間の存在全体が簡単にその動きに従っているわけではなく、先に引用したターナーの言の如く、「複雑な社会における社会生活の段階構造も、自然発生的コムニタスの無数の瞬間によって区切りがつけられる」のである。そのとき、「自然発生的コムニタス」がうまく生じないとき、その人は心理療法に訪れ、そこで既に述べてきたような、コムニタスの体験をする。

就職、結婚、出産などの人生の節目において、心理療法家を訪れた人がその内面において、イニシエーション類似の体験をすることは多い。ヴァン・ジュネップの言う「分離」、「周辺」、「再統合」の経験をした後、それまでとは変化した人格として、新しい「構造」のなかに組みこまれる。そのとき、イメージの世界のなかで、死と再生の経験をする人も多い。しかし、この際、それはあくまで絶対者の名においてなされたものではなく、境界を超えて、絶対者に接近したのでもない。

このように言うことによって、心理療法に絶対者の存在が必要であるとか、現代社会にそれが必要と言うつもりはない。そのような単純な発想がどれほど危険であり、人間の自由や個性を破壊する方向に向かいがちであるかは、われわれのよく経験したことである。そのような点を踏まえて、絶対者に依存しようとしない心理療法などということが、現代において出現してきたとさえ言えるのである。しかし、上述の点についてよく自覚しておくことが、境界例の治療を行う上で、極めて重要となると思われるのである。

五　境界例

境界例の病理やその症状などについては、これまで多くの論文が発表されてきている。境界例の自我の特別な弱さ、おそらくその要因として考えられる、母親との関係の障害など、それらについて筆者は概して賛成であるが、ここでは、それらと異なる観点から、特に既に論じてきたリミナリティとの関連において、境界例の問題を考えてみたい。

ターナーによると、「フランシスコは、自分の教団の修道士たちを、天国という変わることのない状態への単なる移行にすぎないひとつの生活におけるリミナーズと考えていた」とのことである。これは元型的な境界イメージである。つまり、われわれの人生全体が、「境界」において生じているのであり、その境界をこえることは、「天国への移行」であり、死を意味するのである。確かに考えてみると、人間のこの世の生は、それよりはるかに長い前世と、それよりはるかに長い後世との間の、僅かの「境界」であるとさえ言うことができる。おそらく、このことは、境界例の人々が相当なアクティング・アウト(acting out)を行い、治療者はそれに悩まされながらも、彼らの生き方に対して深いところで「人間的」な共感を感じ、彼らに強い魅力を感じさせられる要因のひとつともなっているのであろう。多くの「普通の」人間は、「境界」に生きていることを忘れ、この世のことをすべてとして、それにかかわり切って生きている。

境界例の人たちは、前述したような元型的な境界イメージの意識内への強い侵入を受けている人と考えることができる。なぜそうなるのか、という点についてはここでは論じないことにする。これについてはまた稿を改めて論じねばならないであろう。このような元型的な境界イメージに従う限り、人間はあくまでリミナーズ(境界人)として生きねばならないのであり、境界人であることをやめるのは敗北を意味することになる。ここに境界例の治療の困難さがある。うっかり治ってしまったら、それは彼らにとっては敗北になってしまうのだ。

境界例の人たちは、しかし、このようなイメージのみに生きているのではない。彼らも入学するとか、就職するとか、この世で一応評価されているようなことをやり抜きたいと願っていることも事実である。そのことが前面に出ているときは、彼らは驚くほど柔順に、社会的適応のために行うべきことを治療者と共に考えたり、実行したりする。そのとき治療者が「うまくいった」と感じたり、「大分よくなってきた」と思ったりすると、前述の元型的境界イメージが反作用的に強力に作用し、そのクライエントは、治療者の「無理解」を強くなじったり、治療者が自分の考えに従ってクライエントを間違った方向に導こうとしていると思ったり、時には、急に不可解な自殺未遂を行なったりする。このとき、治療者は、せっかくうまくいってたのにどうしてか、と不思議に思うのだが、前述のような点を考慮するとよくわかるであろう。

境界例にとってのリミナリティが、このように強力なイメージを提供するので、彼らのコムニタスへの希求もまた極めて強いものとなる。治療者はその点を理解せずに、クライエントのコムニタス状況への強烈な希求を受けとめかね、失敗することが多いように思われる。時には、身分社会体系に対する妙なこだわりによって、コムニタス状況がつくれないこともある。また、コムニタス関係になろうとするときに、どうしても、親子とか恋人などの人間関係が無意識にモデルとなってしまい、そのような逆転移を起こすことによって失敗しているときもあるように思われる。「自分はこのクライエントにここまで力をつくしているのに、なぜ駄目なのか」と嘆きたくなるとき、「力をつくす」モデルが、親子とか恋人とか師弟などのモデルに従っており、クライエントの希求するコムニタス状況とずれたものとなっているのが多いようである。そのとき、クライエントは全体の状況がつかめないまま、どこかずれていることのみを意識して、後で電話をかけてきたり、「無理難題」としか治療者には思われないようなことをもちかけてきたりする。そのときに、自分はここまで努力したのにと考えるのではなく、真のコムニタス状況とは何か、自分はそのために何をしたか、などと考えてみることの方がいいように思われる。

以上の点を考えると、境界例の「症状」として記載されている行為がよく理解できる。彼らの転移の在り方が、ポジティブ(positive)からネガティブ(negative)へと極端に変化することがよく指摘される。これは上述したように、彼らが、ある程度のコムニタス状況に満足せず、その深い要求を治療者が受けとめかねたり、誤解したりしたときに、急に変化すると考えられる。あるいは、現世の状況において、ある程度うまくいきはじめると、転移はポジティブな様子になるが、そのとき、治療者がそれに満足すると、たちまち、ネガティブにならざるを得ない。

あるいは、彼らが自殺の願望や企図を強くもち、時には自殺を行おうとするのも、彼らがこえようとする「境界」の彼岸は死の世界であることを考えると、よく了解できる。ともかく、境界例の背後には、常に死のコンステレーションが存在していると考えるべきであろう。

現代社会は、本来的な意味でのイニシエーション儀式を棄て去ってしまった。社会の構造は複雑にはなっているが、その構造は明確に意識的に把握され、その構造内での移動は、本人の意識的努力によって可能であると一応考えられている。入学、就職、結婚、などのことや、地位が上ってゆくことなどは、特別に、人格の実存的変革などを体験せずとも、意識的努力によって成しとげられると考えられているし、ある程度、そのとおりである。しかし、実はその背後において、「自然発生的コムニタスの無数の瞬間」の存在が必要であり、それがうまく機能しない人が心理治療を受けに来る、と言うこともできる。しかし、心理療法家も、現代社会の状況に強く影響され、そこにおけるクライエントの経験を、死と再生というイメージによって把握するにしても、死→再生→構造化という過程を急ぎすぎるあまり、それらの背後に存在する元型的境界イメージを忘れてしまう。つまり、現代の心理療法は、「治す」ということの構造化に注目しすぎるのだ。境界例という症状は、このような社会状況や、それを反映しすぎて構造化されている心理療法に対する、一種の警告として生じてきているとさえ考えられる。このことは、生をあまりにも重んじ、死を忘れている文化に対する補償作用としても考えられる。現在の心理療法におけるイニシエーション類似体験は、絶対者を欠いていることもあって、もっとも大きいイニシエーションである、死への参入を不可能にしている。

以上の点を考えると、心理療法家の態度——構造化や生きることへの偏向——が、クライエントの境界例的症状を助長しているのではないかと反省させられる。それほど境界例的傾向をもたない人でも、現代社会やその代弁者としての治療者に対して、反作用として境界例的な反応を示し、それを理解しない治療者が「治そう」と焦って、ますますクライエントの反応を拡大させてしまうようなことが起っていると思われる。このことは、最近になって、境界例が増加してきていると言われていることの、ひとつの要因になっているのではないだろうか。

境界例に対しては、われわれ治療者は「治す」という考えからもう少し自由になり、共に、リミナーズとして生きる態度をもつことが必要ではなかろうか。もちろん、この世で生きてゆくには、ただひとつの元型的イメージに囚われていては動きがとれなくなり、それが境界例の問題なのであるが、われわれはそれを奪うことではなく、それを受けいれることによって、その力を弱めることが大切である。この世に生きてゆくためには、ターナーの言う「構造とコムニタスの弁証法的過程」を生きる態度が望ましく、そのためには、彼が「英知とは、時と場所の特定の状況のもとで、構造とコムニタスの適切な関係をつねに見出し、いずれかの様式が最高のときにそれを受け入れ、他の様式も棄てることをせず、そして、その一方の力が現在使われているときにもそれに執着しないことである」というときの「英知」を身につけるべきと思われる。

これは大変に難しいことではあるが、そのような「英知」をもたすべく、クライエントが治療者を訓練してくれているとも考えられる。

ターナーはザンビアのンデンブ族の首長の任命式儀礼のリミナリティについて述べ、そこで首長に選ばれる者が徹底的にののしられることを示している。その儀式のときに、首長になるものは敷物の上に手荒に坐らされ、「静かにせよ！　あなたはさもしい利己的な愚か者であり、気むずかしい人間である。あなたは自分の仲間を愛さずに、ただ怒ってばかりいる！　さもしさと盗みとがあなたのすべてである！」という調子で長々と完璧に罵倒される。このとき「首長に選ばれた者はこのあいだずっと、黙って頭を垂れて坐っていなければならない。この姿勢が〝すべてを耐え忍ぶ形〟であり、慎しみを表わす形である」ということになる。クライエントに徹底的に罵倒されたことのある治療者は、それが自分が心理療法家として一人前になる、あるいは治療空間の首長になるための通過儀礼のひとつと思ってみることも意味があるのではなかろうか。

治療者は境界例の人が課してくる困難な要求に、どう応えるかとか、それをどう抑えこむかとか直接的に反応するよりも、それがこれまで述べてきたような偉大なリミナリティへの希求の表現であると考え、その意味をいかにして把握し、共にリミナーズとして生きていくのかを真剣にまさぐる努力を払うべきである。そうすることによって、「治す」ということにこだわらなくなると共に、いわゆる境界例的な症状の呪縛は、相当に軽減されることになるだろう。

注

(1)　河合隼雄「心理療法におけるイニシエーションの意義」、『心理療法論考』新曜社、一九八六年、所収。河合隼雄『影の現象

学』講談社、一九八七年。〔本著作集第二巻所収〕

（2） V. W. Turner, The Ritual Process—Structure and Anti-Structure.（冨倉光雄訳『儀礼の過程』思索社、一九七六年。）

II

象徴としての近親相姦

近親相姦の人間性

近親相姦のタブーは、人間のほとんどあらゆる社会にみられることであり、おそらく、その発生の歴史も極めて古いものであると思われる。もっとも、よく知られているように、古代エジプトの王は自分の姉妹を妃とすることになっていたので、近親相姦が公認されていたわけであるが、これは例外中の例外といってよいだろう。このような現象から考えて、近親相姦のタブーを人類共通といってよいほどの普遍的な、人間性に基づくものであると考えるのは一応当然のことであろう。しかし、筆者は近親相姦の問題を考える上において、まずその点から吟味する必要があると考える。

人間の無意識内に、近親相姦の願望が存在することを明らかにして、世界の人々に強烈な衝撃を与えたのは、フロイトであったが、彼も近親相姦のタブーが人間特有の「文化」によるものであることを、まず強調している。つまり、まったく「自然」のままの動物は、別にそのようなタブーをもたないが、人間のみが文化的に近親相姦タブーを作りあげてきたと考える。そして、実は無意識の世界には、「自然」のままの、あるいは動物的な近親相姦の傾向が存在しつづけているというのである。人間がいかに文化的であり、動物とは異なるものであるかを誇っていた、ヴィクトリア王朝文化の時代における、フロイトのこの宣言は、まさに衝撃的であったと思われる。そもそも、近親相姦を意味するインセストという語は、ラテン語の incestum（低劣な）から生じているが、これは、動物のように低劣な行為であり、高尚な人間のすることではないという考えを反映している。

人間の文化を高尚と考え、低劣な部分を動物に投影する考えの誤りが、二十世紀も後半になってから、だんだん明らかになってきたように思われる。地球上において繰り返される人間同士の殺戮行為は、もしも他の動物に判断力があるならば、もっとも低劣と思われるのではないだろうか。近来に急激に発達してきたエコロジーの研究によって、攻撃性という点について、動物は見事といってよいほどの抑制力をもつことが明らかにされている。ローレンツの名著『攻撃』などによって、周知のことと思うので、ここには繰り返さないが、人間が今まで自分の攻撃性を投影しつづけてきた狼などは、実に素晴らしい抑制力をもっていることが明らかになった。

攻撃性のみではない。最近になって人間以外の霊長類の行動の研究が詳細に行われるようになったが、そこで、猿などには近親相姦タブーの存在することが明確になってきたのである。もっとも、猿などの場合は、母＝息子の間のことだけであるが、これは、そもそも誰が父親かということは、彼らにとって不明なことなので当然である。というよりは、同じ近親相姦といっても、後にも触れるように、母＝息子に対して、父＝娘、兄＝妹などの場合は、次元が異なるものと考えるべきであろう。つまり、母＝息子の関係は動物にまでさかのぼる歴史をもつが、そもそも、父ということが問題になるのは、人間の歴史になってから——それもおそらく、長い歴史を経た後——のことであろう。

ところで、母＝息子間の近親相姦タブーが猿に存在するとなると、近親相姦は動物的で、そのタブーは人間的、文化的であるということは、考え直さなくてはならなくなる。そこで筆者の考えたことは、動物に自然にそなわっていた攻撃に対する抑制心の解放から人間の文化がはじまったように、近親相姦に対する自然のタブーから解放されることによって、まず人間の文化がはじまったのではないかということである。もちろん、その後、人間は自ら解放した攻撃性や性欲を、いかに意識的に抑制するかに莫大なエネルギーを使用しなくてはならなくなったわけであるが。動物が生来的にそなえている抑制力を解放し、次にそれをコントロールするという、いわば二重否定のような構造が人間の文化の基本に存在していると思われるのである。

あまりにも攻撃的で残酷な行為や、近親相姦の行為を、動物的とか犬畜生にも劣るなどと表現していたことは、まったく人間のひとりよがりの投影であり、訂正しなくてはならない。むしろ、近親相姦願望こそは、すぐれて人間的なものであるというべきではないだろうか。猿であれば決して愛の対象として選ばれることのない母親を、敢えて愛の対象としようとする願望を抱いたところから人類の文化がはじまったのではないだろうか。

象徴としての近親相姦

近親相姦について、少し思い切ったことを言いすぎたかも知れない。実のところ、「猿の時代」に続いて、近親相姦が公然と行われた人間の時代があり、文字をもつようになった頃までに、近親相姦タブーが確立したなどということは立証されていない。ここで強調したいことは、攻撃や近親相姦が動物的なものではなく、むしろ極めて人間的であり、人間の特徴は、それを一面的に肯定するのではなく、その肯定と否定の間の統合の道筋に、その文化を築いてきたということである。

相反するものの統合、それは象徴によって行われる。人間は象徴を生み出すことによってしか生きのびてゆくことはできない。それは絶えることのない創造の過程である。人間が相反する二つの存在の片方にのみ注目し、片方を忘れ去るとき、そこに文化の流れの停滞が生じる。ヴィクトリア王朝文化の爛熟した停滞の中で、人々の忘れ去った半面に注意を喚起し、衝撃を与えるためには、フロイトの行なった、人間の心の中に存在する「動物性」の指摘は大きい効果をもった。彼は敬虔なる宗教の中にひそむ性欲のリビドーの存在を指摘し、偉大な芸術家レオナルド・ダ・ヴィンチの近親相姦願望を名画の中に探りあてたりして、世に警鐘を与えたのである。しかし、現代人に対して、人間のもつ動物性を指摘したり、人間の攻撃性や性欲の強さを立証したりしても、どれほどのショックを与えることだろう。人々はまったく当然のことを聞いたというだけで、そこから何らの創造も生まれないのではなかろうか。

ここで、エピソードをひとつ。心理療法を受けにきていた、ある女子高校生は近頃はやりの漫画の愛読者であった。彼女は毎回自分の好きな連載漫画の筋を治療者に話してくれていた。ところが、ある回に、今度のはちょっと先生には刺戟がきついとのことで話をしてくれなかった。その回は実は近親相姦の話が描かれていたのである。近親相姦のテーマは、現代の女子高校生にとっては、漫画でおなじみのことなのである。ただ、賢明にも、それは大人には少し刺戟がきつ過ぎることを知ってはいるが。

現代の若者にとって、近親相姦が漫画でおなじみの日常的なテーマとなった場合、それは今も創造的な意味をもつのであろうか。フロイトが彼の時代に抑圧されていた性の存在を指摘したことは、それまで隠されていたアンチテーゼを顕在化することにより、創造へと向う対極を明示したことになる。しかし、現代人はそれほど性を抑圧しているだろうか。もちろん、現代人をいかに定義するかによって、これに対する答えは異なってくるであろう。ただ、現在この世に生きている人というのであれば、今も強い性の抑圧のもとに苦しんでいる人が多くいることは事実である。しかし、まさに現代を生きているという意味における現代人にとっては、性の抑圧はそれほどの意味をもたないであろう。

筆者は、多くの現代人が抑圧しているのは、フロイトの時代とはむしろ逆に、「霊」あるいは「魂」の問題ではないかと思っている。現代人は性なる世界を重視するあまり、聖なる世界の存在を忘れているように思えるのである。筆者はいつか、フロイトの時代には、大学教授は性のことを語るのに顔を赤らめなければならなかったが、現代では、大学教授は霊のことを語るのに顔を赤らめなければならない、と書いたことがある。いささか顔を赤らめながらではあるが、ここで、近親相姦における霊的側面について述べてみようと思う。この点を明確に意識化することによって、近親相姦が現代人にとっても創造的な意味をもつようになると思われるのである。今まで述べてきたような考えによって、フロイトと対立し、結局は訣別を余儀なくされたユングは、彼の『自伝』の中で、次のように述べている。

私にとっては、近親相姦はきわめて稀な事例においてのみ、個人的な悶着の種を意味していた。通常、近親相姦は高度に宗教的な側面を有しており、そのために近親相姦の主題は、ほとんどすべての宇宙進化論や多数の神話の中で決定的な役割を演じているのである。しかるに、フロイトはその字義どおりの解釈に執着し、象徴としての近親相姦の霊的な意義を把握することができなかった。

母と息子

近親相姦の霊的意義とは何であろうか。それを、母と息子の場合について考えてみよう。既に述べたように、近親相姦の中でも、母＝息子関係は、もっとも根源的なものである。それはつまり、猿などの行動を見ていても、彼らも既に「母」に対する認識は存在し、母＝息子相姦のタブーが存在しているからである。このタブーを破ることは、従って、名状し難いおそれの感情を惹き起すことになる。

現代の若者にとって、近親相姦のテーマは漫画でおなじみの日常事であると述べた。しかし、このことは近親相姦そのものが、彼らにとって日常的であることを意味していない。何かを「知る」ということには、常に次元による差が存在する。近親相姦のお話を知っていても、それは、そのものの意味について知っているとは限らない。漫画文化で鍛えられた青年でも、自分が近親相姦の夢を見たときは、ショックを受ける。

夢の中で、自分を誘惑しようとした女性が自分の母であることを知った青年は、名状し難いおそれの感情を体験しつつ目覚める。それは、彼に言わせると「単に禁制を犯したなどというおそれとは、もっと違って」いたのである。このことは、次のように言いかえられるかも知れない。現代の青年たちは禁制を破ることに対するおそれは少ない。どうせ人間の作ったものだ、むしろ、それは反対し破壊することに意味があるとさえ考えている。しかし、ここで彼の破ろうとしたタブーは、人間が作ったものではない。それは人間の作った法ではなく、自然の法である。ただ、既に述べたごとく、人間は敢えてそのタブーに一度挑戦し、再びそれを肯定するという複雑な過程を経てきている。従って、近親相姦タブーを破ることは、人間の意識構造のみでなく、その全存在にかかわるおそれを惹き起すのである。人間の意識のみではなく、全存在をゆすぶる体験を、霊的な体験といってよいのではなかろうか。

自分の全存在をかけて、自然の法に挑戦することによってこそ、人間は霊的な体験をなし得るのではなかろうか。ここで、自分の母と合一することは、何を意味するかを考えてみなければならない。母とは息子にとって、自分という存在の生み出されてきた本体である。母との合一は、原初の状態への回帰を意味する。原初への回帰は、おのれの存在を、より根源的なものへと合一せしめることを意味し、それは自我の放棄を要請する。ここに、強いおそれの感情が生じる。しかし、一方では、これは又とない絶対依存の悦楽にも通じている。近親相姦に伴うおそれの名状のし難さは、それは、おそれの背後に限りない快感を含んでいるからであろう。それは、ときに快感のほうが名状し難いものとして意識される場合もあることによって立証される。

原初的存在との合一の後に、放棄された自我が回復しないときは、完全な破滅が訪れる。この危険性があまりに大であるために、人間は一度挑戦したタブーを再び取りあげることになったのである。エディプスの悲劇は、タブーを破ることの恐ろしさを如実に示している。彼の悲劇はそのようなことを、自ら知らないままに——すなわち、無意識のうちに——やってしまったことである。神々はその行為を許さなかった。近親相姦は神々にのみ許された行為であったのである。近親相姦を行なっても、ギリシャの神々は破滅することがない。かくて、神々は永遠の生命を楽しむことができる。

人間が神々に敢えて挑戦しようとするとき、それは近親相姦タブーの意識的な破壊でなければならない。強い意識の力をもって、われわれは母との合一を体験しつつ、なおその中から再生し得るとき、それは限りない創造的な過程となるであろう。ここに近親相姦の象徴次元における創造の秘密が存在している。

レオナルド・ダ・ヴィンチの近親相姦願望も、このような観点からみるべきことを、ユングの高弟ノイマンは、『芸術と創造的無意識』の中で強調している。レオナルドが自らそのような願望に身をまかせる強さをもったことこそが、彼の創造性を示しているのだと、ノイマンは述べている。レオナルドのような天才が、自分の中にある母なるものとの合一を可能とするとき、おそらく、彼は伴侶としての生きた女性を必要としなかったのではないか。彼は生涯独身であったが、おそらく十分に女性性を自ら有していたのではないかと考えられる。

母なる大地との一体感、そこにわれわれが死と再生の体験をすることができれば、それは創造性へとつながることは言うまでもない。このことが、母＝息子近親相姦の象徴性を、もっとも端的に表現しているものであろう。原初なる母への回帰を、神の守りの中で行おうとする考えから、オリエントの宗教に特徴的に見出される聖娼の制度が生じてくる。この点について詳述する紙数はないが、その基本的なアイデアは、大地母神イシュタルとの合一を、そこに経験し、参拝者は新なる生命を得ることにある。近親相姦は神のみに許される行為であると述べたが、ここでは、大地母神の守りの中で、宗教的儀式としての母との合一が許されるのであり、そこにおいてこそ、人は霊的な体験をなし得るのである。日常的次元では近親相姦タブーは行われるが、非日常の次元では近親相姦は体験され、創造のエネルギーが与えられるのである。

ところで、このような母＝息子近親相姦の側面の象徴の次元においてさえまったく否定することによって出現した新しい宗教が、ユダヤ＝キリスト教であることは周知のとおりである。それは霊的な世界における身体性、エロス性を否定した宗教である。かくて、ヨーロッパの文化においては、近親相姦タブーは極めて強烈なものとなり、それによって生じるエディプス・コンプレックスは、フロイトがかつて行なったように、ヨーロッパの文化のすべての根底に存在しているかと思われるほどのものとなったわけである。

父と娘

キリスト教文化が母＝息子近親相姦の否定の上に立っているとするならば、はたして日本はどうであろうか。日本は精神史的にみると、未だ母＝息子近親相姦の状態の中で、まどろんでいると言えるのではなかろうか。これがおそらく、日本人が西洋の真似をして、フロイト流にエディプス・コンプレックス理論をふりまわそうとしても、なかなかうまくゆかなかったことの理由ではないかと、筆者は考えている。日本人は良い意味でも悪い意味でも、原初の母なるものの存在と切れていないのである。日本では母なるものとの合一がタブーではなく、母なるものからの分離がタブーとなっているとさえ言える。

近親相姦の問題を象徴的な次元で考えるならば、西洋においては、母＝息子相姦における創造的意味が既に述べたように大きくクローズアップされるが、日本においては、むしろ父＝娘相姦の次元のほうが意味が大きいのではないかと思われる。すなわち、母＝息子相姦のタブーが確立した西洋社会において、敢えてそれに挑戦し、母なるものとの合一をはかることが創造性へとつながったのであるが、日本では事情を異にしていると思われるからである。日本人が原初的な母なるものの存在と切れていないということは、西洋人と異なり、自分の身体性、エロス性をひきずったままでもっていることを意味する。母性と切れた西洋人の自我は象徴的に男性(息子)で表現するのが適切であるが、日本人のように母性とつながったままの自我存在(自我と言えるかどうかも疑問だが)は、むしろ女性(娘)として表現するのが適切ではなかろうか。とすると、肉体をそなえたものとしての、母＝娘一体感の中から、敢えてタブーを破って、娘が父との結合をはかろうとするならば、それは極めて創造的なことと言わねばならない。

このような観点から日本の文化をみてゆくと、実際的にも象徴的にも、父＝娘結合の問題が背後に強力に存在していることに気づかされる。しかし、日本人は全体として、まだまだ、この関係について無意識のように感じられる。特に西洋においては、母＝息子近親相姦は、父と息子とのドラスティックな戦いを通じて行われるので、顕在化されやすいが、日本のそれは、母と娘の隠微な、戦いとも和合ともつかぬ関係の中で、スピリットとしての父を求めてなされるものであるだけに、意識化され難いのではないかと思われる。日本の創造活動には、多くのかげりがつきまとうのである。西洋における近親相姦が、一度否定された身体性への回帰という点で、そのまま「性」に結びつくのに対して、わが国の場合は、近親相姦の相手がスピリットの体現者の父であるので、そこには直接的に「性」がはたらきにくいということもあり、ますます微妙なことになってくると思われる。

父＝娘相姦の問題は、今までの論点を離れて、実際的なこととして考えてみると、父親の娘に対する近親相姦願望が、現代のわが国では大きい課題であることも、少し述べておかねばならない(このことも、結局は今まで述べてきたこととつながるのだが)。わが国では、性に対するタブーは西洋ほど強いものではなかった。それが西洋文明との接触によって、性のタブーがにわかに強くなってしまった。しかも、その根底に存在する宗教的側面とまったく切り離されて、それが輸入されたため、日本の男性は、旧来の母＝息子相姦関係に安住している人を除くと(こんな人は案外多いのだが)、非常に困難な状況に陥れられたことになる。彼と妻との関係は、多くの場合、あまりにも母性的要素が強すぎるし、さりとて、自分の霊的な求めに対応する女性を妻以外に探し出すことは、彼の強いタブー感が許さない。とすると、そのような希求は勢い娘へと向けられてくる。このためにその結合は極めて強力になり、お互いの不幸を招くほどのものになってしまうのである。

近親相姦の問題では、次に兄＝妹、あるいは、姉＝弟などのことも考えねばならない。古代エジプトのファラオがそのような結婚を許されていたことは、当時の人が信じていたように、神のみが、つまり神と同格のファラオのみがそれを許されていたのだと考えられる。柳田國男の「妹の力」の指摘を待つまでもなく、妹の力は偉大であり、それとの結合は、まさに創造性へとつながってゆくものであるが、この点についてはまた稿を改めて論じなくてはならない。

青年は母性的社会に反抗する

最近は、とかくわれわれの不安をかきたてるような事件がよく発生する。新聞をひらいて見ても、自殺や他殺の記事に事欠かない状況である。しかし、それらの中で、小、中学生の自殺と、最近にあった中学生同士の殺傷事件は、特に世の人々に強い衝撃を与えたものと思われる。われわれ大人から見て、成長の力に満ちあふれているかのように思われる小学生が、自ら命を絶つということは、不安をかきたてる事象である。

滋賀県の野洲で起こった中学生の殺傷事件の惨劇は、大人たちを完全に絶句せしめるような凄まじいものであった。二人の少年が仲間の少年を包丁でメッタ斬りにし、一人を死亡せしめ、二人に重傷を与えたという。この記事を読んでみて、加害者の少年たちが実はそれまでは被害者の立場にあり、その怨みから殺人を企てたことを知り、少年たちの暴力問題の根深さにますます心を暗くさせられるのである。

文化の裂け目に落ちる子どもたち

ところで、このような不安の高まりを、現代における不況と結びつけて考える人もある。特に不況、倒産による親子心中なども生じるので、このようなこともある程度は考えられるだろう。しかし、ジャーナリズムには、何らかの流行のテーマのようなものがあり、不況と不安、あるいは、不況と自殺などというテーマによって記事を強調するきらいがあるように思われる。従って、この点については少し吟味を必要とすると思う。

実のところ、この論文の冒頭に、小、中学生の自殺の問題をあげたが、実際に統計的に調べてみると、年少者の自殺は別に最近になって増加しているわけではないのである。小学生の自殺ということがジャーナリズムに注目されると、その記事の書きぶりや取り扱いで、それが急増したような印象を読者は持つ。そして、小学生の自殺の急増について専門家の意見をうかがいたいなどと、われわれに問われるので、別に子どもの自殺は増加しておりませんとお答えすると、露骨にいやそうな顔をする記者さえあるのである。ただ、筆者が感じるのは、年少者の自殺をこのようにとりあげ、読者に錯覚を起こさせるようなジャーナリストたちの、「ジャーナリスト」としての感覚にはさすがに鋭いものがある、ということである。

つまり、子どもの自殺、それに伴う親の不安、ということは現代的な意味を大きくもっている。大人たちは何かえたいの知れぬ不安をどこかに感じており、それを反映する事象に飛びつきたくなっていることを、ジャーナリストの鋭敏な感覚が感じとっているわけである。

私は昨年、しばらくフィリピンに滞在したことがあり、日比両国の文化の差などについてフィリピンの人とよく話し合った。そのとき、日本ではなぜ子どもが自殺をするのかという問いをよく受けた。日本では別に増加したわけではないのだが、あちらの人の話を信用するなら、フィリピンでは子どもの自殺などまったく考えられないことだというのだから、こちらも返答に窮してしまう。フィリピン人の強い疑問の背景には、日本のようにアジアのなかで一番豊かな国で、どうして死に急ぐのかという素朴な感じが存在している。フィリピンはわずかの滞在であったが、この点については、私は、彼らは人間関係、とくに家族関係の絆によって守られているので、自殺など起こり得ないのではないか、それは物質的困窮とは無関係のことであると感じたのであった。

フィリピンの例から考えても、不況をすぐに自殺に直結することは無理なようである。しかし、現代人は何らかの名状しがたい不安を感じており、その表現に困難を感じるためもあってか、不況とか、年少者の自殺などの事件に、不安の原因や結果を不必要に過大に見出そうとする傾向があるということができる。

ここで、われわれは現代人の不安そのものについて分析してゆかねばならないが、不安の材料として、少年の自殺や暴力などが特に取りあげられるのは、特に現代の成人たちが、子どもの教育に大きい不安をもっていることを意味しているとも考えられる。私は心理療法を専門にしているので、子どもの養育について相談を受けることが多いが、社会的に地位のある人に相談を受けることが割にある。それは、その人たちが親として失格であることを意味するのではなく、子どもの養育ということが、現在においていかに難しいかを示しているものであると思われる。

滋賀県の野洲の事件をはじめに取りあげたが、これはむしろ、日本のどこでも起こり得る事件であると私は思っている。ただ、報道された記事などから、その町が湖西線の開発などにより、田舎に急激に都会の文化が押し寄せたところであることは、その特徴のひとつとしてあげられるように思う。つまり、純粋の田舎であれば、――昔でも「不良」と言われる中学生はいたものだ――いくら悪いことをしていても、それは家族や村の人の直接、間接の目のとどく範囲で行われていた。そこへ、都会流の「個室の文化」がはいりこんでくる。わが国の経済の急激な成長は、それを容易に可能にしたのであるが、中学生たちが本当に「個室」を使いこなすだけの幼児期からの訓練を欠いたままで、自由勝手なふるまいを行うことを可能にしたのである。急激な異文化の侵入が、町全体の中の守りを破壊し、その裂け目に陥落したものが犠牲者となったのである。

ここに述べた文化の裂け目の現象と並行して、現代人の心の中にも亀裂が生じている。不安ということを論じる場合、現代人であれば一応フロイトの抑圧論に通じていて、それを思い起こす人も多いであろう。自我によって抑圧された無意識の葛藤が不安の源泉となるという考えである。しかしながら、現在の不安はこのような図式にはあまり適合しない感じを受ける。イメージを利用して表現するならば、フロイトの図式で、自我が抑圧して無意識と切れているのは、人間の心の横の分裂というイメージをもたせるが、現代人の心はもっと深く縦に分裂していて、その裂け目は心の奥深く到っているように感じられるのである。

縦の分裂のイメージは、しばしば暴力問題なども起こす少年たちが「いい子」であることが多いこととも符合している。すなわち、前述の殺傷事件の中学生も、先生は「いい子」であると述べていたが、われわれが会う、家庭で両親に乱暴するような子も、実際に家庭外では「いい子」であることが多いのである。われわれに会うと礼儀正しいし、分別もあるし、この子が果たして本当に両親に傷を負わせるほどの暴力をふるうのかと疑問に感じるほどである。人格が縦に二つに割られていて、私はその表を見、家庭ではその裏を見せているのかとさえ思われる。

人格の縦の分裂は、フロイトによる性の抑圧の図式からわれわれが予想するのとは違った、深い次元の不安を意識の表面へともたらしてくる。この不安に襲われたものは、おそらくそれを簡単には言語によって表現することが不可能であろう。フロイトの時代に人間が抑圧していたようなことは、現在では相当意識化している。われわれは、言うならば、もっと底にある地獄の釜の蓋を開けてしまったのである。地獄の火にさらされた者は、そこに落ちこんで破滅するか、その苦しさから逃れようとして非合理な行為に走ってしまうのである。

「母性文化」の中の異議申し立て

人間の社会は、その社会の成員が極端な不安にさらされないように、それなりの「工夫」をしている。それがその社会の文化なり社会的規範として表れている。日本の場合、そのような傾向が母性的な色合いを強くもっていることを、今まで多くの機会に論じてきた（拙著『母性社会日本の病理』中央公論社、本著作集第十巻ほか所収）。つまり、社会の成員がグレートマザーの膝の中に包まれているように、お互いがあまり自己主張をせずに、できるだけ平等な共存をはかる方法である。先に田舎の文化の守りということを述べたが、たとえば、子どものすることはすべて皆に見られており、個人の欲求を押し通すことなどせずに生きていたならば、あのようなことは生じなかったであろう。フィリピンで自殺がなくて当然と私が感じたのも、言うなれば、彼の地においては母性的な結合力が非常に強いと感じたからにほかならない。

不安というものは面白いものである。まったく不安のない安定は、そこに進歩も生じないのである。従って古来から、青年たちは安定をきらう傾向がある。安定は彼らにとっては死を意味することさえある。青年たちは安定を壊そうとして当然である。昔の高校生はストームなどということをやった。しかし考えてみると、それらの破壊はすべて母性文化の上においてなされていたことがわかる。ストームは極端に真面目な教育者をおびやかしたかもしれないが、おそらく高校の大半の教師は微笑しながらそれを見ていたことであろう。

ストームは青年の内面の不安の表出としてふさわしいが、根底的な文化規範をゆるがすことのない形態をもっていた。いわゆる「不良」たちもそうであった。彼らも同じく暴力をふるった。しかし、そこには殺人事件にまでは到らせない無意識的な配慮がはたらいていたのである。最近の学生運動に対して、大学教授たちは微笑をもって接するどころか、時には心身症に陥るほどの痛みを感じさせられるのは、彼らの動きに単なる青年の反抗をこえた、根底的な不安を生ぜしめるものが存在しているからであると思われる。次にその点について考えてみよう。

現在の日本における縦の分裂の厳しさは、母性文化に対して、父性的な傾向が相当な侵入をはかりつつあることとしても認められる。日本社会における青年の異議申し立ては、母性文化に対して向けられているように思われる。六九年ごろの大学内の葛藤が予想外の激しさを加えたのも、当時の学生たちの多くが、自分の感じとっている不安の名状し難い様相を、あのような形態において表出することに無意識的な共感を覚えたからではないかと思われる。

当時、学生として運動に参加した多くの人は、今は彼らの表現を用いると「体制化」され、しかも、当時の自分を肯定も否定もできずに、縦の分裂を残したまま、割り切れない気持で生きている。あるいは、三十歳すぎてから「僕って何」という問いを発して、当時の行動を風俗化することによって心に収めようとする人もある。確かに、日本の思想や運動は多分に風俗として見られる面をもってはいるが、それですべてを割り切るのもどうかと思われる。

不安のないところに進歩はないと言った。しかし、不安はすべて進歩につながるのではない。何らかの化学変化が生じるためには、それを生ぜしめる適当な容器と時間とが必要であるように、不安が進歩へとつながってゆくためにも、いわばそれの容器となるものと時間とを必要とするのである。取り扱いの悪いときは爆発や破滅が生じるものだ。しかし、青年たちの不安の深度は深く、彼らは従来からあった日本の母性という容器をさえ破壊したいのである。青年たちの行動はどうしても常識をこえたものとならざるを得ない。

大きい不安は大きい容器を、新たな不安は新しい容器を必要とする。母性という容器を否定するものは新しい容器をもたねばならない。ところが、この自覚がなかったので、日本の学生運動はほとんど進歩をかちとることを得ず、ほとんど元の木阿弥の状態になったのではないかと思われる。

このような事態が生じた大きい原因は、学生運動を行なっている人たち自身が、母性の否定ということにほとんど自覚がなかったからであると私は思っている。彼らは西洋のモデルをそのまま借りてきて、国家権力とか、それの代行者と彼らが思いこんでいる学部長や教授を父性的なものとして認め、父親の権威を倒そうとしている錯覚を抱いていた。父と息子の戦いによる革新は西洋文化にあてはまるモデルであっても、日本のものではない。

「内なる母性」との相克

学生たちは心の中に父と息子との戦いを描きつつ、実は母と息子の戦いをやっていたのだ。というよりは、グレートマザーの膝の上で戦いが行われていたと言うべきであろう。その戦いがどれほど多くの血を流そうと、グレートマザーはそれらを吸いこんで、またそこに新しい生命を生み出すだけであり、グレートマザーそのものに変化は無いのである。このようなことに漠然と気づいてくると、変化の無さに業を煮やして、若者の異議申し立ては常軌を逸したものになりやすく、そこには破滅が待ち受けるだけになる。

母性というものは、最初は子どもにとってかけがえがなく、有り難いものである。これなくして子どもが育つはずはない。しかし、子どもの自我が育とうとするとき、むしろそれは重荷として感じられる。あるいは、もっと強く迫害的にさえ受けとられる。つまり、母性が自我の確立を迫害するかのように感じられるのである。日本全体における、このような漠とした認識が日本文化のなかの母性優位性に対して向けられていることと並行して、現在の青年たちは、自分の母親に対して被害感を感じることが多い。これは実のところ、一個の人間としての母親の人格と関係なく生じてくる心性である。多くの若者は母親に対して、無際限の援助を要求し、それを当然とする一方では、母親を圧迫者として攻撃しようとする。このアンビバレンツ(相反性)に耐えられず、母親に暴力をふるうような子どもが増えてきたことも事実である。

家庭内で暴力をふるう子どもに接して、その状態から子どもも親も抜け出ることを援助しながら、結局、その転回点となるのは、子どもが自分の「内なる母性」に気づくことであると感じさせられる。そのとき、子どもは今まで自分の母に投影していたグレートマザーのイメージを自分の方へ引きもどし、一個の人間となった母とは人間同士の友情をもって接することができるようになる。

もちろん、このことを遂行するには、多くの痛みを経験しなくてはならない。無際限の母性の容器の中で勝手気ままに動いていた人間が、容器としての母性を破壊するならば、新しい何ものかをそこに容器として見出す努力をしなければならぬ。それは、厳しい父性に支えられた本人の自我がその役を果たすことになるが、その特徴は自我の限界を知ることであろう。母性は「限界」をきらうので、限界ということは日本ではタブーである。しかし、母性に挑戦する人は、自我の限界を知る痛みに耐えねばならない。これは単純なあきらめではなく、常に戦い続けたもののみが、自ら知ることができる限界であり、自分は何ができないかという認識は、当然のことながら、自分はどのようなことが出来るかという自信にも支えられているのである。

六九年の学生運動は、その底流として日本の母性文化への挑戦という文化史的な意義をもち、それゆえにこそ多くの人を無意識的にひきつけたのであるが、運動の当事者たちに、その自覚がなかったり、西洋の借りもののモデルに頼ったりしたため、挫折してしまったのではないかと思われる。学生運動はもちろん現在においても続いており、考えを異にする派が生じているが、そのいずれにも、今まで述べてきたような母性という点に関する自覚が足りないように思われるが、いかがであろうか。

自我の限界を知るとか、内なる母性の自覚などということを、青年に結びつけて書いてきたが、実はこれは日本人全体の問題であると私は考えている。それは子どもが母親から自立してゆくイメージとして描くと理解しやすいので、そのような論点のすすめ方をしてみたが、日本の文化全体が、それと同様の様相をもちつつ、母性との対決を必要とする転回点にさしかかっているように感じられるのである。つまり、このことは青年のみならず、成人にとっても大きい未解決の課題なのである。

先に、子どもの自殺に大騒ぎをしすぎるのは、大人が自分の不安をそこに投影しているからであると述べた。それは、大人たちが現在の文化の転回点に立ちつつ、その自覚のないままに感じている不安の反映であると思われる。

文化や社会の変動がゆるやかなときは、大人たちは安泰である。そして、大人は子どもを育てるためのハウツーをいくらでも知っていることになる。変動の無いところではスタンダードが確立しており、それに適合してゆくようにハウツーを見出してゆけばよい。文化の変動が激しいとき、大人はハウツーを失ってしまう。

ここに現在日本の教育や子育ての難しさが存在している。はじめに、社会的地位の高い人でも子どもの問題で困難を感じている人が多いといったのもこのためである。少しでも創造性のある子をもった親は育児に苦労するはずである。そこでは、ハウツーは通用しないのである。そこで大人が自分の育ってきた過程をふりかえってみても、それはあまり大きい意味をもたない。自分の過去を再点検し、新しい状況と照らし合わせて、新しい生き方を創造する態度をもつならともかく、ただ昔はよかった式に過去のことを述べたててみても、若い人の苦笑をさそうだけのものであろう。

現在は子どもを教育する大人自身がスタンダードを持たぬ不安にさらされているのである。ひところ流行した子育てのハウツーものが最近人気を失いつつあるのも当然のことである。ハウツーものが背後にもっていた「よい子」というスタンダードが、現代の状況とはまったく合わず、よい子たちが厳しい分裂の危機にさらされていることは、すでに述べたとおりである。

今こそ本質にせまる対決を

このように考えてくると、青年たちに対する大人たちも、青年たちとほとんど変わらぬほどの重さで、新しい価値創造の責務を負わされていることがわかる。この点に目をすえるならば、教えるものも教えられるものも対等と言ってよいだろう。先に、自我の限界の自覚とか、内なる母性の問題などを指摘したが、実のところ、これはいつ果てるとも知れぬ不断の努力の結果生じてくるものであり、今流行の言葉で言えば、このような作業を通じてこそアイデンティティが確立してゆくのである。日本人としてのアイデンティティは現在は大いに揺れ動き、すべての人がその模索を必要とさせられている。

この一文を書くときに、私の脳裏に浮かんできたのは、現在の学生たちよりは、むしろ、かつて学生として「活躍し」、今は体制の中にはいって、縦の分裂を意識している人々のことである。なかには、相当の挫折感をもち、三十代の若さで余生をおくるような心境の人もある。あるいは、大体は体制内で行動しつつ、そこにはいり切らぬ情動を単発的な破壊行動で部分的に満足せしめつつ生きている人もある。あるいは、自分はすでに安泰な場所に身をおき、子どもや青年の不安を現在の問題であるとして、嘆いたり攻撃したりしている人もある。

しかし、彼らにとって必要なことは、青年期に無意識的に感じとった日本の文化の危機をはっきりと意識化し、それを他に投影したりすることなく、わがこととしてじっくりと取り組んでゆくことではないかと思われる。それは、若い時の二、三年の運動などによって解決されることではなく、そこで触発された動きを、自分の自我という枠内において燃焼しつづけることであり、長年月を要する仕事として、今こそやり抜かねばならぬことなのである。このような努力の結果としての何ものかが新たに発表されないかぎり、あの凄まじいエネルギーを費やした運動も、風俗としてとらえられてもいたしかたないのではないかと思われる。

現在の不安は、日本の文化の根底に生じた亀裂から発生しているのである。それは子どもや青年のみのことではなく、日本人全体のことと言わねばならない。従って、それを単純に不況や青年の反抗などに置きかえることなく、その本質に迫る努力をわれわれ成人もつくさねばならないと思う。それによってこそ、その不安の根源である亀裂から、新しい価値が創造されるのである。

若者文化と宗教性

若者文化

つい最近のことであるが、新聞の報道によると、女子高校生三名がシンナー吸引によって死亡したとのことである。父親が貸ガレージに駐車している乗用車に、夜の間にはいりこんで友人たち四人でシンナー吸引をしていたが、そのうちの一人が車からころがり出て助かったものの、他の三名は死亡してしまったのである。彼女たちも、よもや死のうとは思っていなかったのではなかろうか。シンナーによる「この世ならぬ」体験には魅力を感じるとしても、「あの世」に行ってしまうことになろうとは思っていなかったであろう。シンナーの吸引は一時減少したかに思われたが、いまだに若者たちの間にひろがっていると、新聞は警告していた。

暴走族と呼ばれている若者たちも、あまり減少はしないようである。グループをつくって、単車や乗用車によるスピードを競う。これもまったく危険極まりないことで、生命の危険がつきまとっている。実際に、彼らは自分の目のあたりで、仲間が重傷したり、死亡したりしても、その危険な遊びをやめないのである。

ディスコにおける熱狂ぶりも、一般の大人にとっては不可解であったり、眉をひそめさせるものであるだろう。こちらの方は、それほど命にかかわることもないので、シンナーのように「禁止」するわけにもゆかないが、さりとて、奨励する気も起こらないものだろう。踊るにしても、もっと普通に踊ってくれれば、と大人は思うことだろう。その上に、「竹の子族」などと言って、途方もない服装などされると、もう「異常」とでも言いたくなってくることだろう。

大人の眉をひそめさせる若者、というのは永遠の課題かも知れない。あるいは、それこそが若者であることの定義だとさえ言えるかも知れない。世の中が変化——敢えて進歩とは言わないにしても——してゆくためには、若者は大人と異なることをしなくてはならないし、「大人」というものは新しいものは何でも、あまり好きではないどころか、「悪」と呼びたいくらいの時が多いであろう。

若者文化が大人を脅かすのは当然のことであるが、やはり、その時代の特徴をもそなえているものである。やはり、その時代時代において、欠けているもの、あるいはその次の時代に望まれることを、若者たちは無意識のうちに先取りしていることが多いものである。もっとも、それは大人どもを脅かす効果をあげるために、ネガティブな形をとって表現されることが多いわけであるが、——たとえば、シンナー吸引のように——それはあんがい、ポジティブなものをも内包しているのである。

宗教性

現代の若者文化の大きい特徴は、その背後に宗教性の問題をもつことであろう。これはまた、いつの時代でもそうだとも言えるのだが、やはり現代はそれが特に強いと言っていいだろう。ここに「宗教性」と表現したことは、ある特定の宗教に属したり、それを信じたりすることを、必ずしも意味していない。ここでは、宗教性ということを、ユングにならって、自分を超える存在の体験を慎重かつ良心的に観察すること、という意味で使用している。そして、筆者の主張しているのは、若者文化の背後に宗教性が存在しているということであり、現在の若者文化が宗教性に満ちている、と言っているのではない。

ある若者たちがグループでシンナー吸引をしていたが、彼らの驚きは、そして喜びでもあったろうが、彼らが共通の幻覚をもつことができ、それが観音さまの姿であったという事実だった。彼らは集団で観音さまの光に包まれる体験をするためシンナー吸引をしていた。彼らの幻覚のなかに顕現する観音さまは、あきらかに彼らの意識的な自我を超える存在であった。

「観音さま」が出てくるから宗教的だなどと単純に主張する気はない。観音さまにいつもお経をあげている坊さんが、筆者の言う意味では「宗教的」でなかったとしても別に驚くことではない。ある種の坊さんにとって、観音さまは彼を超えるどころか、彼の支配下にあって、金もうけの手段となっていることさえあるだろう。しかし、先ほど述べたシンナー吸引の若者たちにとって、彼らの幻覚に生じてくる観音さまは、彼らを超える存在であった。それは彼らを包み、時には癒してくれさえした。そして、それは時に彼らがどれほど願っても現われてきてくれないこともあった。それは、彼らの意識的な自我の支配下に存在しているものではなかった。

暴走族にとっても、車は最初のうちは彼らの支配下にあるようだが、そのうちに車が車の意志をもって走り出すことを、彼らは体験しているに違いない。そして、時に車の意志は、乗り手の命をさえ奪ってしまうのである。支配しているのか、されているのか、自分が動かしているのか、動かされているのか、両者の間の分割線が微妙に崩れ、自分という存在を超える何ものかの作用を感じるといえば、ディスコ・ダンスの経験もそれに近似してくるであろう。自分が体を動かしているのか、体を動かされているのか、だんだんわからなくなってくる。

人間にとって、己を超えた存在について知り、それとどのように接してゆくかは、大きい課題であった。そして、人間にとって一番コントロールし難いものとして感じられる、死ということと結びついて、その課題が追究されることになったのも当然であろう。そのために、人類はいろいろな種類の宗教をもつようになった。己を超えた存在に接近することは困難なことであるし、危険極まりないことである。そのためには何らかの工夫が必要であった。そこで、多くの宗教的天才が、神に到る通路としての「儀式」というものを見出した。われわれは、そのような儀式を通じてこそ、神に接近することができるし、そこに生じる危険性から身を守ることができるのである。われわれ俗人は、日頃は俗事にかまけているが、時に「儀式」を通じて聖なる世界に触れることができるわけである。

聖に到る通路としての遊び

人間世界に生じる事象を聖と俗に分けて考えることは、文化人類学者がよく示してくれてきたことである。そこで、俗なる世界において価値を認められていない「遊び」が、聖なる世界に重なることを主張したのが、ホイジンハであった。それを継いで、カイヨワはホイジンハが遊びと聖という異質的なカテゴリーに属するものを混同していると批判し、聖―俗―遊び、という一種の階層構造の存在を指摘した。彼はこれについて次のように主張している。遊びと聖はともに日常性と対立する点では共通しているが、その対立の仕方はむしろ逆になっている。聖は人間を超越した存在にかかわるものとして、そこに行われる儀礼は細心の注意をもち、細目に到るまで前もって決められた方法に従って行わねばならない。聖は儀礼によって引き出した超越的な力によって世俗的な実生活を支配することができる。これに対して、遊びは、儀礼のように細目まで決められているものではなく、自由で気楽なものである。実生活のほうが重要になると、それは遊びの世界をいとも簡単に壊してしまうもので

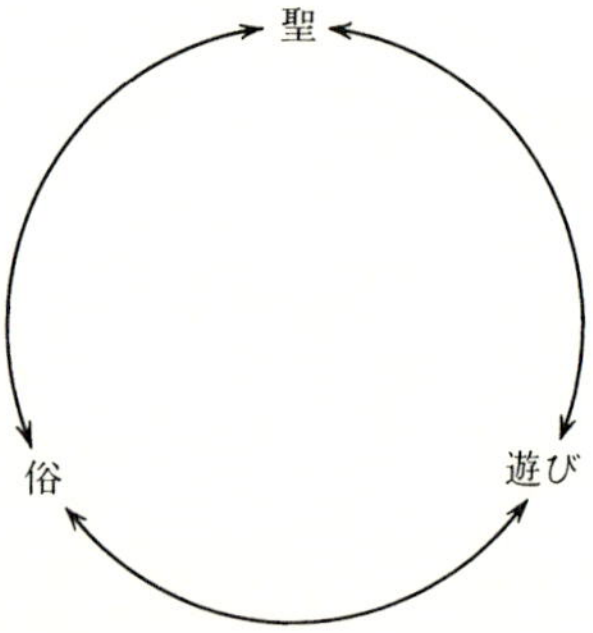

図1　聖―俗―遊びの円環構造

ある。このようにして、聖―俗―遊びの階層構造が成立すると、カイヨワは考える。

しかしながら、現実の若者の行動を見ると、シンナー吸引や暴走は遊びではあろうが、カイヨワの言うほど「自由」でないことが認められる。彼らはそれをやらざるを得ないのであり、時には厳格に服装を規定したり、時には厳粛にそれを行うのである。つまり、それは宗教的儀式に限りなく近似しているのである。それは彼らが超越的存在に接近するための、彼らなりの儀式とも言うことができる。

なぜそのようなことが生じるのか。それは、既成の儀式の多くが現代においては、その本来の機能を喪失せしめているからである。多くの宗派が行う儀式によって、絶対者に接近し得る現代人が、今どれほど居るであろうか。われわれ現代人の多くは俗から聖に到る通路を、ほとんど閉じられてしまっているのだ。なぜそうなったかについては、ここに詳しく論じる紙数が残されていない。一点だけ述べておくと、近代人が自然科学の発達と共に、自然を支配できると感じはじめたとき、それとパラレルに儀式によって神を支配し得ると錯覚したこともあるではなかろうか。観音さまを「支配している」僧のことを既に述べたが、そのとき聖なる世界は俗化されてしまうのである。

現代においては、聖―俗―遊びは図示したように円環構造をもつと考えたほうが良さそうである。俗から聖へ到る道を閉ざされた現代人は、遊びを通じて聖に到ろうとする。このように考えると、若者文化の多くの現象は、閉塞された現状を破るために、聖なる道を求めて彼らなりに示しているあがきであると言うことができるであろう。しかし、それはあがきではあっても本来の宗教性にまでは到っていない。それは、そこにおいてその現象を「慎重かつ良心的に観察する」ことを、彼らが怠っているからである。彼らは言わばやらされているのであって、主体的な意識化の努力が、あまりにも欠如しているのである。ともあれ、大人たちは若者のあがきに含まれている宗教性の問題について、もっと慎重かつ良心的に考慮すべきではなかろうか。

イデオロギーの終焉再考
——コスモロジーを模索する青年たち

イデオロギーの終焉ということは、一九六〇年代にアメリカにおいて言われ始め、わが国においても急速にひろまったのであるが、この点について、当時に主張されたのとは、少し異なった観点から、捉え直してみたい。現代の学生の様子などを見ていると、確かに、この言葉がよく当てはまるのではあるが、この言葉を最初に主張されたのとは違った意味で、捉え直すべきだと思うのである。

青年期消滅説

最近、大学の教官たちの間でよく言われることは、学生たちの講義に出席する率が非常に高くなった、ということである。かつては考えられなかったことだが、講義に出てゆくと、椅子に座れずに立っている学生がいる。どの教官もこの際に言うことは同じで、「心配しなくても、そのうち皆さん座れるようになりますから」と学生たちを笑わせるのだが、それは、どうせ出席率が低下してきて、皆が座れるようになることを意味しているのである。ところが、教官の期待に反して、聴講者の数は一向に少なくならないのである。これには教官はまったく驚いてしまい、いったいどうしてだろうか、ということになる。

学生が熱心になったからだと言う人もあるが、これに賛成する人はあまりない。多くの学生が出席するのだが、そこに「熱心さ」とか、ぜひともその講義を聞こうとする熱意などが感じられないのである。現在の学生を、「あっけらかんとしている」と評した人がいるが、それがもっとも適切な表現かも知れない。ひと頃よく言われた「しらけ」とも違っている。ともかく、悩みや苦しみということがあまり外に出ず、捉えどころがないのである。

このような学生たちの態度を見て、慨嘆する教官もたくさんいる。それは「まったく若さが感じられない」という言葉によって示されることが多い。面白いことに、若さが感じられないということが、「子どもっぽい」という非難に結びつくときと、「妙に老成している」という非難に結びつくときとがある。青年らしい反抗や客気がなくて、子どもらしい素直さを感じさせられるときと、老人のようなものわかりのよさを感じさせられるときとがある。しかし、それでは教師としては、まったくやり甲斐がないと言うのである。あまりにも歯ごたえがないのだ。「以前の紛争時代がなつかしい」などと言う人さえある。

このような、若者たちに対する非難や慨嘆は、青年というものは、大人に反抗したり、苦悩したりするものだという前提に立ってなされている。いつの時代でも、年長者にとって、「近頃の若い者は……」と嘆くことは、楽しみのひとつではあるのだが、今までは、青年の反抗的態度を種にして嘆いていたのに、今では、反抗性が無いことを嘆かねばならなくなったのである。

このような年長者の嘆きには、青年期を疾風怒濤(シュトゥルム・ウント・ドラング)の時期として捉える前提が存在している。そのような考えに立つ限り、最近では、「青年期消滅説」などを唱える人があるのも、うなずけるものである。

青年期の特徴をシュトゥルム・ウント・ドラングとしてとらえ、青年心理学などが大いに研究されていた頃、文化人類学者たちは、社会の在り方によっては、子どもと大人の間には画然とした区別があり、青年がその境界にあって葛藤を感じるようなことがないことを報告した。つまり、青年期などが存在しない社会もあることを指摘したのである。社会がどんどんと進歩発展してゆくのではなく、伝承的な社会体制をとるところでは、ある時期になると子どもは大人の世界へと、イニシエーションの儀式によってはいってゆくのだから、そこに葛藤などは存在しないのである。

近代社会においてのみ、青年期の葛藤が存在するのだが、それは、若者たちが既成の体制やイデオロギーに対して、何らかの新しいものを持ちこもうとして、そこに新旧の対立が生じ、したがって、青年に葛藤が生じてくるのである。それでは、どうして現代の青年たちが静かになってしまったのか。あるいは、青年期が消滅してしまったのだろうか。

青年期消滅説と似たものとして、青年期平穏説などというのもある。青年期は何も嵐が吹くとは限らず、現代の青年期は平穏であり、青年はもっぱら既成の知識や技術などを修得するために専念している、というのである。そして、このような青年期の平穏さは、イデオロギーの終焉という現象と大いに関連していると考えられる。青年は反抗の武器としてのイデオロギーを既に棄て去ってしまっている、と考えるのである。

イデオロギーの終焉

「イデオロギーの終焉」ということは、アメリカの社会学者、ベルが同名の書物を出版し、わが国においても翻訳されたので、よく知られるようになった。一九六〇年頃のアメリカにおける社会的、思想的状況を特徴づける言葉として、これが用いられたのであるが、わが国においても、少しおくれて同様の状況が到来しているように考える人もある。筆者は、後に示すように、ベルの述べているのとは異なる意味で考えているのであるが、まず、ベルの言っていることを簡単に紹介しておこう。

ベルは、マルクス主義、自由主義、無政府主義というような「主義」が、人間生活において力をもつ時代は終わったと主張する。その理由として彼があげるのは、次のようなことである。欧米のような先進資本主義の国では、社会の変革を求める人々の考えや、エネルギーは、国家の機構や政府の政策のなかにだんだんと吸収されてゆく。したがって、そこにはイズムとイズムとの観念的対立が激化してゆくのではなく、現実的な形でイデオロギーのもつ何らかの側面が実現されてゆき、対立はむしろ緩和されてゆく。そこで、特定のイデオロギーによって非現実的な理想を追求しようとする情熱は弱くなり、具体的に問題を解決するために必要な知識や技術をもつこと、新しい方向や方法を見出してゆくための実証的研究をするための能力を身につけること、などが重要視されることになる。

また、自由主義国にあって資本主義の欠点に注目し、社会主義に理想を見出そうとした人々も、現実に社会主義諸国の行うことを見ていると幻滅を感じさせられることが多かった、という事実がこの傾向に拍車をかけたと考えられる。イデオロギーによる思考は、論理的整合性を大切にし、見事な体系をつくりあげるので、しばしばそれによって「理想的」な社会がつくりあげられるという錯覚を与えるのだが、幸か不幸かそれを実現しようとして、理想と現実の乖離現象を如実に示してくれる国があり、それらの情報が得られるために、いつまでも幻想を追うことができないのである。

わが国においても、これはまったく同様であり、わが国の青年の場合は、アメリカ、ソ連、中国など、それぞれの国を美化して、一種の理想郷を描いていたが、それらのいずれもが、つぎつぎと現実の姿を露呈してきて、イデオロギーの終焉に拍車をかけたと思われる。このことと関連して、アメリカにおいても、日本においても、脱政党の傾向が強く出てきていることも、注目すべきことであろう。NHK放送世論調査所の一九八一年のデータによると、支持政党無しと答える日本人、二九%、アメリカ人、三一%という高い数字がでている。文部省の統計数理研究所のデータによれば、支持政党無しは、一九五三年に一九%であったのが、一九七八年には三四%に達しているのだから、脱政党の傾向は極めて強いと言わねばならない。

既成の体制に対して、それを強力に批判し攻撃する武器として、それに対立するイデオロギーが存在し、青年たちはそれをフルに利用してきたのだが、今やその非力ぶりが明らかになってきたので、イデオロギー志向を止め、既存の知識や技術の修得に努力するようになる。そして、何か新しい変革や改変を望むにしろ、イデオロギーによるのではなく、実証的で、科学的な検証に耐える方法を提出することになる。

このように考えると、現代の学生たちが、かつてのように反抗や学生運動にそれほど力を注がず、熱心に講義を聴くのも解る気がするのだが、それですべてのことが説明されているだろうか。いろいろと疑問が生じてくるのである。第一、青年期平穏説と言われても、それは大部分の青年には適応できるとしても、わが国の例で言えば、家庭内暴力や校内暴力などが増加してきている現状をどう説明するのか、という疑問も生じてくるのである。

科学への疑問

ベルはイデオロギーの終焉を告げると共に、結局、これから要求されるのは、実証的、科学的知識であり、専門的、技術的な能力であると述べている。しかし、現代の青年たちは、それほど実証的、科学的知識のみを大切と考えているだろうか。「あっけらかん」として、ただ勉強しているように見える青年たちの心の深部には、不安や疑問が内在しているのではなかろうか。

家庭内暴力をふるう高校生の息子に対して、両親がお前に対しては必要なものは何でも与えてきた、それなのに何が不足でそれほど暴れるのか、と問いかけたときに、その高校生が、「うちには宗教が無い」と答えたことがある。これは現代の青年の状況を端的に示していると思われる。最近では少し様子が変わってきているが、家庭内暴力をふるう子どもには優等生が多かった。彼らは既成の「知識や技術」を修得することに熱心であり、能力もあった。しかし、彼らがそのような勉強の「意味」に対して疑問を持ちはじめたとき、両親をはじめ、ほとんどの大人は答えてくれなかったのである。

このような考えをもう少し一般化すると、この高校生は、科学的知識や技術を身につけたとしても、いったいそれが自分にとって、あるいは世界にとって何を意味しているのか、を問いたかったのだと言うことができる。彼としては、それを端的に「宗教があるか」という問いによって表現したと思われる。

確かに、科学の知は一般的であり、実証的であって、特定のイデオロギーや宗教などに基づく知が、どこかで現実から遊離する点を明確に捉え、それらの権威を打ち壊すことに役立ってきたと思われる。ベルが「イデオロギーの終焉」を告げて、それに代わるものとして、科学の知をあげているのも了解できるのである。しかし、現代の苦悩は、その科学の知に対しても疑問を持たざるを得ないところに来ているという点に存在している。

科学に対する疑問が一般の人々の心のなかに生じたのは、公害問題を通じてであろう。ひたすら、進歩と発展を求めて、自然科学の知によって努力を続けてきた人間が、それによって、自らの滅亡をもたらす可能性さえ見えたのである。核兵器の科学的な「進歩」は、人類にとっての滅亡の不安を高まらせるばかりである。

自然科学は、物体を主体としての人間からまったく切り離し、完全に対象化することによって成立している。また、そのような対象化がなされる故に、それは一義的になり、どのような主体に対しても通用する普遍的な知を、われわれに与えてくれる。したがって、それは極めて強力なものとなり、近代文明の発展の原動力となったし、ベルが指摘するように、イデオロギーの息の根を止める役割も果したしたと思われる。

しかしながら、そのような普遍性をもつ科学の知は、主体を客体から切り離すことによって成立しているために、科学の知のみに頼って世界を見ようとしても、そこに自分という存在を入れ込むことができないのである。それを極めて象徴的に示しているのが、人間の考えた科学ということが人間を滅亡に追い込もうとしている事実なのである。それは、その体系のなかに自分自身を入れていないので、そのような不都合なことが生じてくるのである。

最近の青年たちは、したがって、科学の知に対しても大きい疑問をもっており、イデオロギーに代わるものとして、「実証的、科学的な知識」を得ることに単純に熱意を燃やすことができないのである。したがって、彼らは一応、大学の講義に出席するとしても、教官たちの期待するような「熱気」をそこに感じさせたりしないのである。

彼らは表立って「反抗」したりはしない。しかし、特定のイデオロギーや、科学的立場を確立することによって、大人となり、それを大切にしようとしている人々に対して、いささか覚めた目で見ていることは事実である。その態度が、時々、子どもっぽく見えたり、老成して見えたり、あっけらかん、と見えたりしているのではなかろうか。それでは、彼らは何を志向しようとしているのか。

コスモロジーの模索

青年たちの志向しているものは、実のところ、彼らにとっても未だ明確になっていないのかも知れない。おそらく、彼らは大人の提示する知識や技術を否定はしないが、「それだけではない」、という不充足感を抱きつつ、一応受けいれているのではなかろうか。あるいは、その不充足感をもろに体験せざるを得なかった少数の者たちは、適切な言葉のないままに、家庭にしろ学校にしろ、ただ暴力をふるうより仕方のない状態に追いこまれるのではなかろうか。

非行を犯したある高校生は、自分の父が「あまりに立派で、よいことばかりする」ので、自分としては、「悪いことをするより仕方が無かった」と語ったことがあった。どう考えても善なる父を超えるためには、息子は悪をなさざるを得なかったというのは、現代の青年たちの状況を端的に示している。イデオロギーにしろ、宗教にしろ、いつも善を主張する。あるいは、科学は常に「正しい」ことを主張する。しかし、それらは何らかのものを無視し、除外することによってこそ成立している体系ではなかろうか。現実にどうしても存在している悪や邪を、どのようにして全体のなかに組み込めばいいのか。

われわれが主体的にこの世に生きてゆこうとするかぎり、われわれは自分自身をそのなかに入れ込んだ体系をもたねばならない。自然科学の知は確かに有用であり、何らそれを否定する必要はないが、われわれはそれをイデオロギーの代替品とするような錯覚を起こすのではなく、自分という主体をも包みこみ、自分と世界との有機的なつながりを与えてくれるもの——筆者はそれをコスモロジーだと思うのだが——を見出すように努めねばならない。

イデオロギーや自然科学などの体系が、何かを切り離し、排除することによって、その整合性や正当性を守ろうとしたのに対して、コスモロジーは、すべてを入れ込むことによって、すべてをかかわり合わすことによって、ひとつの全体性を形づくろうとする。それは、善も悪も、正も邪も、多くの対立と矛盾を内包するものとして、言語的に体系化することは不可能であり、何らかのイメージに頼らざるを得ないものである。己を含み、世界を含む、全体的なイメージをつくりあげることが、コスモロジーの形成である。

既成の体系に対立するイデオロギーを選択して大人を攻撃したり、イデオロギーの確立によって大人になろうとする古いパターンを今も用いている青年たちも、やはり存在しているが、少数であり、一般的に言って未成熟な人が多いように思うのは、筆者のひとりよがりであろうか。

イデオロギーに対して、コスモロジーは、その形成に相当な時間と体験を要すると言わねばならない。したがって、青年期の間がそれに対する準備期間とすれば、外見的に平穏に見えるのも当然かも知れない。あるいは、年齢に不相応な課題に押しつぶされそうになって、暴発的行動をとるより仕方がなくなるかも知れない。いずれにしろ、その準備期間を経た後の、本当の勝負は中年に持ちこされると見るべきであろう。最近になって、「中年の危機」ということが大いに注目されたり、青年期の自殺が減少し、中年期の自殺が増加してきているのも、このことと大いに関連しているのかも知れない。

ともかく、大人は青年の反抗が弱いことなど概嘆する必要などないのである。イデオロギーという槍一筋によって、突きあげられることは無くなったとしても、コスモロジーという目には見えにくい網によって、知らぬ間にからめとられたりすることが、そのうちに生じてきて、あわてふためかねばならないかも知れないからである。あっけらかんとした外見の下で、青年たちの心の深層においてコスモロジーの模索がはじまっていることを、筆者は感じているのである。

青年期の生き方について

大人になること

子どもが大人になる、ということはなかなか大変なことである。この大変なことを成し遂げる中間期として、青年期がある。青年たちは、子どもと大人との間に立って、どちらでもあるような、どちらでもないような生き方をすることになる。

未開社会においては、このような中間期が存在せず、子どもはある時期がくると――たとえば十六歳になると――一挙に大人になった。しかし、このように「大人になる」ことは大変であるので、よく知られているように未開社会特有の成人式が行われ、それによって大人になるのである。ここには詳述しないが、たとえば十六歳の少年は急に山から降りてきた怪物(実は村の長老の変装したもの)にさらわれて山奥に連れて行かれ、そこで儀式が行われ、村に伝わる神話や守るべき掟などを語ってきかされる。そして、子どもから大人になるときに新しい名前をつけられて、もとの村に帰っていく、というような一連の式が行われるのである。このときに与えられる試練は厳しいものであり、これに耐えられぬときは殺されるときもある。

多くの成人式において、もっとも本質的には、そこに何らかの象徴的な「死と再生」の過程が組み込まれていることである。今までの子どもであった自分は死に、大人となって再生する、と考えるのである。子どもたちは怪物にさらわれるときは、本当に殺されると思い、深い畏怖の感情を体験する。このような死と再生の象徴的体験を基礎として、子どもは大人になるのである。

現代社会においては、未開社会におけるように大人と子どもの区別は画然としていない。それは社会そのものが進歩し発展し続けているので、大人とは何かを明確に定義し難いからである。未開社会のように伝承を身につけたから大人になるのではなく、現代の大人はそれまでの社会と異なる方向へと、何らかの意味で進歩を追っていかねばならぬ。従って、子どもが一回の象徴的「死と再生」の体験によって大人になるなどということは出来ず、青年期という中間期の間に、長い時間をかけて「死と再生」を体験することが必要となってくる。あるいは、それは一度ではすまされず、何回か繰り返すことが必要となるかも知れない。

現代においては、社会が未開社会のような意義深い成人式を行なってくれないので、各人はそれなりの成人式を個性に応じて行なっていかねばならない。しかし、場合によっては本質的な成人式を経ないままに、年齢の方がどんどん大人になってしまうということも生じてくる。一流大学を出て一流企業に勤めていても、「大人」になっていない人が居たとしても、おかしくないということになる。このことが現代における大きい問題である。

青年期について本質的なことをまず述べたのであるが、本論においては、問題をできるかぎり中学生のことに絞って論じることにしたい。中学生は人生のなかで最も理解するのが困難な時期と言ってよいほどであり、この点について、教師や親がある程度知っておくのは意義あることである。さもなければ、ちょっとした対応のあやまりによって、中学生の心に深い傷を負わせたり、せっかくの成長への機会を大人が奪ってしまったりすることになるからである。

言語化不能の時期

人によって多少の差はあるが、中学生時代に人間の心の奥底において生じている動きは、ほとんど言語的に伝えることができないものと言うべきであろう。今まで機嫌のよかった中学生が急にブスッと黙りこんでしまったり、何でもないことで急に怒り出したりすることを教師や親はよく観察されると思うが、このようなときでも、本人自身なぜそうなるのか分からぬときが多い。もちろん、無理に聞くと何か理由を答えるが、本人もはっきりしないままで、何とか答えているのである。たとえば、ひどいいじめをしていたが、いじめをやめた中学生に事情を聞いてみると、「なぜか知らんが、やたらにいじめたくなったが、そのうち、なぜか知らんがばからしくなってやめにした」と言うのである。人をばかにしたような答と思われるが、むしろ、これが本音なのであろう。

鎌倉時代の名僧、明恵上人は十三歳のときに自殺しようとして、「我十三歳にして既に老いたり」という有名な言葉を残している。結局、自殺は未遂に終わったのだが、私はこの言葉は深い真理を述べているように感じる。人間は、十二、三歳あたりで一種の完成に達するのではなかろうか。「子ども」として完成した後に、大人になるための限りない変動が生じる。性《セックス》という不可解な衝動が急激に動きはじめるのだ。せっかくの「完成」を守るために、ここで自殺したいという気持が生じるのも、あながち不思議でないかも知れない。それほどまでに、中学生の年齢の子どもが迎えようとする人生は、不安に満ちたものなのである。このことを大人たちはよく知っていなければならない。

心の奥底においては、激しい変動が行われていても、本人はそれをあまり意識することなく生きていくこともある。そのときは、少なくとも表面的には、大人にとっては「かわいらしい中学生」という感じで受けとられる。

しかし、このような「かわいい子」が三年生になると一変して、急に暴力をふるい出したり、シンナーを吸い出したりすることもあることは、中学校の教師であるならば、皆知っておられることであろう。中学校教師の難しさは、同学年の子どものなかに、ほとんど不安も感じず、「子どもらしく」生きている子と、限りない不安や変動におののいている子とが共存している、という事実である。しかも、後者のような場合でも、ほとんどの子は、自分の状態を言葉では表現できないのである。

中学校の教師や親としては、何とか子どもの心を知ろうとしたり、あるいは、教育し指導しようとして、「なぜそんなばかなことをしたのか」と問いかけたり、「反省した点を言いなさい」と迫ったりする。そこで、子どもが沈黙していると、生意気だとか、反抗的だと判断する人があるが、多くの場合、中学生は言えないから黙っているのである。本人も本当は何のことか分からないのである。このため、親や教師は子どもの言語ではなく行為から、子どもを理解することを学ばねばならない。

中学生の非行や問題行動は、「助け」を呼んでいることが多いのである。特に、すぐに親や教師にばれてしまう悪事をはたらくときは、この「助け」の呼びかけであることが多い。彼らは、「不安ですから助けて下さい」とは決して言えないのである。従って、大人と一対一で向き合わざるを得ない状況を無意識につくりあげるようなことをするのである。

こんなとき、中学生と向き合って、せっかちに問いつめるのではなく、ゆっくりと待つ気になっていると、ぽっつりと自分の本音をもらしてくれ、こちらも驚くことがある。言葉で簡単に言えぬことを何とか言うためには、それにふさわしい状況が必要であり、大人は落ち着いた気持で、そのような場をつくってやることも必要である。

依存と自立

子どもたちは自立していく。そのためには親から離れていかねばならない。従って子どもは依存心を断ち切って自立していくべきだ、ということを、あまりにも単純に信じている大人が多いことも問題である。依存と自立は反対概念ではない。自分は自立していると思う大人の人は、いかに自分が多くの人や物に「依存」していることか、と自覚することだろう。依存の自覚がないのは困りものだが、依存することは、むしろ自立に必要なことではなかろうか。依存を排して自立しようと努力しすぎた人は「孤立」してしまう。依存と自立の、このような微妙な関係を、中学生に接する大人は特によく知る必要があると思われる。

大人になんか従うものか、と大いに威張っている中学生の息子が、ひょっと母親の膝に頭をもたれかけさせてきたりして、驚かれたことはないだろうか。実は、これはむしろ普通のことなのである。中学生の心のなかでは、大人の世話にはならぬという強い気持と、ともかく母親に甘えて不安を柔らげたいという気持とがゆれ動いている。そして、人間が自立していくためには、それにふさわしい依存を味わうことが必要なのである。

このような必要な依存関係に守られてこそ、中学生は激しい変動によっても破壊されることなく成長していくのである。このとき、家庭内の安定、守りが弱いときは、彼らは家の外にその場を求めねばならなくなり、グループをつくることになる。非行少年はグループをつくっている。彼らも心の底では、自分たちのしていることはばかげたことだとか、悪いことだとは知っている。しかし、そのようにグループのなかに居ないと不安であるし、そうするより仕方がないのである。

非行少年と一対一で話し合うと、反省しているとか、もう悪いことはしませんと言う。ところが、すぐに非行グループのなかに戻ってしまうのは、別にうそをついたのではなく、われわれと話し合っているときは、本当に反省しているのだが、「帰っていく」べき安心感を与えてくれる場所が、そのグループ以外にはないのだ。従ってわれわれは単に少年に反省を迫るだけではなく、少年の不安や淋しさを理解して、彼が適切な依存を体験する場を見つける努力をしてやらねばならないのである。

中学生が依存と自立のパラドックスのなかで苦闘しているとき、グループということは大きい意味をもつ。それが非行グループになると困るのだが、クラブ活動や、趣味をもつ仲間の集まりなどのなかで、彼らは家から自立していくことや、依存の良さ、など微妙な人間の心の動きを体験し、大人になっていくのである。

「壁」の必要性

中学生は自分の心のなかを言葉で表現できない。従って、それを思いがけない行動で示すことが多いと述べた。親や教師も自分の中学生時代をふり返られると、何らかの「変な」ことや「悪い」ことをしたことを思い出されるであろう。そして、今思い返しても、なぜ自分がそんなことをしたのか分からない、と思われるのではなかろうか。「危ないところだった」と感じられる人もあるだろう。

それではわれわれ大人は、中学生の心を「理解して」、悪を許容すべきであろうか。ここに大変難しい問題が生じてくる。ここで結論を先に言ってしまうと、安易に悪を許容することは百害あって一利なしであり、われわれは、中学生の心を理解しつつも、なお、禁止すべきことは絶対に禁止することが必要である。心の底から生じてくる強い力によって、中学生が行動しようとするとき、それに対して正面から受けとめ抑止する力がはたらいてこそ、そこに建設的なことが生じてくるのである。衝動的な力を野放しにすると、当人さえ混乱してしまって、まったく破壊的な結果を招くことになる。

子どもの心を理解するとか、受容するなどということを安易に受けとめて、子どもの破壊的な力をそのままにしておくと、それは止まるところを知らずにエスカレートする。いじめとか校内暴力などは、はじめは面白半分にやっていても、誰も真剣に止めるものがないと、やっている中学生自身が、こんなことをしていいのかと不安になり、不安をごまかすためにますますひどいことをするようになり、このようにして一度枠が破られてしまうと、余程の強力な力を用いないと抑制できなくなってしまうのである。

子どもの心をゆり動かす力を正面から受けとめるには、大人が強力な「壁」にならなくてはならない。しかし「壁」というものは、当たってきたものをはね返すが、壁の方が動いて、子どもを締めつけたりはしないことを知って欲しい。中学生に対しては禁止が必要だという意見は、時に取りまちがえられて、何やかやと中学生の行動を縛ることと思われるが、そんなことを主張しているのではない。むしろ、中学生にできる限りの自由を許すのだが、ある一定の線においては、決してそこをこえられない壁として、われわれ大人が存在すべきであるというのである。

ここでもう一つ大切なことは、この「壁」には血が通っていなくてはならぬことである。絶対的な禁止者としてそこに立ちつつ、中学生がなぜそのような行為をするかについて、できるかぎり理解しようとしなくてはならない。中学生は言語表現が下手だと言った。従って、彼らは行動によって話しかけてくる。教師の目の前で煙草を吸ったりするのは、彼らが教師に対して、何らかの問いかけをしているのである。これに対して、教師はどうしても答えねばならない。

このような「問い」に教師が正面から答えようとするとき、残念ながら公式的な正解はない。ここで教師が公式的な答ではなく、自分の個性に基づいて答えるとき、生徒が満足するのである。この問いと答が厳しいものとなるとき、そこには本質的には「死と再生」の過程が生じることがある。それは、子どもが大人になるためには、どうしても必要なことなのである。

未開社会においては、大人が「怪物」に変装して、子どもたちに死の体験をもたらした。しかし、今はそんなことをしてくれる大人は誰も居ない。現代の子どもたちは、そこで自ら何らかの死の体験を求めて行動することになる。これがもっとも破壊的に行われるときは、自殺となってしまって、再生につながらない本当の死となってしまう。子どもたちの心に生じる、このような死の体験への希求に対して、大人が壁となって、それを正面から受けとめるとき、それは再生へとつながっていくのである。現代の子どもたちの激しい破壊性も、このように考えると納得のいくものとなるであろう。

「壁」というものは、また、外に対する守りでもある。大人の壁は中学生の心を守るものとしても作用し、これが適切に機能するときは、青年の死と再生の体験も、象徴的、内面的に行われ、外的な破壊性を示さずに見事に、大人になることもあることを、われわれは知っておかねばならない。

夫婦の危機をどうのりこえるか

結婚歴二十年の妻の不満

結婚ということによって、それまでは縁のなかった男性と女性が結ばれるのだが、その二人が長い一生の間、別れもせずに暮らしてゆくのは、考えてみると不思議なこととさえ思われる。実際、われわれカウンセラーのところには、いろいろな方が離婚の相談に来られるが、結婚して一年もたたないうちに離婚したいなどという人もある。しかも、それは恋愛結婚であって、恋愛期間の方が結婚期間よりも長いなどという例も珍しくないのである。このように簡単に離婚に踏み切る人たちに話を聞いてみると、結婚ということに対する態度の甘さに呆れさせられることが多いのだが、今回はそのような話ではなく、結婚生活を二十年近く続けてきた夫婦の間に生じる問題を取りあげてみたい。

昭和五十二年にＮＨＫが行なった日本の夫婦像に関する調査によると、「夫婦は正当な理由があれば離婚したほうがよい」というのと、「どんなことがあっても離婚すべきではない」という項目において、結婚期間の長さに応じて著しい答えの差が出ていて興味深い。結婚して三年未満の夫婦は、夫の方では前者が六二％、後者が三六％、妻の方は、前者が七四％、後者が二一％となっていて、男女差はあるが、ともかく、「正当な理由があれば離婚したほうがよい」が圧倒的に多い。この傾向は、結婚年数が増えるに従って、だんだんと変化してきて、結婚年数二十―三十年の人になると、夫は前者が四〇％、後者が五五％、妻は前者が四〇％、後者が五三％、と逆転してしまうのである。つまり結婚歴が二十年にもなってくると、夫婦はどんなことがあっても離婚すべきでない、と考える人の方が統計的には多数を占めることを示している。ところが、そのような結婚歴をもつ夫婦の問題が現在の日本において、大きいことになりつつあるのである。

ひとつの例をあげてみよう。Ａさんは四十歳を少し過ぎたばかりの女性である。Ａさんの仕事がやや自由業に近いような職業であったため、結婚後も仕事を続け、男と女の二人の子どもを育てて主婦の仕事も何とかやり抜いてきた。夫の方の収入も充分にある。息子は高三だが、希望する有名私立校にまず入学確実と言われている。娘は勉強は兄ほどには出来ないがスポーツ好きで明るく中学生活を楽しんでいる。言ってみれば何の問題もないというより、むしろ羨ましいような家庭である。しかし、Ａさんは最近どうも気分がすぐれないのである。何かうつうつして楽しめない気持なのだが、それがどうしてなのか彼女にも明白にはつかめない。このような気持を確かめたいような感じになって、彼女は夫に、思い切って勤めをやめてしまおうかと言ってみた。

夫はぶっきらぼうに、お前のことだから勤めをやめても、そのうちに何かやり出すことになる、と答えた。Ａさんはそのとき、夫の態度が凄《すご》く冷たいものに思えた。そのような気持で見ていると、夫は実に自分勝手に生きているだけで、Ａさんのことなど何も親身になって考えていないように思えてきた。Ａさんの漠然とした不安のようなもの、淋しい感じには全く気がつかず、夫は家庭というものは、うまい料理と暖かい寝具があれば充分と考えているように思われる。自分が好きな仕事をすることによって家庭を養ってゆける。妻には相当な自由を許して、収入も思いどおり使わせている。それで家族の幸福は充分だと思いこんでいる態度に対して、Ａさんは何だかやたらに不満がつのるのである。

ともかく「何も解っていないのだから」と思いはじめると、夫のすることのごく小さいことでも嫌に感じてしまうのである。それまでは何とも思わなかったのに、夫が煙草を吸うのが嫌でたまらなくなってくる。煙草を吸う仕草のひとつひとつにいらいらさせられるのである。

危機はさまざまな形で訪れる

現在の中年の女性で、Aさんのような不満を感じている人は随分と多い。Aさんの場合は外的に見て何の不満もない家庭なので、その不満が何とも説明し難いものであることが、かえって明瞭なのだが、中年の夫婦の危機は外的な事件を契機として露呈されることが多い。

中年夫婦が仲良くやっていても、それにひび割れを生ぜしめるようなことが、あんがい、外から起ってくるのである。たとえば、夫婦のどちらかの両親が年老いてきたので、同居しなくてはならない、ということもよくある話である。夫の両親が同居したがっているのに、妻はそれを避けたいと思う。そこで、夫婦が口論をはじめるが、この年齢にまで達してくると夫婦ともに遠慮しなくなっている。思ったとおりに言うのもいいことだが、そんなときでも思わず言った一言が決定的な結果を引きおこすことがある。よくあるのは、夫婦が「あなたの家の人は」とか、「お前の家族は」とか言い合って非難する間に、夫婦といえども赤の他人に過ぎないことが突然意識されてくることである。日本人は西洋人と違って、相当に近代化されている人でも家のしがらみから自由になっていないものである。夫婦というものがそもそも家族なのだが、「お前の家族は」などと言っているときは、古い家族の絆の方にひかれてしまっているのである。こんなときの夫の一言によって、「私はこんな冷たい人と今まで一緒に暮らしてきたのか」と慄然としてしまう妻もある。

夫婦関係の破壊は、夫婦のどちらかの浮気によって決定的になることは明らかにあるが、実際は浮気が行われていないのに、どちらかがそれを疑いだしたり、または、疑われそうなことが偶然にも起ってきたりすることが、きっかけとなることもある。それまでは連絡のなかった昔の異性の同級生が、ひょっこりと訪ねてきたり、手紙をくれたりする。そんなことからもつれが生じるのだが、これにしても、やはり夫婦の間に潜在的にあるしこりが、そのことによって表面に浮かびあがってきたとも考えることができる。

子どもの問題が夫婦の危機のきっかけとなったり、逆に、子どもの問題によって、かえって夫婦の危機がうまく回避されるようなときもある。Bさんの家では、高校生の息子が、登校拒否をしたために、夫婦の関係が難しくなってきた。Bさん夫婦の息子は、それまではむしろ「よい子」だと思っていたのに、ふとある日から急に登校を嫌がり、家でテレビをみたりして、ぶらぶらすごすようになった。母親の方は、そのような息子に登校するように厳しく叱るべきだと考えるのだが、父親はむしろ、今はそっとして見ていてやろうと主張する。そこで、子どもの接し方について、夫婦が口論になり、妻は夫が父親としての強さを持たないから駄目だと言うし、夫は妻が母親らしい優しさに欠けるからだと言う。こうなると子どもの問題を離れてしまって、夫婦がお互いのことで争うことになり、時にはそれが原因で、別居することにまで話が発展してくるのである。

夫婦相互の新しい発見

さて、Bさんの家では息子がなかなか登校しないので、家のなかは暗くなり、夫婦関係も気まずいものになってきた。ある日、それまでは夫の帰りがおそくともいつも起きて待っていた妻が、夫の帰りを待たず、何だか気分がすぐれないからと寝てしまった。ところが、故意か偶然か、玄関に鍵をかけて寝てしまったのである。おそく帰ってきた夫は玄関が開かないのを知り、怒って激しく戸を叩いた。息子はまだ起きていたので、戸を開けにいったが、皮肉な調子で、「お父さんはいいなあ、おそくまで好きなだけ飲んできて」と言った。夫は怒りを爆発させ、「俺がどんな酒を飲んできたか知っているのか」と怒鳴った。

騒ぎに驚いて起きてきた妻と息子に対して、夫はある会社の研究部門に勤めているのだが、その日、同僚が特許をとった祝宴であったことを告げ、それは自分がとれたかも知れぬものを、同僚に出し抜かれたように取られてしまったことを語った。同僚といっても、それはライバルである。そして、ライバルの祝宴であっても、男であるかぎり笑って楽しく出席して苦い酒を飲まねばならない。このようなことを彼は説明し、息子に対して、「お前は男としてそのような強さを持っているか。お前は学校にさえ行ってないではないか」と問いかけた。

夫の息子に対する話を聞いて、妻は嬉しく思った。夫が自分の仕事のことをこのように詳しく気持をこめて語るのを初めて聞いたからである。息子が自分の部屋へ引きあげていってから、夫婦はながながと話し合った。妻は夫の話を聞き、そのような苦労を夫がしていることを知らなかったとあやまりながら、なぜ今までそのような話をしてくれなかったのかと責めた。夫は話そうとしても、妻が本当に聞く態度を示さなかったから言えなかったのだと言ったり、言わなくとも解ってくれているはずだと思ったと弁解したりした。しかし、この長い話し合いのなかで、夫婦は以前よりもいっそう心が近づいたと感じたのである。そして、不思議なことに、息子は一週間もしないうちに登校をはじめたのであった。

このような例に接して、いつも感じることは、何らかの事件を通じて夫婦が互いに新しい発見をする、という事実である。Bさんの例で言えば、妻は夫の怒りの輝かしさをはじめて見たことになるし、夫の職場での苦労を、腹の底にどっしりと感じることができたと言うこともできる。夫の方から言えば、自分では職場でのツマラヌことなど家族に話しても仕方ないと思っていたのに、妻が熱心に耳を傾け、しかも、自分の気持をよく解ってくれたことを初めて体験したことになろう。

実のところ、二十年くらいいっしょに住んでいても、夫婦というものは相手の真の姿を知らないことの方が多いと言っていいかも知れない。違う言い方をすると、誰しも自分自身の真の姿など、なかなか解らないものなのだから、まして他人のことなど簡単に解るはずがないとも言えるだろう。そして、中年に到って訪れる危機は、実のところ、夫婦の相互作用によって今までに知らなかった新しい面を開発し、発見するための機会なのである。これを通じてこそ、夫婦の関係はいっそうの深まりを得ることになる。

中年はマラソンの折り返し点

昔の夫婦は、今ここに述べたような夫婦の危機をそれほども経験しなかったかも知れない。まず第一に、昔の主婦たちは非常に忙しかった。子どもも多いし、電気製品は少ないし、朝から晩まで働かねばならなかった。共に働いて、「家」を維持してゆくという共通目標をもっていたので、夫婦の間で「対話」などということをする必要もなかった。そして、昔は現在ほど長生きすることもない。一所懸命に働いているうちに「お迎え」が来て成仏することができたのである。現在の日本でも、このような生き方をそのまま生き抜いている人もある。しかし、経済の高度成長に伴って、われわれの生き方は急激に変化してきたのである。家庭の主婦は昔に比べて、多くの時間とエネルギーを節約できるうえに、平均寿命から考えて、八十歳近くまで生きることが期待されている。

このことは、たとえてみると、五キロの競争だと思ってスタートし、走っているうちに実は八キロ競争に変りましたと言われるようなものである。四キロまで走ってきて後一キロと思っていたのに、まだそれから四キロも走らねばならないとすると、いったいどうしたらよいのか。このような不安が中年の人たちに襲いかかってくる。何を頼りにして走り抜くのか。しかも、この競争のゴールインとは、すなわち死ぬことである。中年というのは、マラソンの折り返し点のようなものでそこからは、ゴール、つまり死の方に向って走ることになるわけである。

中年までは、人間にとっていかに生きるかが問題となる。結婚した若い夫婦は、カーを手に入れるため、家を建てるため、あるいは子どもを教育するために力をつくす。前よりも一歩でも前進することが大切である。ところが、中年の頃から、好むと好まざるにかかわらず、人間の心の奥底では、いかに死ぬかという問題が動きはじめる。このことを意識することは辛いことなので、多くの人は今までと同じく、もっとよりよく生きることはないかと考える。この際、特に女性の場合は、それまでにやれなかったと思うことが多いので、社会に出て働くことや、どこかに勉強にゆくことなどを思いつく。

そして、そのことに真剣に取り組めたり、それが面白くなる人は、それはそれで非常に結構なのであるが、例としてあげたAさんの場合のように、むしろ、それまでにいろいろなことをやってきた人とか、ものごとを少し深く掘り下げて考える人にとっては、解決はそれほど簡単ではないのである。これは人間が生きること――死ぬこと――の本質にかかわることである。Aさんが不安になったり、不満を感じたりしながらも、問題がはっきりとつかめないのも当然のことと言える。

この問題について、男性と女性の間にズレが生じることも多い。男性の方は、ともかく忙しいので、働き疲れて、今まで述べてきたようなことを考える余裕がない人が多い。Aさんの御主人のように、あくせく働いて幸福に暮らしている。しかし、女性の方は、時間とエネルギーが余っているうえに、自分のやりたいことをやって来なかったという意識が強いので、何かこの辺で自分の人生を生きてみたい、というような気持をもっている。この夫婦のズレが最大限に達すると、妻から突然に離婚が希望され、夫はそれをどうしても理解できない、ということになる。最近ではこのようなケースが相当多くなっている。

夫婦に必要な再婚の儀式

ところで、Aさんは家事に身がはいらなくなったこともあって、ある日、夕食の仕度がおくれてしまい、夫が文句を言った。Aさんはすぐに言い返したが、驚いたことに娘がそれではお父さんが可哀相と言ったのである。夫だけでなく子どもたちまでが自分に冷たい、と耐えられなくなってAさんは外へ出た。いろいろ考えたが、同僚の独身女性でテキパキと仕事をし、明るい感じの人のところへ、ともかくも行くことにした。できればそこに泊めて貰うつもりであった。

不意の訪問を受け、同僚は明らかに迷惑そうであった。それに、Aさんはその同僚が職場で会うときとは別人のように、うらぶれており、住居も整理されておらず、寒々とした感じが伝わってくるのに驚いてしまった。一人で生きることの厳しさを、それは示していた。それでも、Aさんは意地を張って、ホテルに二泊した。帰宅するときは、バツが悪かったが、夫や子どもたちの暖かい態度によって、それは消されてしまった。

こんなことがあったからといって、Aさんが急に幸福になる、などということはない。既に述べたように、Aさんのかかえている問題は、これから長い一生をかけて解決してゆかねばならぬ大きいことだからである。しかし、Aさんは今までのように、夫や子どもたちのせいで自分が不幸になるとか、一人で生き抜く方がいいとか、甘いことを考えなくなったということができる。同僚の家に泊めて貰おうと思って訪ねたとき、「女一人で暮らしているからといって、何でもすぐできるということではないのよ」と言って断られたのであったが、Aさんにはその言葉が腹の底にこたえたのであった。同僚はAさんの甘い期待に皮肉をこめて言ったつもりだったが、Aさんにとっては、家族をもつとそれによって縛られるのと同じように、一人ぐらしは一人ぐらしなりの束縛がある、というように感じられたのである。

「家出」という衝撃によって、Aさんの夫も少しは考え直したのか、Aさん夫婦の話は以前よりは深まりを見せるようになった。それでは、この夫婦にとっての解答はどうあるべきなのであろう。おそらく、その答は現在、誰もが明確に答えられないことと思われる。Aさん夫婦が真剣に話し合うことによって、それぞれが自分にふさわしい道を見出してゆくより仕方がないのである。ただし、その道を見出してゆくうえにおいて、二人が協力することによって、夫婦は今までとは異なる新しい面をお互いに見出してゆくことになるであろう。夫婦がこのように決意するとき、それは今までの夫婦関係とは一段異なったものになる。

人間は心を入れかえるときに、「死んで生まれ変る気持で」と表現する。それと同じように、夫婦にとっては中年の時期に、離婚と再婚ということが象徴的に生じるように思われる。たとえばAさんのような経験をした人に、私はよく「再婚式」をあげませんか、と冗談を言うことがある。あるいは、再婚旅行をすすめるときもある。長い結婚生活の折り返し点で、もう一度心をあらたにし、二人で共に生き抜くことを再確認するのである。このようにしてこそ中年の危機が克服できるわけである。

既に述べてきたことでも明らかなように、夫婦の危機は直接に夫婦のこととしてではなく、子どものことや親類の問題として生じることがある。そして、そのような問題を解決するために夫婦が力を合わせて努力していると、そのことを通じて知らぬ間に、今まで述べてきたような夫婦関係の改変が行われ、「再婚の儀式」がうまく行われるときがある。このようなことが解ってくると、たとえば、Bさんの例のように、子どもが登校拒否になって、随分とBさん夫婦は苦しんだように思えるのだが、実のところ、子どもがBさん夫婦の再婚式の仲人をつとめていたことが解るのである。

働きざかりの落とし穴
――中年の発達心理学

「中年」は、これまで心理学ではあまり注目されてきませんでした。働きざかりの年齢で、一番問題がないように思われていたのです。ところが、最近になって、中年の心理的問題が、自殺や抑うつ症の増加などに示されるように、クローズアップされてきました。

「中年」に思いがけない「落とし穴」があるのです。それらをよくみてみると、平均寿命が長くなるにつれて、中年が人生のひとつの転換期として意味をもっており、その転換のところに落とし穴が隠されていることがわかってきました。このような見方でみると、中年における病いや事故など、マイナスのことでありながら、実は次の新しい発展に向かうための踏み台としての意味をもっていることが明らかになってきたのです。

このような点から、「創造の病い」などという人もあるほどで、中年期に生じる、つまずきから創造的な生き方がひらけることを、具体的な例をあげながら述べていきたいと思います。

一　中年の意味

今回のお話は「働きざかりの落とし穴」ということで、思いがけないところに落とし穴があるというふうな題をつけていますが、サブタイトルのほうはむしろ逆で、「中年の発達心理学」、つまり中年に人はどのように発達していくのか、という題になっています。

ところがこれは、少し心理学を勉強された方でしたら、意外に思われるかもしれません。というのは、実は、「中年の発達心理学」という学問はいままでありませんでした。なぜかというと、心理学という学問は赤ちゃんからの人間の発達を観察することで研究を進めていきますが、どう発達するのか、どんな発達段階があるのか、ということを考えていくと、もう青年で終わりなのです。〈おとな〉になると、あとはずーっと〈おとな〉が続き、老年になると落ちていく。そして最後は死にいたる。中年あるいは壮年の時期は問題なくいっているのだから、わざわざ研究しなくてもいいと思われてきたわけです。

しかし、実はこの中年の時期がそう平坦ではなく、案外な危機があるし、もう少し問題点として考えていいのではないか、ということになってきました。そのひとつの証拠として自殺の統計をあげましょう。

自殺というのは、人生の危機を示す重大な事件です。十四、五年前は、自殺というと二十歳代の人の割合がグッと高かったのです。老人の方の自殺というのはどうしてもたくさんあったのですが、四十歳代・五十歳代は数が減っていました。ところが最近は、とくに男性の場合、四十歳代・五十歳代、とくに五十歳代にピークがある。こんなところから、中年の時期に案外な危機があるのではないかということがわかってきました。

実際にわれわれのところへ相談にこられる方も、中年の方がずいぶん多くなりました。中年の抑うつ症というノイローゼが非常に多くなり、いままで働きざかりでどんどん働いていた人が急に仕事がイヤになる。あるいは、気分がすぐれず、職場に行っているのだけれども、本気で仕事ができない。あるいは、非常に仲よくいっていると思われていた夫婦が中年になって突然、離婚話が出てきたり、離婚はしていないが家のなかで全然口をきかないということがおこったりと、いろいろな問題が出てきました。そのため、中年が大切なときで、ここに思いがけない落とし穴がある、という認識がだんだん出てきたのです。

ところで、中年を何歳から何歳までとするかはなかなか難しい問題ですが、三十五歳ぐらいから、長くとると終わりは六十歳ぐらいまでが「中年」なんだ、というふうに考えておきましょう。

人生のながれのなかでみると、生まれてからだんだん成長し、頂点に達するのが中年のころです。しかし、頂点に達してすばらしいなと思っているが、実はもう下降していくことが暗々裡にはじまっている。つまり中年というのは、ある意味でいうとまさに頂点に立っていて、すごいという見方と、これから翳《かげ》っていくことのはじまりなんだという、二つの見方が出てくるのです。

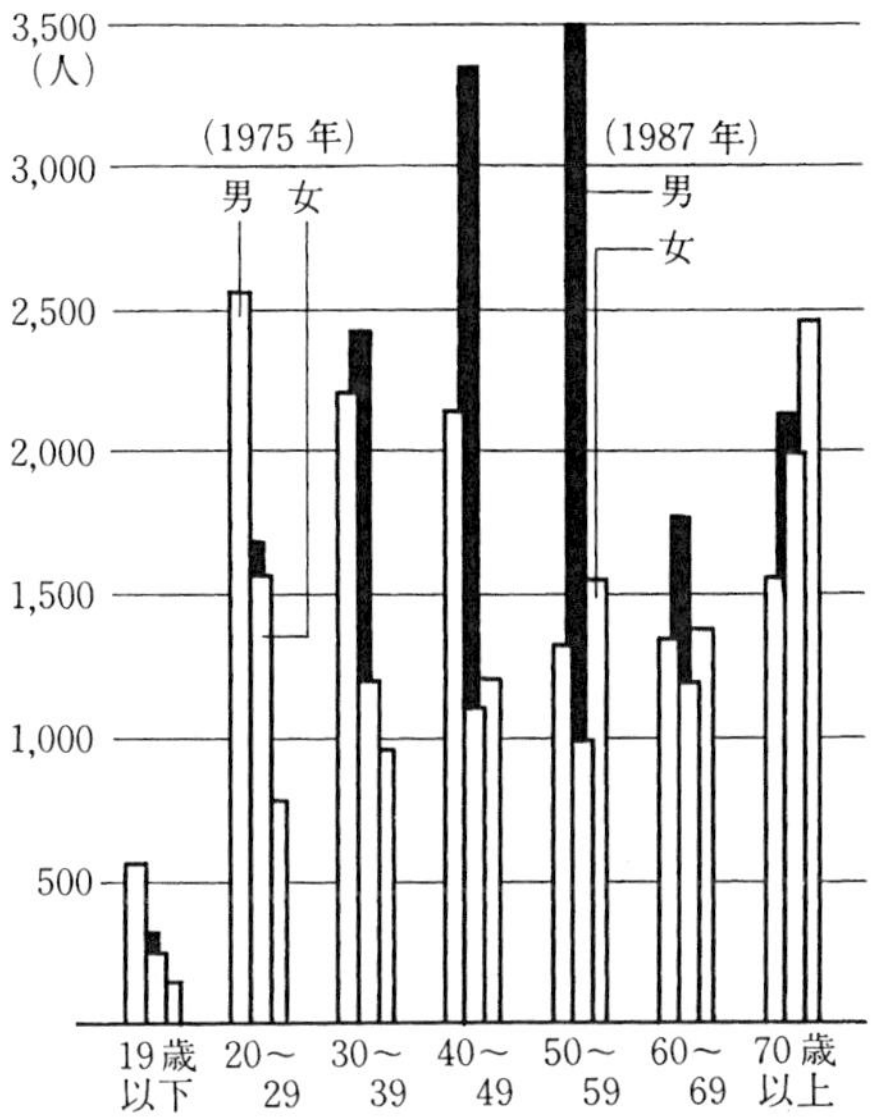

図1　男女別・年齢層別の自殺者数
(「人口動態統計」より)

人間を、運動能力や知能や身長が高くなるということばかりで考えていると、「中年」は、これから下降するばかりで、上がることはないんだという、非常に悲観的な受け止め方もできるわけです。このような考え方は、進歩や発達することばかりを考えてきた西欧近代の考え方に非常に影響を受けています。

ところが、東洋に目をむけてみると、たとえば孔子の言葉があります。孔子は「三十にして志を立てる」といい、「四十にして惑わず」といいます。そうすると五十歳からは降りるのかというと、そこでポッと変わって「五十にして天命を知る」という。六十になれば「耳順う」という。皆のいっているところに対して自分は素直に従っていけるようなところがあるというのです。そして、七十にして、自分の思うままに動いても矩《のり》を超えないのだ、という言い方をしています。七十歳で、こうやろうと思ってやっていることがちゃんと規格に合っているという、まさにひとつの理想像です。

もうひとつ、ヒンドゥーの考え方を簡単に紹介しておきましょう。ヒンドゥーの人たちは人生を学生期、家住期、林住期、遁世期の四つに分けています。

学生期には人生のことをいろいろ学び、家住期に結婚して家をつくり、一所懸命に働く。ところが、ここからまた味が変わって、遁世にいたる間に林住期が入るのです。林住というのは、家にいたり、林のなかに入ったりするわけですが、ここで、いままでやり抜いた俗世界と次の世界の調整をしていくのです。そして遁世期になると、まったく家・家族を離れ、ひたすら次の世界に入っていくための準備をする。

このようにヒンドゥーや孔子などの考え方は、生まれてからいっぺん上がって、トンと落ちて死ぬ、というイメージではなくて、死ぬところまでひたすら完成されていく、あるいは死ぬところまでひたすら生きることの追求があるという見方で人生をみているわけです。

われわれがやっている心理学でも、はじめのうちは、仕事がきちんとできるように、よい家族をもつように、自分の考えをはっきり述べられるようにといったように、〝自分〟をつくり上げることに非常に関心をもっていたのですが、そのつくり上げた自分というものが、中年から老年をへて、死に向かうのだという、全体を見通して人生を考えなければならないということを考えるようになりました。その点を強調したのが、スイスの精神分析学者のユングです。

ユングは、〝人生の後半〟を非常に強調しました。人生を前半と後半とに分けて、前半の課題と後半の課題を分けて考えたらどうか、というのです。前半は、自分がこの世にしっかり生きていく、この社会のなかに完全に受け入れられる、あるいは社会のなかに貢献するということをやっていくのだけれども、次に非常に大事なことは、その自分は死ぬわけですから、いままで夢中で生きてきたけれども、自分はいったい何のために生きているのだろう、これからどうなるのだろう、いったいどこへいくのか、といった問いかけに対して答える仕事が、われわれの人生の後半にあるのではないか、というのです。

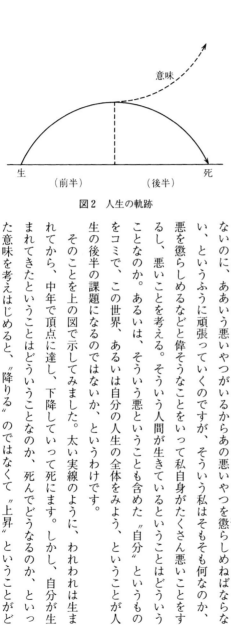

若いときは、なんとかこの仕事をしよう、こういう考え方で社会の役に立とう、こういう正義を行わねばならないのに、ああいう悪いやつがいるからあの悪いやつを懲《こ》らしめねばならない、というふうに頑張っていくのですが、そういう私はそもそも何なのか、悪を懲らしめるなどと偉そうなことをいって私自身がたくさん悪いことをするし、悪いことを考える。そういう人間が生きているということはどういうことなのか。あるいは、そういう悪ということも含めた〝自分〟というものをコミで、この世界、あるいは自分の人生の全体をみよう、ということが人生の後半の課題になるのではないか、というわけです。

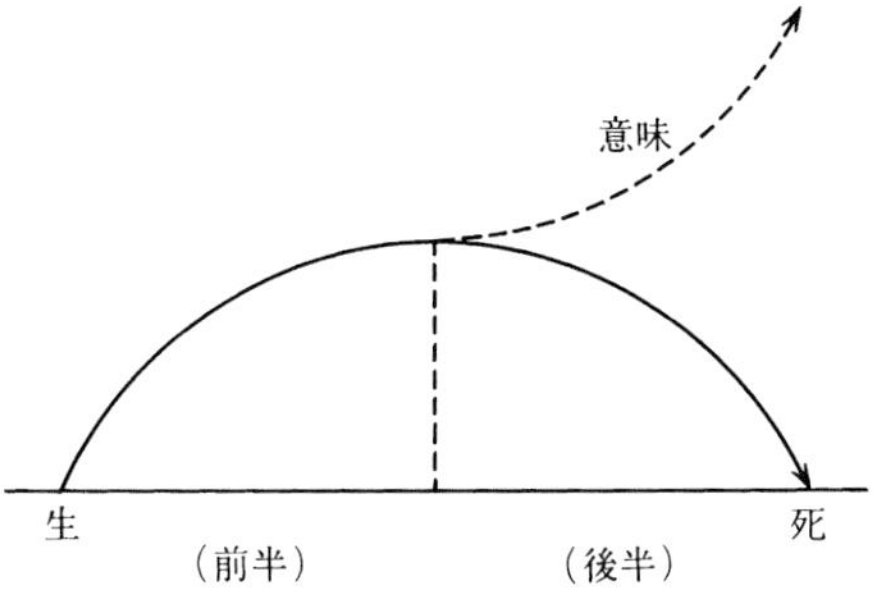

図2　人生の軌跡

そのことを上の図で示してみました。太い実線のように、われわれは生まれてから、中年で頂点に達し、下降していって死にます。しかし、自分が生まれてきたということはどういうことなのか、死んでどうなるのか、といった意味を考えはじめると、〝降りる〟のではなくて〝上昇〟ということがどこかに出てくる。それが点線の部分です。しかもこれは、下降するということがないと出てこないところがあるのです。肉体が衰え、だんだん元気もなくなっていくということを受け入れているなかで、意味の探求が出てくる。

非常に逆説的なところがありますが、このように考えると、孔子のいった「五十にして天命を知る」とか、「七十にして己の欲するままに行なっても矩《のり》を超えない」というのは、人生後半に出てくるこの道筋のことをいっているわけです。それを点線であらわしたのは、生まれてから成長し、だんだん弱くなって死ぬという、目に見える人生の軌跡に対し、この道筋は、外には見えないが、見ようと思えば見えるものだからです。

この点線のように人生の後半を歩むということを考え、これも一種の発達というふうに広い意味で考えると、中年の発達心理学ということをわれわれは考えていいのではないかと思うのです。内面的に、人生の意味という点で上昇することは可能ではないかといえるわけです。

この問題を、心理学の言葉でもう少し説明してみたいと思います。心理学では〈自我〉ということをよくいいます。人間の心というものは、われわれは本当はわからない。全部わかるということはありえない。そのなかでともかくわかっているのが〈自我〉です。

〈自我〉というのはどういうことかというと、私でしたら、自分の名前も知っているし、どこで生まれて、いま職業は何で、いまこの場でどういう仕事をしているか、全部考えてやっておりますが、そういうことをやっているのが〈自我〉です。

そういう〈自我〉は、相当鍛えられていなかったら生きていけない。与えられた仕事をカッチリやり抜いていくには強い〈自我〉が必要です。しかし、強力な〈自我〉ができたからといって喜んでばかりはいられないということを心理学でもいう人たちが出てきました。それが深層心理学です。

人間の〈自我〉を超えて、もっと人間の心の深みを考えねばならない。そして、そういう深みを見ていくときに、無意識のことを考えねばならない、ということをいったのはフロイトです。

ユングも〈無意識〉を問題にしました。〈無意識〉というと、〈自我〉の仕事を邪魔するイヤなものだと思うのですが、実は〈無意識〉から出てくるものはマイナスだけではなくてプラスのものもあり、それは思いがけないプラスのことをわからせてくれるのではないか、ということをユングがいいはじめました。

簡単な例をあげてみましょう。たとえば、仕事を一所懸命にしている人が上司に呼ばれる。上司のところへ行って、何かいおうと思うとヒョッと忘れ、何もいえなくなる。そうすると、「おいどうしたんだ」などといわれて、すごすご帰ってくる。その日は非常にゆううつで、くよくよと考えてしまう。いままでは会社のなかで一番よくできる人間だと思っていたのに、そういう失敗をする。そう思うと、同僚たちの自分を見ている目も、何か冷たいように感じはじめる。そうすると、自分はできない人間だ、ダメな人間なんだと思い、いままでは、すごくできると思ったが、あれは自分の錯覚なんじゃないかと、非常に沈んだ気持で家に帰ります。

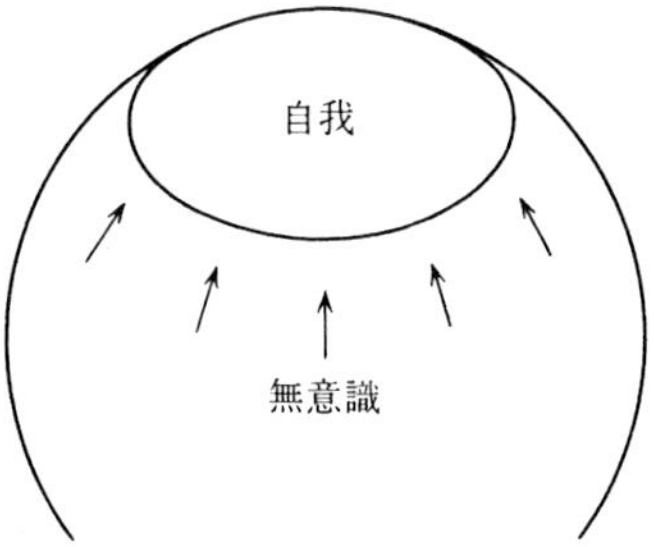

図3　人間の心

家に帰ったら、子どもが〝お父さんお帰り〟といってくれる。いままでは子どもが〝お父さんお帰り〟なんていおうがいうまいが、関心がなかった。というより、時間どおりには帰らず、飲み歩くことが多かったのだが、その日は子どものかけてくれた言葉が非常にうれしく感じる。それで子どもに〝ああ、ただいま〟という。そうすると〝ごはんですよ〟というようなことになって、家族とごはんを食べだすと、家族はきょうの一件を知らないので、皆がいろいろと話をしてくれる。その話を聞いていると、自分は妻にも子どもにも、こんなに頼られているんだ、あるいは、こんなふうに皆は自分を愛してくれているんだ、ということにふっと気がつく。

こうして、度忘れをして上司に叱られ、失敗をして落とし穴に入ったように思うのですが、かえってそういう体験をしたために、他人《ひと》の心のあたたかさがわかる、ということがあります。

このように、〈無意識〉からパッと突き上げてくるものが、マイナスのかたちでおきてくるようにみえながら、よくよく考えてみたら、そこをもうひとつ踏まえていくとプラスに変わるのだ、ということをユングはいっているわけです。

こうしたことが、中年の落とし穴のような格好で出てきます。中年に自分が落ち込んだ穴から何を獲得するのか。プラスのものを得てくるのか、そこからもうひとつすごいマイナスにまで落ちてしまうのか、ということが非常に大事になります。

ユングは非常におもしろいことをいっています。自分のところへ相談にきた人の三分の一ぐらいは、社会的に成功もしているし、能力もあるし、何もかもできる人だ、と。何が悩みかというと、実は悩みがないようなところが悩みである。つまり、何もかもうまくいっているようにみえながら、いったい自分の本当の生きる意味は何か、いまなぜ生きているのか、そういう問題にぶち当たった人である、というのです。成功のまっただ中で自分を考え直すというよりも、普通は、まっただ中と思っているときに何らかの落とし穴に出会って考え直さざるをえない、という感じになると思います。

そうすると、たとえば、仕事ひと筋できた人が家族のよさを発見し、逆に、家族が大切だといっている人が仕事のおもしろ味を発見したりする。人生というのは非常に豊かで、いろいろな生き方があるのに、案外、みんなはひとつだと思っているのです。

たとえば、「自立」に対して「依存」、「男性」に対して「女性」、「生」に対して「死」、「有」に対して「無」と、相対応する価値はいろいろあります。しかし、へたをすると、どちらか一方に価値をおきすぎている人がある。たとえば、「自立」好きの人は、「依存」はダメだ、俺は依存は全然しないという。「男性」―「女性」でいうと、男のほうがすばらしいと思い込んでいる人は、女性は絶対ダメだといい、女性のほうがすばらしいと思う人は、男性は嫌いだとか、ダメだとか、オオカミだ、といいたくなってくる。

「生」と「死」でいうと、われわれはだいたい「生」のほうに重きをおいていますが、考えてみるとわれわれはみな死ぬのですから、「死」をまったくのマイナスとばかり取り上げるのはどうかと思います。さりとて、「死」がプラスになって「生」がマイナスになると、自殺するよりしかたなくなってきますから、バランスがなかなか難しいのですが、どちらか一方を大きくいうのは妥当ではありません。

「有」に対する「無」の場合もそうです。お金でも、ないよりはあるに越したことはないと思いますが、このごろはお金がありすぎて困っておられる方もたくさんあるように思います。たとえば、土地が急に値上がりして億単位になってしまい、いままではけっしてモメなかった遺産相続でモメて、喧嘩をして殴り合いをしたり、はては殺人事件になることまであります。そんなときに、この家に土地がなかったら、あるいは、この家の土地が一、〇〇〇万円だったら、絶対に喧嘩していないだろうと私は思うのです。そう考えると、〝あるほうがいい〟〝多いほうがいい〟とばかりいえるかどうか。

土地があるということ、お金があるということもすばらしい。しかし、ないということもすばらしい。この両方のなかで人生をどう生きるか、という非常に難しい課題に遭遇しているのが中年であると思います。中年までは、少ないものを多くしよう、お金もできるだけ儲けよう、なんとか家も建てようという考え方で進んできますが、その延長上にずーっと上がりつづけていくことはできない。そうすると、われわれは中年になって、価値の転換が必要であり、いままで自分のもっていた価値と違う見方を取り入れなければならないわけです。

けれども、相対応する価値と価値の間の谷間にストンとエアポケットのように入り込んでしまった人が、そこから出てくるのは容易ではありません。なぜかというと、落とし穴に落ちたときに、いままでの価値観だけにぶら下がっていると、モノが見えないのです。しかし、新しい価値観を開くと、自分のマイナスがプラスに転化する。ここのところに中年の勝負というものがあるように思います。

それは、家庭のなかでも、職場のなかでも、いろいろなかたちであらわれます。家庭のなかでいうと、夫婦のすごい喧嘩になったり不和になったり、夫婦はよくても今度は子どもがいろいろな問題をおこしてくる。あるいは、そこへおじいさん、おばあさんから何かいってくる。また、家庭は非常にうまくいっていると思ったら、今度は職場のほうで思いがけずに転勤などを言い渡される。あるいは、自分はよくできると思っていたのに、案外、上司からの評価はそううまくいっていない、といった具合に、いろいろなことがおこるわけです。それをマイナスと見れば全部マイナスです。

ところが、これが「中年の発達心理学」の入口なのです。ここから本来的な意味の発達、内的な発達がおとずれる。目には見えないけれども、自分の人生をもうひとつ違う目で見る。そうすると、ほかの人の生き方も違う目で見ることができるようになり、いままでよりも人生がすごく豊かになる。

すると、たとえば、あいつはイヤなやつだと思っていた同僚に案外いいところがあるとわかってきたり、自分の部下で、あんな能力のないやつがどうしてこの会社にいるのだろう、あいつさえいなかったら世の中うまくいくのにと思っていたのが、ふっと見方を変えると、能力のないように見えるその部下が、実はみんなが楽しくやることに思いがけないところで役に立っているということがわかってきたりする。

そのように生きていくとき、人生は非常に深さをもってくると私は考えます。

二　男の中年・女の中年

中年の落とし穴の例として、夫婦の問題を取りあげようと思います。実際にあった話をするのはよくありませんので、ＮＨＫの銀河テレビ小説で放映されて非常に印象に残っている『もう一度春』をタネにして話を進めていきます。これは、中年の終わり、定年の夫婦の話です。

そろそろ定年ということになり、しかも末っ子が結婚して、新婚旅行の見送りに行っている。これで、親とすれば、とうとう子どもも身を固めてくれたし、自分たちもいままで働いてきて退職金も入るし、ひとつの目標が達成できたという感じなのですが、新婚旅行に出る息子夫婦を送り、ご主人の益見さんがふっとうしろを見ると、うしろにいるはずの奥さんのりつ子さんがいない。どこへ行ったのかと探すと、りつ子さんは息子夫婦の旅立ちとともに同じ汽車に乗り、ヘソクリと実家からの遺産をあわせた一、〇〇〇万円をもって、いまから自立したいということで出ていったことがわかります。

このような離婚、あるいは奥さんの家出の場合に特徴的なことは、男のほうがそういうことを予想もしていない、ということです。奥さんは着々準備をしているが、ご主人はまったくそれを知らない。この場合もそうで、奥さんは、結局のところは、ご主人に、離婚してほしいということを申し込みます。

出ていったりつ子さんの言い分は非常にわかりやすい。いままでは夫にも仕えてきたし、息子が成長するために一所懸命にやってきた。いわば自分を犠牲にし、自分をないものにして、家族のためにつくしてきた。しかし、このあたりで自分というものを生きてみたい、自分の人生をいっぺん自分で切り拓いてみたい、というのです。

りつ子さんが独りで生きていこうとしているところへ一人の男性が現れます。これはだいたい現れるようになっているといったらおかしいのですが、だいたい現れます。ドラマだから現れたということではなくて、人生というのはそういうものでして、またそこに出てくる男性が、カッコいい人が多いのです。それに親切です。夫で妻に親切にする人は案外少ない。そのときに非常に親切に寄ってくると、紳士だなと思うのです。話をすると、実は自分はこういう仕事をしようと思っているのだが、あなたも一緒にやりませんかという。それには資金が必要で、一、〇〇〇万円あればなんとかできる、という話になります。

そのとき、りつ子さんは警戒心がなく、私が一、〇〇〇万円もっていますからやりましょうというのです。あとから考えると、どうしてあんな男にパッと会っただけで惚れ込んでしまったのだろうとか、どうしてやすやすと一、〇〇〇万円払ったのだろうと思うのですが、これはあとでいうことでして、そのときとしては、ほとんどの人がそれに乗っていくと思います。実は、益見さんのほうも、奥さんに離婚されて一人でうつうつとしていると、やはり女性が現れて、その女性に心をひかれていきます。これはおきまりといっていいだろうと思います。

どうしてこういうことがおこるのかというと、夫婦というのは、毎日毎日一緒にいますと、だいたい何をいうかわかってしまうようなところがあるのです。同じことばかりやっているように思っているときに、まるで違うことをいう人、違うタイプの人が出てくる。そうすると、どうしてもそういう人に目が向いてしまう、ということになります。

夫婦というのは、結婚すると、目標がありますから二人で頑張ります。なんとか家を建てよう、家をつくった人はローンを返そう、子どもを大学に入れよう、というふうに二人で一所懸命に協力している。その協力をしているというのは、昔のチャンバラ映画によくありましたが、自分と味方の二人が背中合わせで群がる敵と闘っている。その間は、二人は顔も見ていないが、相手も頑張っている、俺も頑張っているというのですごい協力をしている。ところが、そこで敵を全部切り捨てて、さあ戦いがすんだというときがたいへんです。戦いがすんでからヒョッとうしろを向き、相手を見ると、へぇこんなやつと一緒にやっていたのか、ということがそこでわかってくるわけです。

つまり、夫婦が背中合わせに協力しているときは、やりやすいのです。ところが、面と向かい合うとなかなか難しい。男と女が面と向かい合って話をするということは、非常に大変なことです。私は、日本人にとって、夫婦が対話をするということはもっとも困難な大事業であると思います。

『もう一度春』の場合、りつ子さんは、ご主人を捨ててすばらしい男を見つけ、二人でこれからすることについてちゃんと対話をしているじゃないかといいますが、あれは対話ではなくて、のぼせているわけです。本当に対話をしたら、実のところは、出てきた男は詐欺師で、一、〇〇〇万円を巻き上げられたことがあとでわかるのです。

そのときにわれわれが注意しなければならないのは、りつ子さんが、すばらしい男性が現れて、この男性となら一生やれると思ったのはいったい何なのか、ということです。この人となら協力して新しい商売ができると思ったということは、りつ子さんの心のなかにそういう可能性があったということだと思います。りつ子さんが〝自分〟をつくってきたけれども、〝自分〟の〝無意識〟のなかから、もっとお前は違うことがやれるんだ、もっとすばらしい相手を見つけて何か自分の仕事ができるんだ、という可能性が出てきたわけです。

その可能性に見合うような人として、岡波という男性が選ばれるのですが、これは非常に注意する必要がある。心の底からの思いが強く上がってきますと、相手の見境なくくっついてしまうのです。これは男の場合も同じです。心の底に出てくるものが大きい場合は、現実のこまかなことを通り越して、あの人こそ私の相手だというふうに思い込みます。この思い込みは必ずしも悪いわけではありません。この思い込みを苦労しながら生き抜いてすばらしい人生を生きた人はたくさんあるわけです。ところが、この場合はどちらも失敗してしまった。それはなぜかというと、思い込みのほうにちょっと傾きすぎたのです。

ともかく、自立したい、信頼できる男性と一緒に生きていきたいというりつ子さんの願いは、岡波という詐欺師によってまったく破られ、一、〇〇〇万円は結局損をした。そして、りつ子さんがうちひしがれた気持でいるところへ、前の夫の益見さんが来て、一、〇〇〇万円取られたのだったら自分の退職金の半分を渡すからなんとかしなさいといってくれ、りつ子さんは非常にうれしく思う。りつ子さんは最後に、私たちはもういっぺん元にかえって夫婦としてやっていきましょうというのですが、益見さんは、そう簡単にはいかない。われわれもお互いに非常な勉強をしたわけだけれども、ここで元へかえるのではなくて、本当にもういっぺんやりたいというときがくるまではもう少しわかれて暮らそうじゃないか、というところでドラマは終わっています。

私は、この終わりをすばらしく思いました。そして私は、ここでりつ子さんが益見さんのところへ帰ったか帰らなかったかということよりも、彼女が自分のした体験をどの程度本当に活かして生きようとしているのかが大事だと思います。

本当の戦い、人生後半の戦いは、いまからはじまるのです。そしてそれは、そう簡単にめでたしめでたしというふうにはいかない。苦しいといえばずいぶん苦しいものです。しかし、価値のあるもので苦しみをともなわないものはないように思います。中年でモノを考えるときに、あまり単純なハッピーエンドを考えないほうが賢いのではないかと私は思っています。中年の課題というのはそういうものじゃないでしょうか。

ここで、もう少し、夫婦の関係というものを見直しておきます。

ものすごく割り切った考え方をしますと、夫婦に似ているところがないと話になりません。お互いにわかり合うところが、二人の関係のベースになるような気がします。しかし、あまり同じだと、わかりすぎておもしろくないというところがある。そういう点で、夫と妻の考えに非常に違うところがあったり、まったく違う観点でモノを見たりしているところがあるので、それをお互いになんとかしようということで発展していく。非常に簡単な言い方をしますと、お互いの似たところが関係を維持してくれるし、お互いの違うところが関係を発展させてくれるといっていいと思います。

ただ、そのどちらを意識するかによってずいぶん違うのです。違うところを意識しだすと、自分のことは全然わかってくれない、こんなわけのわからない者とよく一緒にいたなと思うが、考えてみると、そのような違う者と結婚しているから結婚生活が豊かになっておもしろいわけです。逆に、同じところばかりを意識しだすと、こんなに何もかもわかったらおもしろ味がないと思うのですが、そういうところがあるから二人でいままで生きてきたのです。

だから、そのバランスというか、どちらからみても意味のあるところを、中年になってもういっぺん見直すということが、非常に大事ではないかと思います。これをやらないと、夫婦というのはどこかでつぶれてしまう。あるいは、一緒に住んでいるがほとんどモノをいわない、家庭内離婚というようなことになってきます。

ただし、同じことをいうようですが、夫婦が対話をするということが、どんな難しいことで、どんな大事業であるかを認識する必要があります。そうでないと、夫婦で対話しようと思うがうまくいかないとか、私のことを理解してくれない、ということになってしまいます。しかし、ひとにわかってもらおうという前に、自分はいったい自分のことをわかっているのだろうか、自分は自分をわかるためにどれだけの苦労をしているのだろうか、ということを考えてみる必要があります。自分のことをわかるということを土台にして、相手もわかるわけですから。

中年の夫婦の問題に性《セックス》の問題があります。中年になって、夫婦の性関係がまったくなくなってしまっている人も、わりとたくさんあるものです。もうそういうことには心が向かないという人もいますが、本当にそうなのだろうか。あるいは、これもよくあることですが、中年まで仲がよくて、何も問題がなかった夫婦が、急に性生活がうまくいかなくなったということで、非常に驚いて相談にこられる人があります。そういうときに、自分は中年になってから性的な力が衰えてきたとか、自分は早くも老化しているなどといわれる人がいますが、それは衰えたとか老化したというのではなくて、もうひとつ違う愛、違う性を見いだせるかどうかという段階にきているんだ、というふうに考えるべきだと思うのです。

性的な愛をいうときに、英語を使ってエロスといったりしますが、エロスというのは、もともとはギリシャの神様です。古代ギリシャでは、エロスはわれわれの心の底からワッと揺り動かしてくる力、不可解な情熱としてとらえられていました。それが、キリスト教の時代には、なんとかこの恐ろしいエロスというものを抑え込んでしまって、もうこんなものには人間は動かされない、というふうに思い込もうとしました。

しかし残念ながら、そう思い込もうとしても、『もう一度春』の話でもわかるように、益見さんにしても、ふと見た女性にフラフラと動かされるし、りつ子さんも詐欺師についていくし、なかなか、中年になったから分別がつくなどという、単純なものではないわけです。

そうすると、エロスというものをどう考えるか。今度は逆に、そのエロスを高めて、この愛によってこそ私は高められるし、この愛によって誰かと合一することによってこそ、私はもっとも崇高なものを手に入れることができるというふうになったのが、ロマンチックな愛です。これは西洋にすごく発達しました。しかし、ロマンチックな愛というのは永続性がないものなのです。

だから、ロマンチックな愛がなくなったので、別れて次の愛する人を見つけようというふうにして、三回も四回も結婚・離婚をくりかえしている人がいます。そのような場合、よく見ると、みな同じような人を相手にしている。ロマンチックな愛で結びついたものをもうひとつ超えるということは、たいへんなことなのです。

先ほどの例でいうと、益見さんとりつ子さんは、お互いにいままでとは違う世界を見つけようというときに、もう一段いままでの次元を超えなくてはダメです。そのときに、この人と離婚して次を見つけようとすると、だいたいは自分が変わっていないので、いままでの延長上できているか、あるいは途方もない理想を誰かに投げかけて、結局のところは詐欺師にうまくつかまれてしまう、というようなことがおこるわけです。

それをやめようとするならば、もう一度、なぜこの人と結婚したのか、この人と結婚を続けるということはどういうことなのか、考えてみる必要があると思うのです。そのとき、あんなに理解できないやつはいないとか、私とあの人はあまりにも違いすぎるということがあっても、違うにもかかわらず一緒にやっていこう、違うからこそそのよさを見つけていこうという姿勢がなかったら、愛するということにならないと思います。

そういう態度で二人が向き合いますと、いままでと違う関係が生じてきます。

さんざん闘ったり喧嘩をしたり言い合いをした夫婦が、ふっとそれがわかって、もういっぺんやり直していこう、夫婦というものを考え直そう、といわれたときに、私はそういう方に、新婚旅行には行かれたようですが、今度は再婚旅行に行かれたらどうですかと、よく冗談をいいます。実際に行かれた方もあります。夫婦というものは違うといえばずいぶん違うところもある、わけがわからないといえばずいぶんわけのわからないところもある、そういうお互いが、ここからもうひとつ新しい世界をはじめる。これはやはり結婚するみたいなものです。だから私はそれを再婚の儀式といっているのです。

そしてまた、夫婦というものは、同じ相手と離婚して、再婚して、再婚の儀式を挙げられるとすごくいいのではないか、というようなことを冗談半分にいっています。法律上は離婚も再婚もしないわけですが、心のなかで象徴的に離婚と再婚ということがなされるということです。

なぜ私がこんなことを申し上げるかというと、「死と再生」という言葉があります。これは宗教のほうでもよく出てきますし、私のような仕事をしていてもよく感じることですが、死んで生まれ変わるということです。人間というものは、中年のところでもういっぺんジャンプしなければならないのですが、これはある意味でいうと、青年が死んで次のものに生まれ変わるのだ、という言い方をしてもいいわけです。そういう点で、中年のときに「死と再生」の体験をする。

また『もう一度春』の益見さんを例にしていうと、益見さんだったらこういったでしょう。「自分は何とも思っていないのに、ホッと家へ帰ってきたら、女房から、離婚届にハンを押してくださいといわれたときは、俺は死んだような気になった。命を捨てても惜しくない、自殺しようと思った」と。

これはどういうことかというと、妻というものは自分のいうとおりに動くものだとか、自分は好きなことをしていても妻は何でもやってくれるんだと思っているような、いままでの甘い益見さんはそこで死ななくちゃならない。死んで、今度は違う男性に生まれ変わらないといけない。つまり、益見さんはそのようにして「死と再生」の体験をする。

りつ子さんもまた「死と再生」の体験をしています。いままでの、いうことばかりをきいていたりつ子は死んで、今度、自分が自分の力で生きていくりつ子になろうと生まれ変わるのですが、この生まれ変わる陣痛の苦しみの間に詐欺師が登場します。「死と再生」といっても、死んで生まれ変わるわけですから、なかなか簡単にいかないわけです。

「死と再生」という言い方と合わせていうと、「離婚と再婚」というふうにいえるのではないでしょうか。離婚をして、ほかの人と再婚をして、非常にうまくいく人もあります。しかし、簡単に離婚して、簡単に再婚してうまくいく場合は少ないのです。なぜかというと、離婚にともなう「死」の体験がうまくできていない人は、死んで生まれ変わるのではなく、いままでと同じように甘い気持でいるからです。フワフワと楽しく生きて、誰かいい人がいればいいだろうというような生き方で男女の関係を考えている人はダメだと思うのです。

三　転換期にたつ中年

〝人生五十年〟といっていたころは、生まれてから死ぬまでのカーブはひとつでした。生まれて、頑張って、そしてお迎えがきて死ぬ。ところが、このごろはそう簡単にお迎えもこないので、もうひとつ頑張らなくてはならず、一つの山を越して次の山がはじまる。次の山の仕事が、前にもお話しした人生後半の仕事です。中年を、その二つの山の中間点と考えると、それは転換期の意味をもつことになり、ここでスッと落ち込む落とし穴があるといえるのではないか。

非常にわかりやすいひとつの例をあげたいと思います。

かなり以前のことですが、一流企業の課長さんになっておられる中年の方が、抑うつ症になって全然仕事ができないといってこられました。自分は仕事が好きだったから、会社へ行くのが楽しみで、パッと起きて、スッと電車に乗って勤めに出ていたけれども、このごろは、なぜ俺はいつもこの電車に乗るのか、いっぺん反対方向へ行く電車に乗ってみたいと思う。以前は何の疑問もなしに一所懸命に仕事をしてきたのだが、いまは会社に行くのがつらくてしかたがないし、全然おもしろくない、というのです。

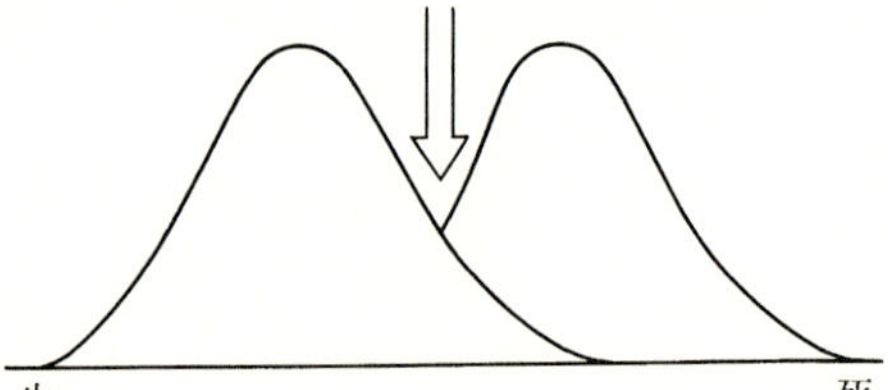

図4 転換期としての中年

聞いてみると、実は、最近課長になった。それですごく張り切って、これからと思ったときにそうなってしまった。自分は、課長としてはもう資格がないから、課長をやめさせてもらおうと思っている。ついにこの間は、とうとう思い切って、「自分は課長としての資格がないのでやめさせてもらう」と上司にいったら、「何をいってるか、君はよくやっているし、いまでもちゃんとやっているじゃないか、そんなことを誰も考えていない」といわれて、とても励まされるのだが、励まされるほど身を切られたような気持になる、といいます。

さらに話を聞いていると、唐突に、女というのは本当にわけがわからないですね、という話になってきます。どういうことかというと、課長になったら、課のなかの一人の女性がきて、自分は隣の誰それさんと座っているのはイヤだから席を替えてほしいという。それを認めると、今度は、その人の横になった人がまたやってきて、私はあの人と座るのはイヤだから席を替えてほしいといいにきた。うるさくなってきたので、イヤな人がきてもしっかりやりなさいといって帰らせると、どうもあの課長は、誰それさんが行ったときにはパッと替えさせるが、誰それが行ったときには替えさせない、ヒョッとしたらあの人が好きなのではないか、といったことをガチャガチャいいだした。人間関係があまりにもうるさいので、自分はいやなんだ、というわけです。

そういう話をずっと聞いていると、なんとなく図柄が見えてきます。この方は、席を替わりたかったらすぐ替われとか、次の人がきたときには、うるさいからやめておけとか、パッパッと割り切ってものごとを考える方なのです。そして、非常に頭の切れる方で、だからみんなよりも早く課長になった。

ところが、本人はそのように割り切っていますが、下にいる部下は、誰それと座ると仕事ができないとか、誰がこっち向いたとかいうことがいろいろある。人間というのは、人情とか、感情とか、気持といったものも動いているわけですが、この方はそれをバッと切り捨てて、いわば、頭で生きてこられたといっていいのではないでしょうか。

そうすると、お前は勉強ばかりしてきたが、これからは、課長になったんだからもう少し人間関係のことも考えなさい、なんていうのは誰でもいえることでして、本人としては、そんなじたばたするバカなことをほうってきたから偉くなったんだ、と思っていますから、感情とか気持を考えるということは、イヤなこと、あるいは、マイナスのことなのです。私は、ともかく、この方の話を何回かじっと聞きました。

ところが、人間というのはおもしろいもので、そういうふうにいろいろなことをどんどん話をしますと、言っている間に自分で反省されるように思います。ここが大事なところですが、いいたいことを話半分で抑えずに徹底して言いますと、自分を少し距離をおいて見られるのでしょうか。あるいは、少し違う見方ができるのでしょうか。

そして、その方が会社へ行くと、課長のつらそうにしている様子がわかる人がいるわけです。そうすると、そういう女性が、机の上に花を活けてくれる。その方は、いままでそんなことは全然気がつかなかったのですが、気持が変化しているので、誰か花を入れているなァというようなことをいうと、〝はあ〟というような答があって、案外、部下は自分のことを考えてくれているんだということがわかるわけです。

そういう調子でモノを見ていくと、今度は部下の女性たちも、課長に対するモノの言い方が変わってきますし、課長も、女性に対する見方が変わってくる。そうしたことによって、その人は、会社へちゃんと行かれるようになります。

私は、だから、抑うつ症の人がこられると、抑うつ症がどうしたら治るだろうということのなかに、この人はいったいどういう仕事をしにこられたのだろうかと考えます。いまの方であれば、非常に簡単な言い方をすると、捨ててきた感情をもういっぺん取りもどすことをしにこられたんだと思っています。それができたときに、その人はそこを乗り越えていくことができる。

抑うつ症の例をあげましたが、中年にはそうしたいろいろなことがやってきます。前に話した夫婦の関係の問題も生じるでしょうし、職業を急に変わりたくなる人もずいぶん出てきます。職業を変えれば、うまくいくのではないかと思うのです。しかしこれも、うまくやり抜いていく人と、失敗になる人があります。

ユングも、そうした転換に失敗した人の例をいろいろ述べていますが、非常に印象的だったのは、ある印刷会社の社長さんです。その人は会社の一番下に入って、営々として頑張り、だんだん上へ昇りつめて、社長になりました。

社長になって印刷会社がたいへんに成功し、何もかもうまくいったなというときに、ふっとその人は思い出します。自分はいまは印刷会社の社長をしているが、実は、中学生のころは絵を描かせたらすごくうまかった。忘れていたが、自分は絵かきになろうと思ったことさえあるんだ、と。それで絵を描いてみると、そこは社員ですから、〝社長、なかなかうまいですなァ〟と、本当は思っていないのですがそういうので、本人もだんだんその気になってくる。その気になるうちはいいが、単なる印刷をするのではなくて、自分の絵を印刷して売ればどんなに売れるだろうと本気で考え、絵を描くことを次の職業にしようとしてしまった。その結果、大失敗をした、というのです。

このことは非常に大事なことです。何か、自分のいままでやっていなかったことがふっとできるような気がする。とくに注意しなければならないのは、地位のある人は、一応みんながお世辞をいうので、それにだまされて思い違いをすると、とほうもないことになります。

先ほど二つの山ということを話しましたが、まさにそのとおりで、何かが達成されたというところに、非常に危険があるように思います。たとえば、ローンを払ってしまったとか、子どもが大学に入ってくれたとか、『もう一度春』のように、子どもが結婚して身を固めてくれたとかいうときです。

いままで何度かふれた抑うつ症は、身分が上がったときになる人がだいぶあります。課長になったので、みんなは〝よかったですね、おめでとうございます〟というが、本人はうつうつとしている。もうひとつ非常によくあるのは、家を建てたときです。

家を建てるときというのは、うれしいのですが、だいたい、自分の思っているとおりには建たないものです。思いがけないところにヘンな失敗があってみたり、思いがけないお金がかかってみたりということがあるのに、まわりの人は〝おめでとう〟というし、こちらも〝ありがとうございます〟とうれしい顔をしているが、皆と会っているときのうれしい感じと、自分が思っている感じとの差が出てくると抑うつ状態がくるのです。

だから、中年期に目標が達成されるというときには、われわれは注意をする必要があります。実は、ある目標が達成されたときには、必ず、次の課題が出てきているのです。課長になったときには、まったく違う次の仕事、つまり、自分の感情、自分の気持というものをどう生きるかという新しい課題がやってきているわけです。それに気がつかないと、もういままでどおりにいきませんから、なかなかうまくいかない。このときに自殺をする方が実際にあるわけです。だから、いまは四十歳代・五十歳代の男性の自殺が前よりもふえてきているのです。

〝違う仕事〟がはじまるときに抑うつ症になられた例をあげましたが、まわりからみると、あの人は気の毒だということになりますけれども、そのノイローゼをバネにしてその人が自分の人生を豊かにすれば、これはプラスだったことになる。そういうところに注目して、エレンベルガーという学者が「創造の病い」ということをいいだしました。病いは病いなのだが、それが創造につながっていくのです。体の病気であれ、ノイローゼであれ、あるいは、事故、たいへんな失敗、災難……、こういうものを全部ひっくるめて、われわれの受け止め方によって、創造の病いに変化していくと思います。

実際にそういう研究をした人がいて、とくに創造的な芸術家などを調べると、中年のところで何かにつまずいている人が多いというのです。私は、夏目漱石の病気などは創造の病いのひとつの典型ではないかと思っています。

エレンベルガーが創造の病いということをいいだしたのも、彼がユングやフロイトの研究をしていたからです。ユングは重い精神的な病いにかかっていましたし、フロイトも相当なノイローゼで、乗り物恐怖症のようなところもありました。そしてフロイトの場合は、自分はノイローゼであるといって、その自分を掘り下げたのです。

ここで大事なことは、マイナスの事柄を創造の病いとするには、マイナスと思っていることのなかに〝意味〟を発見し、また自分自身を掘り下げる必要があるということです。私、私と知ったようなことをいっているが、本当はわからないところがいっぱいある。その私の知らない〝私〟が、病いを通じて掘り下げられる。フロイトの場合であれば、そこで自分の子どものときのことを考え、〝エディプス・コンプレックス〟ということを考えだした。ユングの場合は、自分の体験を考えて、〈無意識〉というのはイヤな面だけではなくプラスの面ももっているとか、〈無意識〉は、個人的なことを超えて、人類につながるような普遍的なところがあるということをいったのです。

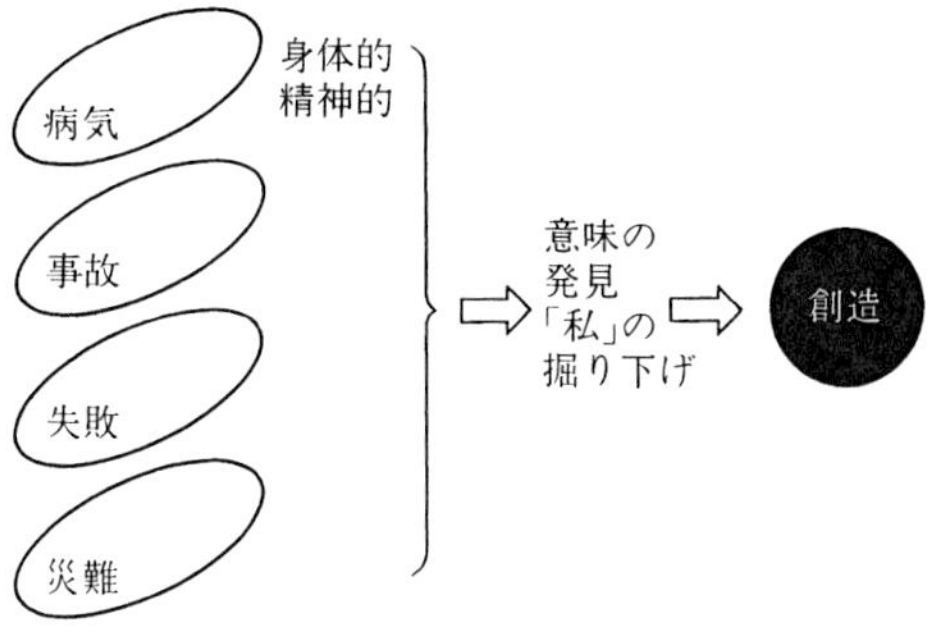

図5　創造の病い

ときどき残念に思うのは、「私の掘り下げ」をせずに「他人の掘り下げ」をする人があることです。たとえば『もう一度春』ではりつ子さんが一、〇〇〇万円をだましとられましたが、こういうときに、へたな人は、自分を掘り下げずに、岡波というやつは悪いやつだとか、世の中にはなんと悪いやつがいるのだろうとか、詐欺師をなくすにはどうしたらいいのだろうというふうに、外へ外へいきすぎて、〝自分〟がお留守になってしまう。そのときに大事なことは、詐欺師に引っかかってしまった〝自分〟というものはいったい何かと、もういっぺん〝自分〟を掘り下げてみることなのです。それが社会や制度の改革につながってゆくときもありますが、それが「私の掘り下げ」を通じてなされるときに意味があるのです。

もうひとつ大事だと思うのは、「私の掘り下げ」と、一般にいう「反省」とは違う、ということです。私は詐欺師に引っかかりました。私はダメな人間です、これから気をつけます、あんな悪いことはいたしません、というのが反省です。それはそこで止まってしまうのです。

そうではなくて、あとから考えれば非常にわかりやすい詐欺師にだまされた〝自分〟というものはどういう人間なんだろう、詐欺師にだまされるということはマイナスばかりだったろうか、自分は一、〇〇〇万円も払ったが、一、〇〇〇万円も払って自分は何を買おうとしたのだろう、あるいは一、〇〇〇万円に相応するどういう授業を受けたのだろう、というふうに、反省を突き破って、そういう自分とは何かという掘り下げをしなかったら、創造の病いにはなりません。

私のところへ相談にいくと、つらさがなくなったり、苦しさがなくなったり、幸福になったりすると思われる方がありますが、それは大間違いで、むしろ逆です。相談にこられるほど苦しみがふえる、荷物がふえる、という感じではないでしょうか。せっかくもっている自分の荷物を、正面からみてみよう、自分の苦しみをもっとまっすぐに体験してみよう、ということになるからです。そうすると、いままで見えなかったものが姿をあらわしてくる。それが、ここで申し上げている創造の病いです。

創造の病いのひとつとして最近よく生じることに、家族関係の問題があります。これも一例をあげましょう。ある男子高校生が学校へ行かなくなります。それで、お母さんが相談にこられる。われわれはすぐに答は出せませんので、お母さんと一緒に考え、その子どもと一緒に考え、ということをするわけですが、この場合はわりと答がうまく出てきました。

お母さんも一所懸命にやられるのですが、子どもがなかなか行ってくれないということで、だんだん疲れてきます。そうなると、ご主人に対しても不満が出てきます。自分はこれだけ子どものことを考えているのに、主人は仕事に行って好きなことをしている、と思ってしまう。実際は、夫のほうは夫のほうで子どものことを考えているのだけれども、どうしていいかわからないのでウロウロしているのですが、そのへんはお互いに話し合いがないので、だんだん、なんとなくお互いに腹が立ってくるようなことがおこってくる。

そうしたある日、いつもだったら夫の帰りを待っているお母さんが、そのときは待たずに、あまり疲れたから寝ようとした。ところが、ふっと考え違いをして、玄関の扉の鍵もかけてしまった。夫が酒に酔って帰ってくると戸が開かない。カッとしてガンガンと叩いて、開けろッと大きい声で怒鳴るわけです。そうすると、登校拒否の子というのは夜中に起きている場合が多く、起きていた息子のほうが開けてくれた。

開けてくれたのだけれども、息子のほうもムシャクシャしていたのでしょう。お父さんが入ってくるなり、〝お父さんはいいなあ、好きな酒ばかり飲んできて〟という。これは、息子にしてみればちょっとあてつけがあったと思います。お父さんは、僕に、学校へ行け、学校へ行け、というが、自分は本当にすごく苦しいんだ、ものすごく苦しくて、行きたいのに行けないこの苦しみをわからずに、お父さんは勝手に何のかんのいいながら、好きな酒を飲んで遅く帰ってきて、しかも、ちょっと戸が閉まっているというだけでドンドン叩いて、いったい何をやっているんだ、という気持もあったと思うのです。

お父さんはものすごくカッときて〝何をいっているか、俺は好きで酒を飲んでいるわけではない〟と大声で怒鳴ったので、寝ていた奥さんもとんで出てきた。

そこで夫のほうがどんな話をしたかというと、お前たちは、自分が酒を飲んできたら、いつも好きな酒を飲んでいると思っているが、それは大間違いである。きょうは自分の同僚がある賞をもらったので、そのお祝いのパーティに出たのだ。ところが、本当のところをいうと、自分がもらってもよかった賞を、いろいろあって、同僚がもらったんだ。これは自分からするとすごく腹が立った。パーティも出ずに怒鳴りたいぐらいの気持だが、職業についている者は、そのときにちゃんと出て、同僚にもおめでとうといい、みんなと一緒に飲んで、〝あいつもよくやったからなァ〟というような話をする。陰ではちょっと悪口もいってみたりするが、一応、自分の社会人としての務めを必死になってはたして帰ってきているんだ。そういうこともわからずに、高校生のお前がどうして父親に向かって好きな酒を飲んでいるといえるのか、ということを正面からいったわけです。

それを聞いて、お母さんのほうがすごく喜びました。なぜかというと、このお父さんは、いま息子にいったような話を家でする人ではなかったからです。いつも黙って帰ってきて、黙って新聞を読んでいた人が、はじめて職場のことをいったり自分の気持をしゃべったので、奥さんは感激し、お父さんの気持がよくわかる、だけど、どうしてそれをいままでいってくれなかったんですか、といいます。

すると今度は夫のほうが、俺がしゃべろうと思っても、お前たちの態度が悪いからいえないんだ、ちょっとモノをいおうと思ってもお前たちは本気で聞かない、という。そしてお母さんも、そんなことはない、聞くつもりなのにあなたがいわない、という。

こうして結局、夫から、お前もちゃんと聞いてくれれば自分はいうんだという話になって、ここではじめて夫婦の対話ができたといっていいと思います。

夫婦が対話をするということは日本では大事業であるといいましたが、この家では、子どもが学校に行かないということがあったために、両親の間に会話がはじまりました。そういうふうに考えると、この子どもが登校拒否になったことは、この家全体のなかの創造の病いであった。つまり、子どもの問題をバネにして、家じゅうの者の対話がはじまった、といえると思うのです。

現代という時代では、どのような家庭でも、何らかの創造の病いに匹敵するような困難なことが家庭のなかに生じてくると思うのです。それを、イヤなことであるとか、つまらないことであると思わずに、正面から引き受けて、このように話し合うことによって、そこから新しい創造ができてくるのではないでしょうか。

四　老いの準備

中年というのは、年をとっていくことの準備期であるともいえるし、あるいはその入口といっていいかもしれません。それを誰しも一番意識させられるのは、体が、いままでと少し違ってきて、変調をきたすようなことが出てくるときです。まず、老眼がはじまります。目がちょっと見えにくくなり、その気でなくても離して見ていたりして皆にわらわれたりする。そして、手足が前のようにうまく動かないということを体験してみたり、四十肩とか五十肩といわれてショックを受けたりする。

そういうことが出てきたときに、非常に悲観する人もあるのですが、考えてみると、年齢とともにそういうことがおこるのは当然であり、そうしたことを通じて、そろそろ私も年をとっていくことの準備をしなければならない、心のほうも準備をしなければならない、というふうに考えるといいと思うのです。

ここで非常に大切なことは、年をとっていくという場合に、急にずーっと下降線をたどることばかりを考える人がいたり、逆に、それがいやだから、なんとかしていままでどおりの若さを保とうと思い、いろいろな薬を飲んでみたり、無理に運動をしてみたりされる方があるのですが、そのどちらも極端だということです。

実のところ、人間は、中年から老年になっても、まだまだいろいろと新しいことができる可能性をもっていると思います。ただそれは、急に運動能力が高まるという意味ではなくて、たとえば、中年なり老年なりにテニスとか卓球をするといったように、自分の体の動く範囲内で、もういっぺん新しいことに挑戦しても結構いけるものである、ということです。あるいは、趣味の世界で、新しい趣味を開拓することもできると思います。短歌をつくるなら短歌をつくる会に入ってもいいでしょうし、五十ぐらいになってから小説を書いてみようと思っても、結構できるのが人間です。

私は、たとえば六十歳になっていても、心のなかには三歳の子どもも五歳の子どももおり、あるいは三十歳の若さも結構もっているところがあると思いますが、自分の体そのものを、そのままの強さでずっと維持しようと考えるのは間違いだと思います。

よく失敗される方は、ちょっと体が弱ってきたというときに、ここで弱っては困ると思って無理に鍛える。無理して鍛えれば、いまよりは速く走れるかもしれませんが、それは何も、いまの自分がよいコンディションで生きているということとは別であって、無理に速く走ったために、かえって心臓に負担がかかって早く死ぬかもしれません。

自分をなんとか強くしておきたい、年寄りはごめんだ、ということから出てくる問題に、私が「健康病」と名づけていることがあります。

健康病というのは、健康ということにこだわりすぎている。それで、この食べ物は健康に悪いとか、健康のためにジョギングをしている、といったところまではいいのですが、その人がジョギングするために家族が案外困っていたり、ジョギングの話ばかりするので同僚がシラけているのに、そういうことも気がつかない。それだけならいいのですが、ほかの人に、お前もやれと勧めてみたり、健康食品などに凝る。あるいは、よく栄養の計算をする人があります。これを食べたらカロリーがどうだとか、コレステロールがどうだかといって、おいしい食事のときにも味のことはなくなってしまい、数字を並べて食べているようなことになってしまう。そういうのを私は一種の病気と考えて、健康病といっているのです。

健康病にかかる人は、だいたい「標準病」にかかります。どこかで標準とか平均というものを聞いてくるのです。そして、私は平均体重に足りないとか、超えているとか、自分のコレステロールは標準値に比べてどうだ、というようなことに非常にこだわってしまう。

考えてみると、何もかもが標準の人などというのは、ほとんどいないのではないでしょうか。標準からズレているところ、離れているところがあるから、個性があるわけです。だから、ある人にとってはジョギングが非常に大事なことになるでしょうが、ある人にとっては、ジョギングをすることはまったく意味をもたないということになる。

健康病になっている人を見ると、私は、体を大切にするということに宗教的情熱をかけておられるのではないかというふうな気さえします。

どういうことかというと、われわれが老いていくという方向を見るかぎりは、その先の死まで見なくてはならない。そうすると、自分の人生観のなかに、自分は死んでいくということをどういうふうに取り入れていくかが重要になる。それをするのは宗教だと私は思いますが、現代の日本人にとっては、どういうふうにそれを求めていったらいいかわからない。自分の心を大事にしたいと思うが、ピンとくるものがない。心のほうでわかりにくくなると、自分の体という不思議なもので、この健康を保つことが大事だというふうに、皆が錯覚を起こしているのではないか。

もちろん健康は大事ですが、死ぬということを忘れてしまったかのごとく、ただひたすら健康でいけば若さをずっと保てるというイメージをもって健康病にかかってしまうと、非常に恐ろしいことになるのではないかと思うわけです。

われわれは自分が年をとるということを考えるとやはりゆううつになります。どうゆううつになるかというと、だんだん何もできなくなっていく自分を思うわけです。

そうすると、何もできなくなったときに、人間はいったいどうしたらいいのだろうということを私はよく考えるのです。そして、つくづく思うのは、いまのわれわれの社会は、何かをすることに重きをおきすぎているのではないかということです。私はこれを「すること」と「あること」という対比でいっています。金儲けをする、仕事をする、財テクをする、恋をする、ゴルフをする、読書をする……、中年の人は頑張っていろいろやっていると思いますが、それに相応する〝ただある〟ということが、これとまったく同等ぐらいの重みをもっているといえるのではないか。

私は、ある種のお年寄りの方を見ていて、そう感じることがあります。たとえば、われわれでも、〝お父さんがいてさえくれたら〟といいます。そのときには、お父さんがいてくれれば何をするというのではなくて、〝父さん〟といったときに〝うん、うん〟といってくれたり、ニコニコしてくれたりするだけでいい。そのときに、お父さんが金をどれだけ儲けてくれたかとか、お父さんがどれだけの家を建ててくれたかということではなくて、ただそこにいるということが重みをもつ。

赤ちゃんがこれに相応するところがあるのです。赤ちゃんは何もしませんが、ただニコッとわらっているだけで、家じゅうの者が幸福な気持になったり、みんなの心があたたまったりするわけです。そういう点で、赤ちゃんと老人とは非常に似通ったところがある。そして実際に、非常にすばらしいお年寄りは、われわれが見ていても、よいほうの意味の赤ちゃんとしての感じを受けるわけです。

中年で〝あること〟の練習はどうするのか。私は、非常に忙しい生活をしていても、ときどきは何もしない時間をもつことが大切ではないかと思っています。たとえば、仕事の合間に何もしないでボーッとしている時間をもつ。誰とも話をしない時間、あるいは話をしていても、お互いに沈黙して二人でいられるような時間をもつ。こういうことが非常に大切だと思います。ところがいまの社会、いまの時代は、それが忘れられて、あまりにも次から次に、何をしていますか、これをしていますかということで追いかけてくる。このことについて反省がいるのではないかと思います。

こういうことをわれわれに考えさせてくれる契機は実際にあるのです。家族との関係にもあるし、職場の関係にもある。それから、自分の体との関係にもあります。たとえば、風邪を引いて会社を休まなければならないことがあります。そうすると、この忙しいときに風邪を引いて、たまらないと思うのですが、考えてみると、それは体のほうが、お前は〝すること〟にちょっと重みがかかりすぎているから、もう少し〝あるほう〟をやったらどうかと忠告しているのではないか。体の病気が、〝すること〟に対するわれわれの評価の高すぎに対して、いっぺんゆっくり休みなさい、そこにただいるというだけでいいではないかということを教えようとしているのではないか、と私は思っています。

中年の者は、「生」と「死」、「すること」と「あること」といったバランスのなかに生きているわけですが、こういうバランスの非常におもしろいあり方や意味を考えさせられたものに、山田太一さんの書かれた『異人たちとの夏』という小説があります。これは映画にもなりましたので、ご覧になった方も多いと思います。

原田という中年の男が離婚をして、高層マンションの一室に住んでいる。この話のはじまりのところが、私は、何か、現代人の生きている姿をあらわしているように思うのです。非常に便利ではあるけれども、ある意味でいうと非常に寂しいところに孤独に住んでいる。

その主人公が街を歩いていると、驚いたことに、亡くなったはずのお父さん、お母さんが出てくるのです。お父さんが「おい」というのでものすごくびっくりするが、ついていくと、街の感じが昔のままなのです。そこは浅草で、お父さんが「ビール飲むか」といってビールを飲ませてくれたり、「キャッチボールでもするか」といってキャッチボールをする。

実はタネをあかしてしまうと、このお父さん、お母さんは幽霊なのです。幽霊でもあまりに迫真力があるので、主人公は喜んでお父さん、お母さんに会いに行く。これも私は非常に現代人の問題を映し出していると思いました。現実のほうは非常に寂しい一人の生活です。ところが、幽霊とのほうがもっと生き生きと人間的な生活をしている。ということはどういうことかというと、われわれが現代の中年を生きているときに、山田太一さんが、主人公と幽霊のお父さん、お母さんとの生活で描写しているような、あたたかく生き生きとした人間関係があるだろうか、ということを反省させられるわけです。

話が横道にそれるようですが、こういうことがありました。ある方が、すごく上等な家を建てた。全館冷暖房つきですばらしい家をつくったのですが、その家に入ってしばらくすると、そこの奥さんがノイローゼになり、新しい家の鴨居から首を吊って死にたいぐらいの寂しい気持になられた。どうしてだろうということで話をしてみると、答は非常に簡単です。全館冷暖房をしてあるので、みんながひとつのところに集まってこないのです。ご主人は自分の部屋に閉じこもるし、子どもは自分の部屋に入ってしまう。奥さんは、上等な家をつくったために、かえっていつも一人でいなくてはならない。みんな勝手に自分の好きなテレビを見ていて、ごはんを食べても、すんだらパッといなくなる。みんなで集まって話をしようといっても、なかなかそのとおりやってくれない。こうしたことがノイローゼの原因だったのです。

われわれの子どものころは、寒かったらコタツのあるところに集まるよりしかたがなかった。火のあるところはひとつですから、集合といわなくても、親も子も皆がそこへ集まってきて、人間が接触して生きていく。そこにたくまずして人間関係ができてくる。

そういうものをわれわれ現代人が失ってきたときに、『異人たちとの夏』の主人公は、むしろ幽霊としてのお父さん、お母さんと心の交わりをする。

そこへまた、もうひとつ幽霊が出てきます。これも先にタネをあかすと、自殺をした女性の幽霊なのですが、それが主人公のところへ訪ねてくる。彼はその人と喜んでいろいろと話をしたり、両親のところへ喜んで訪ねていったりするのですが、外から見ていると、主人公の顔はだんだんあおくなって元気もなくなっていく。エネルギーを何かに吸い取られてしまって、死ぬぐらいの様子になるのですが、最後のところで、彼はなんとかその幽霊たちから逃れることができるのです。

しかし私がここで強調したいのは、主人公が幽霊の女性と、男性と女性としての心のつながりをもつことができたということです。男性と女性が正面から向き合って話をすることは非常にむずかしいわけですが、これもそれをあらわしています。自分の心のなかから生まれてきた女性(幽霊)とのほうが話ができる。

幽霊というと、何かばかげた話に聞こえます。また、私はこのごろ『今昔物語』や『宇治拾遺物語』といった日本の昔の物語をよく読みますが、そこには死んでから地獄や極楽へ行った話がたくさん出てきます。幽霊や地獄・極楽など簡単に信ずることはできないわけですけれども、そういうもののほうが、われわれの心の深いところをどこかつかんで離さない。頭で考えるとそんなものはあるはずがないと思うのですが、私の心の深みから出てきている。そして、私の生きていくことに意味をもっている。そういうものに対して真剣に考えてみることを、私は、「宗教性」という言葉で呼びたい。

たとえば自分の心のなかで非常に寂しい思いをしたならば、誰にもいえないその寂しさを見すえる。あるいは、いままではおもしろかった仕事がトンとおもしろくなくなったことなどというのは、自分では簡単にわからないことですが、そういう不可解なものを逃げずに正面から見すえて、それに当たっていく。これを私は宗教性といいたいのです。

もちろん、それらの背後に、いうなれば、死ということがあると思います。つまり死という、われわれの存在そのものがなくなってしまうことに向き合っていく。こういう意味の宗教性をわれわれが考えなかったら、やはり、老いにいたる準備はできないのではないかと思います。

それにしても、われわれは失敗をせずに何かがわかるということはないと思います。しかし、失敗や災難を創造の病いとして受け止めて、中年を乗り切っていかれたら、それは、次の〝老い〟あるいは〝死〟への準備につながっていくのではないかと思うのです。

中年の危機と再生

中年の危機

人生を生誕より死に到るひとつの軌跡としてみるとき、中年はその軌跡の転回点として大きい意味をもっている。人生の軌跡を日の出より日没に到る太陽の運行になぞらえるならば、中年とは上昇してきた太陽がこれから下降に向かう時点である。それは頂点にあって、既に下降と消滅を内在している。それは下降することによって充足するというパラドックスを生きるための出発点である。上昇と充足が一致する人生の前半は、比較的生きることが容易である。それはありきたりの努力で事が足りる。もちろん、人生の前半の勝負に破れる弱い人たちもいるが、今はそのことは問題にしないことにしよう。ここで取り上げたいのは、少なくとも人生の前半を戦い抜いてきた人たちの生き方の問題である。人生前半の、常に目標を上方に見る生き方に対して、いわば目標を下方に見る人生後半への出発点としての中年は、その個人にとって非常に大きい意義をもっている。しかしながら、中年の男女は、その日常生活における多忙と責任の重さによって、このような重大な転回点の存在を意識することが少ない。これは、人生の前半の落伍者たちが、いわゆる「遊び」の世界に逃避して、仕事の意義を忘れるのと対照的である。中年の人たちは仕事の中に逃避して、あるいは仕事に埋没して内面的な意味に直面するのを免れる。

　中年の意義に目を閉じてそそくさと行きすぎようとする人々の足をとどめ、内省の機会をうながすものがある。それは何か定かではない。しかし、それは巧妙なアレンジメントを行い、多忙な中年の男女に転回点の存在を確認させる。このようなことは、その当人にとって、しばしばいわゆる中年の危機と言われる事件として体験される。外的には事件あるいは事故として映ることがらは、多くの場合、内的にはひとつの警鐘であり、むしろ自己実現へのひとつの布石である。中年の危機としては、いろいろな事件が生じるが、そのなかでもっとも多いと思われる男女関係のことを取りあげてみよう。

　夫は一流会社の社員であり、地道に努力してきた甲斐があり、部長になることができた。四十歳を少し過ぎたあたりで、住宅も持っているし、一人息子は優秀な高校に入学し、一流大学入学のパスポートをすでに手に入れている観さえある。妻は夫の努力を支え、一人息子に対しても仕えるような気持で生きてきた。しかし、このように家庭のことがすべて順調に運んでゆくと、少し外に出て働きたいという気持が起こってきた。給料が目当てではないので比較的自由で興味のある仕事を探し、ある研究所のパートタイムに行くことになった。ところが何と、研究所の近くにある店の販売員の若い男性と恋愛関係になってしまったのである。深入りを重ねているうちに彼女は家を出てこの男性と結婚したいと思うようにさえなったところで、夫が事実を知ったのである。それは、夫にとって全く思いがけぬことであった。

　事実を述べることが目的ではないので詳細は省略するが、このことを知ったとき周囲の人たちは一様に驚き、かつ彼女を非難した。彼女の親戚や友人たちでさえ同様であった。あれほど結構な主人や家庭をもちながら、何を好きこのんで……というのである。ここにひとつの例を示したが、最近このような話に接することが多い。もちろん、男性についても同様である。ただし、昔は男性の浮気と言われるのが多かったが、最近では女性の方の例も随分多くなってきている印象を受ける。このような例の場合、ほとんどの人がこの妻を非難するだろうが、本人に話を聞くとそうとばかりは言っておれない気がする。彼女に言わせると次のようになる。彼女は結婚して以来、夫のために働き子どもを育てることに努力したきた。今、家庭内が安定してきたので、夫といろいろ話合ったり、休日には二人で遊びに出たりなどしたいと思い始めたのに、夫は彼女の気持がまるで解らない。返事もろくにしない。休日には寝ころんでばかりいる。それに反して、若い彼は……ということで、これは夫の裏がえしにした美点をすべて持ち合わせているというわけである。それにもともと自分は浮気の意志などまったく持っていなかったのだが、いかに「偶然に」このようなことになっていったかという点も強調される。このような話を聞いて、私はいつもそれがいかにうまくアレンジされているかに驚かされる。誰がしたというわけではないが、すべてがうまく出来ているのである。

　筆者は職業上このような相談を受けることは多い。そして多くの場合に感じることは、本人の言葉によれば、愛、新しい発見、建設などと結びついてゆく話が、他人の表現によると、浮気、逃避、破壊などの様相を帯びてくるということである。これはおそらく、このような事象が全く相反する二つの判断を許すほど矛盾に満ちたものであるためであろう。真理はどちらか一方に簡単にきめつけられぬところに存在するようである。あるいは、おそらく、どちらも正しいと言ってよいのかも知れない。

　中年の危機は男女関係のこととして訪れてくるとは限らない。家族の誰かの思いがけない病気として現われてくるときもある。あるいは夫が、賭事に打ち込んでしまうこともある。そして、しばしば問題は子どものこととして顕現される。子どもが急に学校へ行かなくなった、成績が著しく低下した、家出をした、などなど、いずれにしてもそれは両親の全く予期しない事件として生じてくる。このようなことを契機として夫婦仲が悪くなるときもある。夫婦が問題の原因をどちらか一方のせいにして争うとき、それは果てることがなく、破壊的なものとなってくる。しかし、逆に、子どもの問題が生じたので夫婦力を合わしてそれを解決しようと努力しているうち、中年の夫婦に起こりがちな愛情の危機を経験しなくて済んだなどという場合もある。つまり一見危機として生じたことが、かえってその後の発展をうながす役割をもったのである。これと同様のことが、夫婦の愛情の破綻として生じてきた事件に対しても言えるのではなかろうか。このような点を検討するためには、この問題を浮気であるかないかと判断したり、あるいはひとつの倫理観やイデオロギーに基づいて、ただちに善悪を判断したりするのではなく、もう少し異なる観点から見る必要があるのではないだろうか。

未知なるもの

人生の前半を太陽の上昇になぞらえたが、確かに、われわれは人生の前半において、おのれの地位や財産を形成するため、上昇への努力を払う。そのためには各人は己れを取り巻く社会や文化によって期待される役割を、上手に果してゆくことが必要である。われわれが一般に、……らしくと表現しているもの、つまり、男は男らしくとか女は女らしくと言われることを遂行しなければならない。言うなれば、われわれは社会に対して自分にふさわしいひとつの仮面《ペルソナ》を形成する。男性は、決断力があり、自信に満ちて大胆で積極的に行動する。これに対して、女性は思いやりがあり、やさしく従順で協調的である。このようなペルソナを形成することによって、各人はその社会のなかで安定した地位を獲得することができる。

ところで、このような意見に対しては、すぐに強い反対が――特に女性の側から――生じるであろう。どうして、女性はやさしく従順でなければならないのか、女性が大胆であり積極的であってはいけないのか……等々。そのような女性にお会いすると、その意見に賛成するかどうかはともかくとして、そのような強い女性がいられるという事実は承認しなくてはならないと感じさせられる。この強い女性に直ちに降参する男性もいるのだから、もちろん、弱い男性の存在も認めねばならない。これらの事実に基づいて考えるならば、一般に思われているほど、男性と女性の特性の差というものは存在しないように思われる。大胆で積極的な女性や、やさしく従順な男性がいても別に悪いことでもないし、不思議でもない。しかし、男女に生理的・身体的な差のあることは歴然としており、心というものが後にも述べるように身体と予想外のつながりを持つ事実から考えて、男女の特性をまったく同じと言うわけにはいかないであろう。男性と女性の問題は大きい問題なので、これ以上ここで深く論じることはできないが、ともかく、可能性としては男性にしろ女性にしろ、一般に言われる男性的特性や女性的特性を相当あわせ持っていることを指摘しておきたい。

　可能性はいかに大であっても、人間は限定された存在として、実際には限定された生き方を選択しなければならない。その上、積極的でかつ消極的とか、自立的でかつ従順であるとか、両者を同時に生きることは非常に困難なことである。社会は各人のペルソナがある程度の統合性と恒常性をもつことを期待している。ペルソナが余りにも変貌するとき、われわれはその人にどのような役割を与えるべきか解らなくなってしまう。かくて、われわれは、男性と女性、その他の地位や職業に応じて、それなりのペルソナを各人にあてはめ、各人はその期待に添って生きることになる。しかし、可能性として存在しながら、生きられなかった反面は人間の無意識のなかに残されたままになる。

　ある勤勉で生真面目な中年の学者が次のような夢を見た。

彼が研究室の方に近づいてゆくと、研究室(三階にあった)の窓から手を振っている人がいる。初めはよく解らなかったがよく見ると、それは見たこともないグラマーの女性であった。彼はそれを見た途端、後を向いて走り、逃げ去っていった。

謹厳な大先生がグラマー女性におびやかされて逃げ出すところは、なかなかユーモラスであるが、いったいこの夢は何を意味しているのだろうか。誰でもすぐ思いつくことは、おそらく願望充足ということであろう。女性関係についても謹厳なこの学者の無意識内にグラマー女性を求める性的願望が存在するという考えである。それも一面の真理かも知れない。しかし、もう少し他の考え方もできる。この豊かな肉体をそなえた女性のイメージは、この学者の干からびた知識と対照的ではなかろうか。彼は多くの知識や経験を乾燥せしめ、水気を抜いた素材を精緻に構築することによって、その学問体系を作りあげたのであり、それが彼の今日の地位を築くこととなったのである。それを干からびた知識と呼ぶのは正しくない。それはむしろ一般的な見方からすれば、見事な知識体系というべきであろう。ただ、彼の内なる女性の目から見たとき、それは干からびたものとして映るのである。

彼が自分の成し遂げた学問的成果に満足しているとき、彼の内なる女性は問いかけるだろう、「そんなことにどんな意味があるの」、あるいは、「そんなことをしていて本当に面白いの」。これらの問いに彼が耳を傾けるとき、彼は不幸な状態に陥る。彼は自分の半生の努力の結果の不毛さや無意味さを痛感させられる。それは恐ろしいことだ。夢の中で、彼がグラマー女性を見るや否や逃げ出したのも真にうなずけるのである。女性から逃げ出すといえば、こんなエピソードを思い出す。これもある謹厳な中年の男性が出張先で、夕食後の散歩をしていた。暫くするうちに何だか雰囲気がおかしいと思う間もなく、彼は数人の女性に囲まれ袖をひっぱられ、必死の思いで振り切って逃げなければならなかった。彼が不慣れな土地でいわゆる赤線地帯にはいりこんでいたことが後で判明したが、どうして、彼は偶然にもそんな場所に踏みこんで行ったのだろうか。

心理療法に従事するものは、内なる事象と外なる事象が思いの他に見事な対応をつくりあげることを知っている。偶然に赤線地帯に迷いこんだ男性の内界に、彼のそのような迷いこみを誘惑した女性が存在しなかったであろうか。始めに例としてあげた女性も、むしろ変なことが起こらないようにと研究所のようなところを探して就職しているのに、近所に居た販売員と偶然に知り合うことになる。本人の意識的努力とは関係なく、アレンジメントは完成される。このように考えると、この例においても、浮気とか性とかの観点だけではなく、彼女の内的な必然性を背負った行動としても理解されるのではないだろうか。

彼女にとって新しく現われた彼は多くの意味をもっていた。彼の示す活動性、明るさ、そして粗野な点までも彼女にとっては魅力であった。それに彼女自身がこの恋愛のなかで、夫に対する時よりはるかに自主的に能動的にふるまっていた。これらのことはすべて彼女の前半生において生きられなかった反面である。学者の夢に現われたグラマー女性が、彼にとって未知の豊かさを示していたように、これらの異性像は測り知れない未知の世界への仲介者として立ち現われているのだ。それは可能性の世界への門戸である。しかしながら、ここにいう可能性とはプラス、マイナス両面の可能性を含んでいる。たとえば、赤線地帯に迷いこんだ謹厳な男性が、そのまま女性の誘惑に乗ったとすれば、それは彼にとって破滅への可能性の道となることもあろう。事実、例としてあげた女性は、過去に積みあげた成果を投げ出して、若い男性との結婚を選ぼうとしているが、われわれの経験が教えるところによれば、それは転落へ到ることが多いのである。彼らの多くはどのような新しい可能性が開かれようとしているかを意識し、自分の過去の経験を基にして、それを統合してゆくことができず、むしろそれに取りつかれ、可能性の世界の爆発的な力によって破壊されてしまうのである。未知の世界にはいろうとする人は、自分の能力の限界を明確に認知していなければならない。

未知の世界へ乗り出すことの危険性を恐れるあまり、中年の人々が既知のものにのみすがりついて生きてゆこうとするのも、むしろ当然であるかも知れない。彼らはそれまでに築きあげてきたものの価値の延長上に、あくなき上昇のカーブを描こうとする。このような人は、バシュラールが皮肉っぽく、「科学における偉大な人間は、その前半は有益であっても、後半生は有害である」(『科学的精神の形成』)と述べた状態に陥ることになる。前半の偉大さをそのまま維持しようとする彼の努力は、彼自身のみならず、他の人々の進歩さえ妨害することになってしまう。中年におけるこのようなジレンマは真に深刻である。未知なるものはしばしば異性の上に投影されるので、男女関係のことを取りあげたが、中年の危機はもちろん他の形態をとっても現われる。中年になって急に職業を変えようとする人、今まで手出しをしていない事業に乗り出す人、趣味や道楽の世界に埋没する人、皆同じことである。

意味の世界

スイスの心理療法家ユングは、彼のもとに相談に来た多くの人が中年以降の人であり、しかもよく適応している人々であったことをしばしば述べている。それらの人はむしろ人生の成功者であった。しかしユングの逆説的な表現によると、彼らは適応していることが悩みなのであった。自分の家を持つこと、老後を保障する財産をつくること、地位の向上などを目標として生きるとき、それが達成されるまでは生きることの意味がはっきりとしていた。しかし、達成された後では、生きることの意味がはっきりとしないのである。それはうっかりすると惰性の人生になりかねない。それまでは、彼らは生きる意味を知っていると感じていた。もちろん、今まで築いてきたことを維持するだけでも相当のエネルギーを必要とするから、そのことにも意味は存在する。しかし、それは惰性的なものであり、そこに積極的な意味を見出すことは難しい。

ある一流会社の幹部である中年の男性が次のような夢を見た。

ある会社(彼の会社ではない)の入社試験に合格する。入社のため父親と一緒にゆくが、夜であった。会社に着いて父と別れると、急に二次試験があると思い自信がなくて不安になってくる。

この夢は、既に一流会社の幹部になっている人が、さらに他の会社に入社しなくてはならず、しかも二次試験に受かるかどうか不安になっている状態にあることを示している。彼は中年になって今まで知っていた世界を離れ、父親とも離れて、夜の闇のなかで未知の世界へはいってゆかねばならない。この夢は、中年の人々に必要なイニシエーション(通過儀礼)の存在を示している。彼は既知の世界では幹部として通用し得ても、未知の世界においては二次試験の不安におののかねばならない。若者が成人になるときにイニシエーションを必要とすることはよく知られているが、中年を過ぎるときにもひとつのイニシエーションが必要である。未開人の行うイニシエーションの儀式において、象徴的な死と再生の過程が認められることは宗教学者の指摘するところである。成人式のそれと異なり、中年における死と再生の体験は、実際的な死そのものに近づいてなされるものだけに、迫真性を増すと考えられる。

日常の生活にもはや意味を見出せなくなったとき、人は非日常的な空間にそれを見出す工夫をしなくてはならない。この世に対するあの世、あるいは常世の国へ渡るためには、人は死を体験しなくてはならない。自分の命を長らえつつ、非日常的な空間を形成する方法を古来から人間はいろいろと案出してきたが、それが前述したように異性に対する投影と結びつくとき、悪名の高い遊廓が出現してくる。そこで非常に大切なことは、その世界をこの世と明白に区別することであった。あの世にはあの世の作法やしきたりがあった。そして、あの世とこの世を簡単に結びつけようとするものは厳しく罰せられたのである。また、あの世において人間の人格の統合がとかく壊されそうになることに対しては、美意識ということによって統合を保つ工夫がなされたとも考えられる。人々は隔絶された世界で、この世ならぬ体験をし、既知の世界に帰り生き続けてゆくためのエネルギーの流通をはかる。これは魂の体験ではあるが、そこにひとつの陥穽をもつ。魂の領域は意外に肉体の領域に近接している。その体験が後者の方に重みづけを持つとき、それは再生につながらぬ死、すなわち破滅の道をたどることになる。制度としての公娼は、それが国や社会によって認められている点において、個人の責任感を稀薄にし、そこに魂の問題を追究するだけの高い倫理観を保たせることを不能にし、堕落の一途をたどることになったのであろう。近代社会がすべてこのような制度を廃止したのは当然のことである。

このことは、近代人の自我は、国や社会による守りや制度に頼って、世界を住みわけることによって人格のバランスを保つことをいさぎよしとせず、自らの責任において日常と非日常、合理と非合理の統合を引き受けようとする倫理観をもつようになったと言っていいと思われる。われわれ人間の意識体系は、むしろ日常性や合理性を柱として構築されている。そこで、今まで述べてきたような人生後半の生き方をわれわれが選択しようとするならば、われわれは自分の意識体系の外にも「意味」が存在することを認めねばならないであろう。換言すれば、今まで無意味として棄て去っていたものにも意味を発見することになり、それは人生の前半において見出された意味を超えるものになる。それは、自分が財産や地位を得るとか、自分が社会にどれほど貢献するかということを超え、自と他、内界と外界、意識と無意識、合理と非合理などに共通する意味を探る仕事であり、これこそユングの言う自己実現の過程なのである。しかし、これは困難と苦しみに満ちた過程であり、相当の決意を要する仕事である。

ところで、われわれが近代になって公娼制度の廃止を決定したとき、むしろ上述のような考察を抜きにして、あまりにも合理的な思考のみに頼ってしまった欠点があるように思われる。女性の人権問題などのことは確かに当然のことであり、これらの合理的な考察と論理がわれわれの決定に役立ったのであるが、それは同時にわれわれ自身の生き方についての相当な改変と決意を必要とすることを忘れしめ、すべてがそのような合理的な割切りによって片づけられるという錯覚を起こさせることになったのではないだろうか。つまり、われわれの決意は、この世のなかにあの世をも混在せしめ、なおかつそこに統合的な意味を読みとろうとする倫理的な決意につながるべきものであった。この点を自覚しないかぎり、われわれの倫理観はただちに崩壊して一面的で弾力性を欠いたものとなってしまう。精神と肉体のダイナミズムに耐えられなくなったとき、両者は極端に乖離して、低級な肉体性の切り売り文化の繁栄をもたらすか、さもなければスローガンという言葉の暴力への固着現象を引き起こす。かくて、ポルノ文化の繁栄を嘆いて、それをまたもや国や社会の力に頼って統制しようとしたりする逆行的な倫理観を生み出してくることになる。

従来、われわれが倫理とか精神とかについて考えるとき、それはあまりにも肉体と切り離されたものとして考え、肉体を不必要に低く見過ぎて来たと思われる。特に肉体性ということをひろく象徴的にとらえるとき、先に示した「謹厳な」男性たちが夢や現実のなかで、それに脅かされていることは非常に示唆的である。夢の中で、一流の学者は肉体的な女性を下から上に仰ぎ見る体験をもたねばならなかった。彼女は既に学者の研究室に侵入して来ているのだ。あの世とこの世は思いのほかに入り混っている。現在におけるポルノの繁栄は、おそらく従来のあまりにも肉体を否定した倫理観に対する補償作用として生じたものであろう。そうして、中年における自己実現という最高に倫理的な問題が、少なくとも外見的には浮気という低級な様相を帯びることの多いのも、このためであろう。これに応じて、肉体性を否定する傾向も極端に強調され——特に女性の心の中に内在する男性はその傾向が強いが——それは実態から遊離したスローガンの狂信という形態をとって現われる。中年の分別も常識も忘れ果てて、正義のために狂奔する人たちも、結果的にはいわゆる近所迷惑を引き起こし、暫くすると熱がさめて消えてゆくという点においては、浮気と同様のことを行なっているのである。結局、われわれはこのような一面的な方向に堕してゆくのではなく、今までいささか栄養不良気味であった精神というものに肉付けを与える努力をしなければならないであろう。そのようにしてこそ、倫理観の革新がなし遂げられるのであろう。

中年の問題が他に脱線した感を与えたかも知れないが、このような問題が実は中年の問題の背後に中核として存在しているように思われる。ところで話をもう少し中年の具体的な問題に引きもどすために、最初に例としてあげた夫婦について再考してみよう。四十歳を越えたあたりで、夫婦は一応の人生の目標に達して、お互いに向き合って話合おうとした。ところが全然話にならないことを——特に妻の方が——発見したのである。彼女は当然新しい相手を求めることになる。中年に到るまで多くの夫婦は、肩を並べて同一目標に向って進んでゆくか、背中合わせになって周囲の敵に対して協同して戦っている。ところが、中年になってお互いが正面から向き合ってみると、いかに二人が未知のものであり、理解し合っていなかったかに気づくのである。そしてその実これはお互いが自分の内面に未知の、理解し難い領域をもつことを意味している。中年の夫婦の会話は、男性の内界に存在する女性像、女性の内界に安住する男性像との内面的な会話を誘発する。生きられなかった可能性は自己主張を行い、各人の既存の価値観に対する強い挑戦を行う。ここで、それら内面のことをすべて、わがこととして引き受け、対立する価値観の統合をはかる努力をつづけることによってこそ、お互いの発達が生じてくる。ところが、彼女がしたように、単に外在化された人物としての新しい彼に一面的によりかかることのみを考えるならば、結局は不幸な結末を得ることになってしまう。それにしても、新しい可能性は既存の価値を強く脅かし、破壊するほどの力をもつので、中年の夫婦が一夫一妻の倫理を堅く守り、しかもお互いの成長を遂げようとするかぎり、そこには象徴的な死か、象徴的な離婚が生じるのを避けられないであろう。そして、その死が再生に、離婚が再婚につながってこそ新しい発展が得られるのである。私は中年の人々の夢分析を通じて、そこに死や離婚のテーマが多く生じることを経験している。中年において、夫婦は同一の相手に対して象徴的な離婚と再婚をなし遂げねばならない。

死にゆくもの

中年における象徴的な死について述べたが、考えてみると人間はすべて死んでゆくものである。われわれが生きているということは、最終的に死につながることを考えると、生きることはすなわち、死につつある経験であると見なすことができる。人生のこのような二面性のなかで、現代の人間は生きることに強調点をおきすぎているると思われる。心理学において「適応」ということが重視されたが、それも、いかに生きるかという点からのみ適応の問題が考えられ、いかに死ぬかという適応観に欠けていたと私は反省している。死にゆくものとしての自分の適応をわれわれは真剣に考えねばならない。

しかしながら、いかに生きるかという側に適応の問題が片よっているのも一応無理からぬことと思われる。それは実際には生きるということがなかなか困難なためである。財産や地位を手に入れるなどと、先に簡単に語ったが、実はこれが大変なことなのである。そのように考えると、先に人生前半の目標として述べたことは、すなわち人生全体にわたることであり、それを追いかけているうちに疲れ果てて老いと死を迎えるということもあるわけである。このような場合は敢えて死にゆくものとしての適応など考える必要がないかも知れない。それに考えてみれば、財産にしろ地位にしろ高くを望むならば、ほとんど限界を知らないことである。中年になっても、なお若く強く、いや老年になってもなお若さを保ち、若者に負けないように高い望みをもって努力する。これが今一般に考えられている中年や老年の望ましい生き方である。若さを保つための薬も売り出されているし、健康法もいろいろと発表されている。身体の健康を保つための人々の努力は、一種の宗教的情熱をさえ感ぜしめる。これも、従来の宗教が精神の肉体に対する優位を強調し過ぎてきたことに対する補償作用であろうか。それはともかく、中年から老年へと、あくまでも上昇を願う生き方は成功するであろうか。これに対しては、近代の科学は未だ不老不死の薬を発見していないし、今後も簡単には見つかりそうもないことを指摘しておかねばならない。

ここで誤解のないように言っておかねばならぬことは、何も筆者は中年頃より生きる力を失うことや、いわゆる老いぼれてゆくことを奨励しているのではないことである。確かに、今まで述べてきたような生き方は、中年において価値の転回点を迎えるため、死にゆくものとしての自分に主軸を置くとき、生きてゆくことは一種の余技としての意味をもつことになる。ところが、一般に重視される仕事や地位、財産などのことが余技として観ぜられると、不思議なことに、それは従来以上に円滑に運んでゆくのである。その人は内面的な下降の道を一歩ずつ踏みしめてゆくが、肉体や能力などは逆になかなか衰えない。もちろんそれは中年に到るまでの衝天の勢いとは異なるものである。しかし、仕事を余技としてみる余裕が勢力の弱さをカバーして、おそらく今までと同等、あるいはそれ以上のことをなさしめるのであろう。下降の道を踏みしめつつ、その過程を意識化する努力は、その人を異なった意味での上昇に導くというパラドックスが、そこに働くのであろう。

中年という転回点に立って、今後に訪れてくる老いと死に想いを致すとき、われわれはそれに対する準備を考えねばならない。老いてなお、生きることの苦しみを味わうことは耐えられぬと思うとき、われわれは老後の設計として、経済や医療などの心配が生じないようにしたいと思う。子どもたちの成長のために努力して、老いてからも子どもの不幸によって苦しめられることのないようにしておきたいと願う。このようにして、もし生きることの苦痛をすべて除くことができたとすれば、われわれは老いてから死にゆくことの不安や恐れともろに直面することになるのを覚悟しておかねばならない。私はこのことから、老人に医療や経済の心配をさせるべきだなどと主張したりはしない。むしろ、そんなことはさせるべきではない。ただ、われわれとしては、そのことによって老人の苦悩が簡単に軽減されるものでないことをよく知っておかねばならない。それは別種の苦しみを老人に負わせる。そして、それは人間の一生としてはむしろ望ましいことであろう。生きる苦しみに忙殺されているうちに死を迎えるよりは、死をはっきりと受けとめてゆく方が本来的かも知れない。

働きに働き、苦しみに苦しんで疲れて死んでゆくのもひとつの一生である。そこには、死んでゆく恐れや不安は殆んどないであろう。そこには「自然の知恵」がはたらいている。われわれが老後における生きてゆく苦しみを軽減しようとするとき、それは自然の知恵に対する反抗を意味している。それではわれわれは自然に頼らず、

「人間の知恵」によって死んでゆく準備をなし得ているであろうか。現在の日本の一般的な状況では、中年の男性たちはあまりにもあくせくと働かされているので、老いて後に「自然死」を迎える人もなお多くあろうと思われる。これに対して、女性の家事労働の軽減と意識の高揚は、老後において「自然死」を迎えるにはあまりにも剰余エネルギーを持ちすぎているという状態を生ぜしめるのではないだろうか。それに、その剰余エネルギーを嫁いびりによって消費させる方策も今後は余り成功を期待できないとするならば、女性の老後の問題は男性のそれよりも深刻なことになるとも予想される。この点から考えると、わが国における今後の意識変革の主体は女性の手に移るのではないかとも予想されるが、それは今後に残された問題ということになろう。それはさておき、われわれが老後のことを考えるとき、生きることに重点がおかれすぎていて、死にゆくことの準備があまりにも手薄なことを反省すべきであろう。世界の平和とか自由平等とか、現世に生きるための神話をわれわれは豊富に持っているが、死後の生活のための神話はあまりにも貧困なのである。人生の後半において、われわれは死後の生命についての神話を見出す努力を払わねばならない。このように考えると、死にゆくものとしての生活設計は中年より既に始まっており、この点についての周到な準備なくしては、われわれは意味のある老いと死とを迎えることができないであろう。

老人の知恵

――物語に見る老賢者と老愚者

老賢者――とりかへばや物語から

老いることは、現代に生きる人間にとって大きく困難な課題である。そのときに「老賢者」というような言葉を聞くと、心が安まるような気がする。老いを迎えたとき「賢者」として他に遇されるなら、どんなにすばらしいかなどと思えてくる。しかし、このことは老いることがすなわち「賢者」になることを意味していない。やはり老賢者になるためには、老いているのみではなく、それ相応の条件がある、と考えるべきであろう。

それでは老賢者とはどのような老人を意味するのか、それについて、わが国の中世の物語『とりかへばや物語』の中に語られる老賢者について考えてみよう。『とりかへばや物語』は、平安朝末期に書かれた物語で、主人公の男性と女性の姉弟がその性をとりかえ、男性は女性として、女性は男性として育てられるという特異な話である。これについては、男性と女性という点に焦点をあてて、すでに書物を書いたが、今回はその物語の中の老賢者について特に論じてみたい。

この物語で老賢者と見なされるのは、吉野の宮といって、先帝の第三子で唐に遊学、唐で結婚して娘二人ができたが、妻が死亡したために帰国した人である。

彼は帝位を狙っていると誤解されたので、それに巻きこまれぬようにと出家して、吉野の山奥に娘二人を連れて隠遁生活を送っている。現代でいえば、老人というほどの年齢でもなかろうが、当時の人の感覚や、隠遁していることなどから考えて、老のイメージを当てはめても無理はないと思われる。吉野の宮は自分は俗世間の栄誉を捨てて、吉野に籠っているが、二人の娘たちには、京都へ出て生活をさせてやりたいと思っている。

主人公の姉君は男性として育てられていたが、結婚もさせられ大将になる。姉君の友人の中将(官位は変化するがこう呼んでおく)が姉君の妻と密通して妊娠する。姉君は妻の妊娠を知り、世をはかなんで出家しようとして吉野の宮を訪ねる。吉野の宮は姉君の人相を見て、女であることを悟ったかどうかは定かではないが、ともかくいまは不幸でも、将来は人臣として位を極めるほどになるからと言い、出家を思いとどまらせる。吉野の宮の姉娘は大将を好ましく思い、二人は歌を交わしたり、ともに音楽を楽しんだりする。

中将はそのうち姉君が女であることを知り関係を結ぶ。姉君が妊娠したので説得し、夜の闇にまぎれて連れ出して宇治に住ませ、姉君は女性の姿に戻る。大将が失踪したので都は大騒ぎになるが、それまで女官として東宮(女)につかえていた弟は、思い切って男性に戻り、姉を探すために旅に出る。

弟は吉野に行き、そこに来ていた姉からの手紙ですべてを知り姉を訪ねる。姉は子どもを出産していたが、自分のかつての妻をはじめ、あちこちに女性関係のある中将にあきたらなく思っている。

そこで弟は姉を連れ出して吉野に行き、そこで考えた末、姉と弟が役割を交換して、それぞれがもとの職にかえっていくことにする。つまり、弟は大将になるし、姉は東宮の女官になるというわけである。これがうまく成功して、後はめでたしめでたしの話になる。そのときに、弟は吉野の宮の姉娘を奥方として京に迎えるが、吉野の宮は妹のほうもともに京に出て、後の幸福はまちがいないと知ったとき、自らは山の奥へと身を隠してしまう。

長い話のごく要点のみを示したが、この物語における吉野の宮の役割について、理解していただけたことと思う。若い姉と弟がいろいろと苦労を重ねたあげくに、最後は幸福な結末を得る。その間に二人は、京都、宇治、吉野の間を往復して、多くのことを体験するが、物語の全体を通じて、吉野の宮はずっと動くことはないし、それほどの「活躍」をしたわけでもない。しかし、物語全体の展開のためにはなくてはならない人、というよりは、この隠者こそが、話全体を陰から動かしていたのではないか、と思われるのである。

老賢者と俗世界

そこで、このような老賢者の姿を、この物語に示されていることに従って考えてみることにしよう。まず彼が中国に行き、そこで多くを学んだことが語られる。彼が中国で学んできたという事実は、一般に日本で知られていることとは、格の異なる知識を身につけているという意味合いをもっている。老賢者とされる人がなんらかの特別な修行をしたり、特別な知識や秘法を身につけていると言われることは多い。ただ、単に年を取っている、というだけでは駄目なのである。

次に大切なことは、吉野の宮が帝位を狙っていると誤解されることをおそれ、俗世界を離れて隠遁している事実である。やはり、俗世界とかかわっていると、それにまどわされてしまうのであろう。ここで興味深いのは、吉野の宮も最初から俗事にまったく関係がないのではなく、二人の娘は京都の俗な世界に送り出したいと願っていることである。最初に姉君が男性の姿で吉野を訪れたとき、吉野の宮がそれを見破ったかどうかは述べられていない。しかし、姉君を男と思って恋していく吉野の宮の姉娘の振舞いを、そのまま許容しているところから見ると、吉野の宮も姉君を男と思い、その関係で娘が京都に出られるようになれば、と願ったのではなかろうか。結果的にはこのことは、姉と弟のとりかえで成就するのだが、このときは、娘を京に出したいという俗事にかかわる欲望があったので、姉君の男装が見抜けなかった、と考えてみるのもおもしろい。

老賢者と見なされている人が、俗事に心を動かされたばっかりに判断力が狂ってしまう、ということはよく語られる事実である。それは俗事に対する判断ができないというのではなく、自らの利害関係がからむと、判断が狂うということである。

吉野の宮が吉野という場所に住んでいることも重要である。住んでいる場所そのものが意味をもっている。『とりかへばや物語』を読むと、京都、宇治、吉野という三カ所が実にうまく使いわけられていることに気づく。京都は俗世界の中心である。そして、京都の中では政争や男女の関係が日々様相を変えて生じている。宇治は京都から日帰りできる距離にあるが、少し離れていて京都の目が届きかねるところである。

したがって、姉君が中将に説得されて隠れ、女に戻って出産しても京都の人には気づかれない。しかし、吉野はそれよりも京都からもっと離れており、日帰りはできないし、山の中である。当時の感覚からすれば、それは実に奥深い山の中と思われていたことであろう。そのような場所から吉野の宮は一歩も出ない、というのも特徴的である。その場所が「聖なる地」としての意味を帯びてくるのである。

老知は場所に結びつく

老賢者は、このような特定の場所と結びついており、そこへ達するにはある程度の時間がかかるという場合が多い。吉野は日本の歴史の中でも文芸との結びつきの点でも、それ以後、重要な地になってゆくが、吉野の地のもつ特性が、そのような意味を帯びているのであろう。特定の場との結びつきというのは大切な要素である。

これと同様の考えであるが、様相としてまったく異なる現れ方をするのが定住地をもたずに漂泊する老賢者である。これは特定の場所に結びついているのとは逆であるが、それはそもそも日常世界に定住地をもたず、他の世界(そこに彼は結びつきをもつ)から来たと考えられるのである。したがって漂泊しているのではあるが、奥底では特定の地(他界あるいは異界)と結びつきをもっていると考えられるので、これも根本の考えは同一と見ていいであろう。

この物語において、吉野で行われた大切なこととして、姉と弟との役割の交換ということがある。このことは誰も考え及ばない秘密である。大将が失踪したとき、彼(彼女)を連れ出した中将は、自分こそ重大な秘密を知る唯一の人と思い、ほくそ笑んでいたのではなかろうか。彼は姉君(大将)ともその妻とも関係をもち、他にも女性との関係があり、大いに「活躍」しているのだが、吉野で行われた姉と弟の変換という重要な秘密を知らぬのでとまどってしまう。つまり、吉野の隠者の知っていることは、通常の秘密とは次元を異にしているのである。このことも老賢者の特徴であろう。

最後に、娘たちが京都に行くことになり、すべてはうまく収まるというときに、吉野の宮は山奥へと姿を消してしまう。つまり、俗世界とのかかわりをまったく断ってしまうのである。老賢者はあまりにもすべてを知りつくしたとき、俗世界との縁が切れる。つまり、その知恵をこの世に生かすことはできなくなる。これも大切な事実ではなかろうか。

老愚者――落窪物語から

老人がすべて賢者であるわけではない。物語の中に出てくる老人は、まったく普通の人間の場合もあるし、むしろ世間の笑い者となるような愚かな者もいる。多くの物語の中で「老賢者」のみではなく、「老愚者」も活躍している。

典型的なもの笑いの種になる老人として『落窪物語《おちくぼものがたり》』の中の典薬助《てんやくのすけ》をとりあげてみよう。『落窪物語』は『源氏物語』以前、十世紀に書かれた作品である。この作品の主人公の女性は貴族の娘であるが、継母にいじめられ、家の中の低い座敷に住まわされているところから「おちくぼの君」と呼ばれている。

この女性を恋する若いすばらしい男性が出現するが、二人の仲を知った継母は大いに怒り、おちくぼの君を物置のような部屋に幽閉してしまう。そして、継母の叔父で六十歳になる老人の典薬助に、おちくぼの君を好きなようにしてよいと言う。典薬助は「口は耳もとまで割けるほどに」笑いを浮かべ喜んだ。

典薬助は物置の鍵を北の方(おちくぼの君の継母)から受け取って、夜になると入りこもうとする。おちくぼにつかえる阿漕《あそう》はそれを防ごうとして、戸に棒でつっぱりをしたりして、開かないように工夫しておく。典薬助はなんとか戸を開けようとするが、うまくゆかない。なんとかなるだろう、と戸口の板の上に座っていたが、ひどく寒い冬の夜で身もすくむほどになる。

典薬助は腹をこわしていたので、冷えこんで腹がごろごろ鳴りだした。ついには、「強いてごぼめきて、ひちひちと聞ゆるは、いかなるにかあらむと疑はし。かい探りて「出でやする」とて、尻をかかへてと戸惑ひ出づる心地に」なって退散。袴をよごしてしまったので、洗濯に夢中になっているうちに疲れて眠ってしまい、おかげでおちくぼの君は難を逃れることができた。

結局は、おちくぼの君を恋人の貴族が救い出すのだが、北の方はおちくぼの君が典薬助に手ごめにされたと思っていたのに、失敗したと知りますます腹を立て、彼を呼び出して詰問する。典薬助は弁解がましく、当夜のことをくわしく話し、自分の怠慢ではないと言って抗弁する。なにしろ、爺さんが下痢をしてしまって洗濯などしている話なので、北の方も怒ってはいるがおかしくて仕方ない。ましてや、回りで聞いている若い女房たちは死にそうなほどに笑いころげる。北の方は「もうよいから退出しなさい。本当に頼みがいがない」と言うと、典薬助はますますむきになって、「一所懸命に努力したのだが、年寄りとして情けないことに粗相をしやすく、自然に下痢をもよおしたのだから仕方がないじゃありませんか」と腹を立てながら退出したので、女房たちは大笑いをする。「いとど人笑ひ死ぬべし」と原文には書かれている。

自然に従うということ

ここでもの笑いの対象とされている、愚かな老人は、その根本に「年甲斐もなく」若い女性をわがものにしようとして出かけてゆくという行為がある。多くの喜劇の中で老人が笑いものとなるのは、彼が年甲斐もなく、女、財産、地位などを狙って、あわよくばとばかり張り切るものの、見事に失敗してしまう、という場合である。

『落窪物語』の場合でも、典薬助が北の方にそそのかされて、若い女性をわがものにできると思いこみ、勢いこんでゆきながら失敗をしてしまう。しかも、そこに「下痢」などという思いがけない伏兵が現れてくるところが、なんとも滑稽なのである。

しかし、ここで興味深いのは、彼がおちくぼの君を狙って物置に迫ってゆくとき、「力強い」若い恋人が現れて、彼をたたきのめしてしまう、というように、「老」と「若」の対立の構図をとらないところである。老の愚かさが若との対比によって語られていないところに味がある。

ここで典薬助は、若者の強さに負けたのではなく、下痢という自然現象に負けたのだ。しかし、考えてみると、自然に従うなどということは、むしろ「老人の知恵」に属することではないだろうか。若者は頑張ればなんでもできるように考えるけれど「自然には勝てない」などというのは、むしろ老人なのではないか。

こんな観点からすると、愚かな老人の典薬助の話は、別に老の本質が愚かであるといっているのではなく、老人でありながら老人の知恵を忘れ、若者のようなことをしようとする点が、愚かと見なされていることがわかるのである。

老愚者と現代のボケ老人

それでは、現代のわれわれの身近に多い、いわゆるボケ老人はどうであろうか。現代に生きている人で、ボケ老人の実態を知らない人はまずないであろう。実際に自分の近親者にボケ老人がいて日夜苦労をしている人もあろうし、そのような直接的経験はなくとも、ボケ老人について、見たり聞いたりする機会は多いことと思う。

ついさきほどに経験したことを忘れてしまう。食事をしたことを忘れて、もう一度食事をしたがる。もっとひどくなると、近親者の顔も忘れてしまう。自分の子どもたちに対しても「どなたでしたか」などと言ったりする。あまりのことに聞いていてもあきれてしまうときがある。ときにそれは滑稽なときもある。しかし、ボケ老人の話を聞いて、典薬助の話を聞いたときのように「死ぬほど笑う」ことなどできるだろうか。そもそも、現代のボケ老人を老愚者と呼んでいいのだろうか。

ボケ老人と典薬助との間には明確な差がある。後者の場合、その話を聞いて愚かさを笑う人は、「俺なら、そんなことはやらない」という気持がある(もっとも実際のこととなるとわからないが)。それに対して、ボケ老人の話は、ひょっとして自分もなるかも知れぬという恐れを感じさせる。典薬助の場合、自分がそのような状況に置かれたとしても、意志の力で愚挙を避け得ると一応考えられるが、ボケ老人の場合は、もし自分がそうなったとすると、意志の力も何も及ばない。そうするより仕方がないのだ。したがって、それをことさら「愚者」などと呼ぶのは当たらない気がするのである。

このように考えてくると、昔にくらべてボケ老人の数は急激に増えたけれど、老賢者も老愚者も少なくなってしまった、と感じられるのである。老愚者もよく見てみると、老賢者に通じているようなところがあり、ともかく、日常のありきたりの枠を破ってみせてくれるところがあったが、それらは急激に減少してしまった。端的に言うと、世の中がオモシロクなくなってきたのだ。いったいどうしてこんなことになってきたのだろう。長寿社会という言葉もあるように、人間が昔から望んでいた長寿ということを先進国の人々は手に入れたのだが、それは老人にとっても、なんとなくオモシロクなくなるという、大きい犠牲の上に立ってなされたような気さえしてくる。これはどうしてなのか、それを変える道はあるのか、という点についてしばらく考えてみたい。

現代と老人——計量不能な価値の再生へ

最初に老賢者の要因となるようなことを『とりかへばや物語』の吉野の隠者を例として考えてみた。一般と格の異なる知識をもっている、俗世界と縁を切る、特定の場に住んでいて動くことがない(逆に漂泊の場合もあるが)、などのことを考えてみると、どうもこんなのはいまどき成立し難いことがよくわかる。

老人のもつ「格の異なる」知恵は、個別の人、個別の場、個別の状況と結びついたものである。しかし、現代、先進国と言われている国の人々の追究している知は、普遍性、客観性、合理性などをその条件にしている。その人のもつ知は、非常に高いものであるにしろ、一般の人に通じる普遍性をもたねばならない。

そのような知がテクノロジーと結びつくと、誰がしても言われたとおりの方法を正しく行う限り、望ましい結果が出てくることが期待される。そのような方法を駆使して、たしかにいろいろな「進歩」をなし遂げてきて、その結果を享受しているのが現代人である。そのことによって、われわれは「より早く」「より大きく」「より多く」などのことをなし遂げてきた。

「進歩」を大切にする限り、それは以前より進歩したことを、明確に示せるものでなくてはならない。したがって、進歩を計量して示すことが重視されるのはいいとしても、それが強くなってくると、計量されないものは価値を認められない、あるいは、極端なときは計量されないものは「存在しない」とさえ思われるようになる。しかし、老賢者の知恵はまさに計量できないことにかかわるのではなかろうか。老賢者の知がだんだんと進歩していくなどということが考えられるだろうか。

老賢者は俗世界に関係ない、と述べた。しかし、現代においてはその俗世界こそが大切なのではなかろうか。社会的地位、財産、体力など単純に「計算できる」ものによって、人間の価値を測ろうとする。男女の関係ということには、計量不能な因子がかかわるはずであるが、これに対してまで、相手を計量できることによって、社会的地位、財産、身体的特徴などによって価値づけようとする。

そのような意味で、価値あるものを手に入れようとする競争に敗れたものを敗者と規定するような考えに、すべての人がなっていくとすると、老人は敗者にこそなれても賢者になどなれるはずがないのではなかろうか。

老人でもすばらしい人がいる。しかし、そのような人のすばらしさは、老人であっても若者に負けないように頑張っている。あるいは、高い地位や権力などをもって、それによって価値があると判断されているのである。これらは、老人そのものの価値ではなく、若者の価値を老人になっても保持したり、拡大したりしているから偉いと思われているわけである。

したがって、そのような「偉い」はずの人が無理をして自分の権力や地位を守ろうとして、一瞬にして愚かさを示すことが起こる。そのような意味では、現代でも新聞紙上に「老愚者」の姿を見出すことはできるが、それらは「自然」の状況とあまりに離れているので、滑稽を感じさせることが少ないのは残念なことである。

社会全体の体制ががっちりと出来上がり、その中で計量可能な価値を求めて、全員が競争するとなると、若さの保持に成功しない老人としては、まったく立つ瀬がなくなってくる。

ここで老人が少しでもその知恵を働かせ、強固なシステムと戦おうとするならば、残される道はトリックスターとして生きるより他にはないようにも思われる。そのような見事な例を示してくれるものとして、『ダニエルばあちゃん』(エチエンヌ・シャティリエ監督、一九九〇年製作、フランス)という映画をあげることができる。

ダニエルばあちゃんの反逆

ダニエルばあちゃんは、遠縁にあたる中年の夫婦と同居することになる。いくら競争社会とか現代社会とかいっても、そこには慈悲心もあるし思いやりの心もある。この中年の夫婦はどちらも忙しいのだが、なんとかばあちゃんに心地よくしてもらおうとして、相当な努力を払っている。しかし、ダニエルばあちゃんのほうは、その裏をかくように、裏をかくように行動し、二人の善意を踏みにじっていく。ときには適当に「ボケ」を武器にすることもある。ともかく、小気味よいと言いたいくらい、ダニエルばあちゃんのいじわるは成功して、中年の夫婦はふらふらになる。それを見ていて、観客のほうはダニエルばあちゃんに知らず知らずに加担して、喝采を叫びたいような気になってくる。これはどうしてだろうか。

中年の夫婦はダニエルばあちゃんに何かと気を遣う。しかし、それはいわゆる「腫れ物にさわるような」気の遣い方である。それは、彼らの人生観、つまりこれまでに述べてきたような計量可能なものに価値をおく人生観に従うとき、ばあちゃんはすでに敗者として位置づけられているのだ。ただ、ばあちゃんが死んだときに入ってくるはずの遺産は、はっきり計量できるものとして価値をもっている。

しかし、それはばあちゃんが死んだときにこそ価値をもつもので、現在生きているばあちゃんの生は、彼らにとって価値のないものだ。そこで彼らの扱いは矛盾せざるを得ない。ばあちゃんは対等の存在として敗者ではあるが、ある程度大切にしないと、遺産まで来なくなってしまう。どうしても「腫れ物にさわるような」接し方になる。

その点をばあちゃんはよく読んでいるのだ。中年の夫婦にすれば、われわれがこれほど親切にしているのにとか、こんなに気を遣っているのに、と言いたいところだろうが、ばあちゃんからすると根本が狂っているのだから、対応する側も狂ってこざるを得ないというところだろう。ばあちゃんがいじわるの限りを尽しても、中年夫婦たちは遺産の価値という歯止めがかかっているので、どうしようもない。

そこへ、若い女の子がパートタイムで雇われてくる。ばあちゃんは早速嫌がらせをはじめ、寝台に水をまいて夜尿をしたように見せかける。ところが、女の子はそんなのはすぐ見破ってしまい、馬鹿なことをする、と言ってばあちゃんに平手打ちを喰らわす。ばあちゃんも負けていずに頑張るが、女の子も引き下がらず、ふたりは何かと争いをする。

ところが、ばあちゃんはこの女の子を好きになってくる。その秘密はなんだろうか。それは彼女がばあちゃんを「対等の相手」として見ている、ということだ。そこにはなんの計算もない。それこそばあちゃんの望んでいた人間関係なのである。ばあちゃんのいじわるが成功するたびにこちらが嬉しくなるのは、「計算ずくめ」にがっちり出来上がって見える近代のシステムが、それによって多少とも壊されるのを、どこかでわれわれが痛快に感じるからではなかろうか。普遍的、客観的に正しい規格に関係なく、ひとりの人間が生きていることを実感させられるから、嬉しくなってくるのである。

死んだふりをする知恵

以上のような考えに従ってみると、現代社会において老人の知恵を働かせることが非常に困難であるのがわかる。しかし、それは不可能でもないし無価値でもない。というよりは、この硬直気味の現代社会システムを少し活性化しようとするならば、老人の知恵はいまこそ必要とも言えるのである。さりとてダニエルばあちゃん的なトリックスターを生きようとしても、早晩に社会の力に押しつぶされてしまうであろう。その破壊力を恐れての社会からの反撃は、非常に強いものとなるだろう。

そこで、まずこれまで述べたような現代社会の状況をよく把握し、「老人になったら」と言いつつ、若者の価値観の延長上に自分の人生の幸福を築くようなことはやめ、少し身を退いてものごとを見る練習をすることである。日本には「定年」というよい制度があるので、それを生かすことである。「定年」というのは一種の死であるから、定年近くには「死んだふり」をしたりして、若者の生の筋道ではなく、死のほうから人々を見たり、社会を見たりすると、それまでとは相当に異なる風景が見えてくるはずである。

「お前たちは間違っている。俺にこそ真実が見える」などと叫ぶと、笑いものになるか、排除されるかぐらいのことになるので、二重映しに見える現実を両方ともに見ていると、ときどきは若者たちを感心させたり、驚かしたりできるようである。

この二重映しの現実に耐えながら狂わずにいるのは、やはりある程度の訓練がいるので、老年といわず中年から少しずつはじめたほうがいいように思われる。それを積み重ねていると、現代社会でも少し老人の知恵を生かして生きてゆけそうにも思われるが、それも「ボケ」に襲われると、ひとたまりもないのかもしれない。

死ぬとはどういうことか

人間の生について考えるためには死について考えねばならないし、死について考えることは生についての考えを引き起こす。この両者は分ち難く結びついていて、一方を忘れて、一方だけを考えはじめると不毛になることが多い。生のことを忘れて、「死とは何か」などと論じても、意味のある答は出て来ないものである。筆者は心理療法家という仕事をしているため、生と死とのはざまに立たされるようなことが多いが、そのような時に支えとなった書物のなかから重要なものを少しあげて論じてみたい。従って以下にあげる書物は、死について抽象的に論じたものよりも、いかに生き(いかに死ぬ)か、という実際的なこととかかわりの深いものが多くなった。哲学的な考察に関しては、また適当な紹介者をまつべきである。

児童文学の傑作には、死について深く考えさせられるものが多く、大人にも子どもにも読んでいただきたいが、まず、ハンス・ペーター・リヒターの『あのころはフリードリヒがいた』(上田真而子訳、岩波書店)は、ぜひ読んで欲しい本である。一人の少年が、ただユダヤ人であるということだけのために、生きよう生きようとしながら、ナチスの圧力のもとに死に到る経過が、深い想いをこめ、節度のある文章で書かれている。抽象的な論議はさておいて、これを読むと、死について生について、人間のいのちについて深く考えずに居れないだろう。同じような意味で、老人の死が語られる児童文学として、ヘルトリンク『ヨーンじいさん』(上田真而子訳、偕成社)、もあげておこう。

死ということは、筆者にとっても幼少時から大きい問題であった。このことを考え続けているうちに、自分の職業が決まり、そのなかでも、スイスの分析心理学者、C・G・ユングに惹かれていったとさえ言えるであろう。そんなわけで、ユング『ユング自伝』1・2(河合隼雄他訳、みすず書房)は、生と死についての深い省察に満ちているものとして示唆されることが多かった。彼は自らの人生について語っているが、それは常に死ということをめぐってなされているとも言えるのである。特にその「死後の生命」についての章は、感動的である。

彼は死がいかに残忍で、おそろしいものであるかを強調すると共に、他方では、「死は喜ばしいこととして見なされる。永遠性の光のもとにおいては、死は結婚であり、結合の神秘(mysterium coniunctionis)である。魂は失われた半分を得、全体性を達成するかのように思われる」と主張する。彼は死の二面性についてよく知っていたのであり、そのことはとりもなおさず、生についての二面性についてもよく知っていたことを示している。彼自らの生涯の記述のなかに、彼の死への理解を感じとることができる。

ユングの生涯に匹敵するものとして、わが国における明恵上人をあげておこう。この点は拙著『明恵　夢を生きる』(京都松柏社、法蔵館発売)に明らかにしておいた。明恵の言葉に「我ガ死ナムズルコトハ、今日ニ明日ヲツグニコトナラズ」というのがある。彼も生と死との不可思議な相補性についてよく知っていたのであろう。

なお、ユングも明恵も夢について関心をもち、自分の死を夢によって予知し覚悟していたところも共通に認められるところである。

ユングは前記の『自伝』のなかで、「人は死後の生命の考えを形づくる上において、あるいは、それについての何らかのイメージを創り出す上において——たとえ、その失敗を告白しなければならないとしても——最善をつくしたということができるべきである」と述べている。

身近な比喩で言えば、われわれが外国にはじめて旅行するとき、その国についていろいろと知識をもったり、想像をめぐらせることであろう。それと同じく、死後の世界という未知の世界に行く時に、それについて想いをめぐらせることが必要である、とユングは言っているのである。

これに対して極めて合理的に考える人は、何を馬鹿げたことを、と言うことだろう。ところが、死後の生命という点で、思いがけない「研究結果」が最近になって発表されはじめたのである。それは瀕死体験《ニヤデス・エクスピアリアンス》の研究である。アメリカの精神科医レイモンド・ムーディは、医者が医学的に死んだと判定した後に奇跡的に蘇生した人の体験について調査しているうちに、それらには驚くほどの共通点が存在することに気づいた。レイモンド・ムーディ『かいまみた死後の世界』(中山善之訳、評論社)には、多くの事例報告に基づく驚くべき結果が述べられている。それによると、自分が肉体から抜け出し、ある距離を保った場所から、まるで傍観者のように自分自身の身体と、それを取り巻く状況を見ることができる(このとき、自分が観察した状況は、まったく現実のとおりであることが、後で確認されている)。しばらくすると、自分より前に死亡した親戚や友人たちの霊が、自分の傍にいるのがわかる。「そして、今まで一度も経験したことがないような愛と暖かさに満ちた霊――光の生命――が現われた。この光の生命は、わたしに自分の一生を総括させるために質問をなげかけた。具体的なことばを介在させずに質問したのである。さらに、わたしの生涯における主なできごとを連続的に、しかも一瞬のうちに再生してみせることで、総括の手助けをしてくれた。」

ムーディの記述はもっと詳細なので、ぜひこの本を読んでいただきたい。信じ難い内容であるが、その後、ムーディの仕事に触発され、多くの人たちが類似の報告を行なっている。

キュブラー・ロスは、癌などの不治の病いになり死を待つ人たちに対して、その死を最後まで見とる仕事に従事し、死んでゆく人がどのようにして自分の死から逃れようとし、それと向き合い、受け容れてゆくかを明らかにした。そのことは、キュブラー・ロス『死ぬ瞬間』(川口正吉訳、読売新聞社)に論じられている。死についての抽象的な理論ではなく、一人の人間が自らの死にいかに直面してゆくかを実際的に記述しているところに、その意義が見出される。

ロスはその後もこの仕事を続けているうちに、前述のムーディの記載したような体験が語られる経験をし、「死後生」は存在していることを、キュブラー・ロス『新・死ぬ瞬間』(秋山剛/早川東作訳、読売新聞社)において主張している。彼女は「死後生」の存在を信じているのではなく知っているのだと強調している。

「死後生」に関するキュブラー・ロスの主張は、多くの貴重な知見を含むことは認められるが、全面的には承服し難い。死後の生について、ユングのように何らかのイメージを創り出す必要性を説くのではなく、その存在そのものを主張する点に対しては筆者は反対である。この点について詳しいことは省略するが、関心のある人は、拙著『宗教と科学の接点』(岩波書店)を参照されたい。

瀕死体験の研究はごく最近のことであるが、そこに記述されている体験が、チベットの密教に伝えられている、いわゆる「チベットの死者の書」に記述されていることと類似性が高いことが認められ注目されている。これは、邦訳が、おおえ・まさのり訳編『チベットの死者の書』(講談社)として出版されている。これについてはユングが死に関する貴重な書として取りあげ注釈を書いている。それは、ユング『東洋的瞑想の心理学』(湯浅泰雄/黒木幹夫訳、創元社)に収められているので参照されたい。

これを一言にして言えば、死をひとつの重要な通過儀礼として受けとめ、「彼岸」へ到るための通過儀礼の体験をいかになすべきかが説かれていると、ユングは考えるのである。そして興味深いことに、その体験として記述されている様相が、現代における瀕死体験と高い類似性を示しているのである。

ユングは、死後の生命について各人が何らかのイメージを創り出す必要性を説いている。このために、唐突と思われるかも知れないが、『古事記』(岩波文庫)を読むことをおすすめしたい。われわれが日本人として、祖先の抱いていた神話的イメージのなかの死について知ることは大切である。『古事記』のなかの女神、イザナミの死、その夫の黄泉の国の訪問の話。および、太陽神アマテラスが岩戸に隠れる話は特に重要である。後者は、死と再生の話として読みとることができる。これに続いて、たとえば、ブルフィンチ『ギリシャ・ローマ神話』上・下(野上弥生子訳、岩波文庫)を読むと、彼我の間に多くの類似性を見出し、死のイメージが文化の差を超えて、人間の心の奥深くに存在し、それが人間の生をより豊かにしてきたことを了解することができるだろう。

心のリゾート探し

「心のやすらぎ」というのは魅力のある言葉である。心のやすらぐ場所、心のやすらぎを与えてくれる人、それらを誰しも求めているのではなかろうか。その場所に居るだけで、何かほっとした気持になる。あるいは、その人の傍に居ると、別に何を話すとか何もないのだけれど、心がやすらいでくる。このような場所とか人とかを持っていると、その人はどんなに幸福であろう。

「やすらぎ」ということを人々が強く求めるのは、日常生活にいかにそれが少ないかを意味している。今日、「忙しい」を連発して生きている人がほとんどではなかろうか。そんなことはない、老人たちは何もすることなく生きているではないか、と言う人もあろう。問題は、その老人たちは、その忙しくない生活のなかで「やすらぎ」を感じているだろうか、ということである。ここに人生の面白さがある。忙しすぎてやすらぎがない、という人がある反面、何もすることがなくて、やすらぎがない人も結構存在するのである。従って、ともかく人間というものは、仕事をせずにいればやすらぐとか、暇になればやすらぐなどという単純なものでないことがわかる。

私の仕事の心理療法家というのは、ある個人に時間と場所を決めてお会いするのがその務めである。相談に来られた人と五十分の間、一室でお会いする。私に対してある人が「あなたは忙しい生活をしている、と言っても、ともかく一人の人と一時間、誰にも邪魔されずに過ごしているのだから羨ましいですね。普通の人間には、まずそんな時間はありませんね」と言われたことがある。確かにその人の言うとおりで、われわれの日常生活では、集団の会議などでながながと——長すぎるくらい——時間を共にすることはあっても、一人を相手に時間を過ごすことは少ない。そのようなときでも、間に電話があったり、誰かがちょっと用件を言いに来たり、何か外からの介入がある。その点、心理療法家の場合、電話もかかって来ない。外から誰かが介入することもない、まったく二人だけの世界がそこにあるのだから、確かに日常生活と異なっているし、そのような体験ができるわれわれ心理療法家は有難いことと思わねばならないだろう。

いつだったか、なかなか困難な問題をもって来談され、二年ほど続けて通っておられた方が、「先生、今日はゆっくり休ませて下さい」と言われ、ソファに横たわって寝てしまわれた。そして、ちょうど五十分経た頃に目覚め、「おかげでゆっくりと休めました」と礼を言って帰られた。このときがそれ以後の変化の転回点のようになったのだが、他の心理療法家たちにも同じような経験をしている人があることも、その後わかってきた。

この人は本当に「やすらぐ」ことが、そのときに出来たのであろうし、それはその人に大いに役立ったのである。カウンセリングとか心理療法とか言っても、話し合うばかりとは限らず、このようにして本当に「やすらぎ」を体験できれば、それはそれで大きい意味をもつのである。かと言って、来られた人にまずゆっくりと寝ていただくことを第一とすることもナンセンスであろう。すぐに寝て下さいと言っても無理なのは当然だし、たとい、第一回目から眠る人があったとしても、そのとき治療者の心が安定していなかったら、本当のやすらぎなどその人は体験できないことだろう。やすらぎの条件が整うのは、あんがいに難しいのである。

実際にリゾートに行って、本当に心のやすらぎを体験している人がどれほどあるだろうか。ただ静かに休む、というだけではなく、文字どおりのレクリエーション(再創造)として、楽しみ、活性化される経験を求めようとするのもいいのだけれど、そのためにかえって疲れ果てて、リゾートに疲労するために行っているようなことが生じていないだろうか。行く間の道が混み、リゾートも人でいっぱいとなると、それがリゾートと言えるのかどうか、考えてみる必要があると思われる。遊びが知らぬ間に「仕事」のようになってきているのである。これでは、心のやすらぎとは程遠いことになってしまう。

「心のリゾート探し」という題は、本当に「心のリゾート」になるところを探す、という意味と、自分の心のなかにリゾートを探す、という意味と二様に取れそうに思われる。心理療法家という私の職業から、一応、後者の方で考えてみよう。自分の心の中にリゾートを見つけると、休みのたびにあちこち出かけなくとも済むというものである。実際に、どこかのリゾートに出かけてゆくと心がやすらぐという人は、それに対応するものを心のなかにもっていると言えるだろうから、結局はこの二つも同じことになるのかも知れない。

心理療法の部屋で眠ってしまって、「ゆっくりと休めました」と言った人の例を先にあげたが、われわれのところに訪ねて来られる人で、ともかく一度ゆっくりと休みたいと願って居られる人は多い。ともかく、毎日が苦しいこと、辛いことの連続なので、そのように思われるのも無理ないことである。ノイローゼの症状に苦しんでいる人など、その症状さえとれたらどんなに心がやすらぐだろう、この症状さえなかったら、あれも出来るし、これも出来るのに、というわけで、何とか症状の苦しみから逃れたい一念で来談される。ところが、事はそれほど簡単ではないのである。

ある高校生の男子が、自分の変な嗅《にお》いがして困るという訴えで来談したことがある。登校していて昼近くなると、自分の体から嗅いが出てきて(実際はそんなことはないのだが、本人には嗅ってくる)、たまらないので先生に言って早退させてもらう。結局は、いつも午後の授業が受けられないので困るから、何とかして欲しいと来談された。一回目にお会いして、あまり深い話もできず、とりとめのないような話をした。私としては難しい問題だからゆっくりと進むより仕方ないし、一回目はまず顔合わせ程度と思っていた。ところが後になって聞くと、本人は帰宅して、「あんなに僕の気持がわかってくれる人に初めて会った。気持が楽になった」と大変喜んでいたとのことである。本人としては、それこそ心のやすらぐ思いだったのだろう。

二回目にやって来たとき、彼は見るからに不安そうに見え、何かあったらしいと直観したが、彼は思いがけないことを言いだした。彼は前回私に会ってほっとしたためか、次の日から嗅いがしなくなったと言うのである。昼頃になって、もうそろそろ嗅いのする頃だと、いくら鼻をクンクンさせても嗅いがしない。そうすると嬉しいどころか、何とも言えない不安を感じはじめた。いてもたってもいられない感じで、すぐにも下校したいと思うのだが、いかにせん嗅いがしないので、それを理由に早退したいとも言えない。不安に耐えて最後まで学校に居たが、それ以後、一日中不安に感じだしてたまらない、と言うのである。

実はこのようなことは割と生じるのである。ノイローゼの症状はそれ自体は辛いものだが、その症状によってその人は強い不安を感じることから守られているのである。従って、急に症状がとれると、この高校生のように思いがけない不安に襲われることになる。こんなことを知っていないと治療者は大変な失敗をするときがある。もう二十年以上も前のことだが、あるノイローゼの人が入院してすぐに症状がとれて退院することになり、家族が喜んで赤飯を炊いて待っていると、退院してきた人が暫くして居なくなり、探しに行くと裏山で首を吊って自殺していた、という報告を読んだことがある。これなど症状がとれて喜んだのも束の間のこと、帰宅する頃は不安でいっぱい。しかも家族は明日からでも働いてくれると喜んでいる。そこでたまらなくなって自殺したのではないか、と思われる。

「忙しい」を連発して生きている人も、ひょっとするとノイローゼの症状と同じように、それによって不安と直面することから守られているのかも知れない。こんな人は、リゾートに行って、うっかりやすらいだりすると、不安に襲われて大変なことになるので、リゾートでも忙しく動きまわって、それを回避しているのかも知れない。

もう一度高校生の例に戻ろう。彼は症状の消失と共に強い不安を体験した。一時的な心のやすらぎが、より大きい不安をもたらしたのである。しかし、これは「心のリゾート探し」をしようとする者にとって避け難いことなのである。この不安に直面してゆくことこそが彼の課題なのだ。彼はリゾートどころか、これからいろいろと苦しい体験を重ねてゆく。それと共に、過去の辛かったことや苦しかったことが思い出されてくる。それらを経過してはじめて、彼はやすらぎを得る。この途中には、症状がぶり返して現われたりもした。しかし、このような経験をせずに、心のリゾートに到達することは不可能と言っていいだろう。心のリゾートへの旅に嵐はつきものである、と言っていいだろうか。

心の中の旅をはじめると、リゾートどころか、まず恐ろしい体験が待ち構えている、と言っていいだろう。人間は生きてゆくためには、自分にとって耐え難かった経験をそのまま経験することをしなかったり、忘れてしまったりして、心の奥底に沈澱させておき、通常のときは思い出したりしないものだ。しかしその沈澱物は常に人間の意識をおびやかしている。心の中の旅はまずこれらのなかに入ってゆくことからはじまるので、大変なのである。といっても、治療者が傍に居てくれることによって、何とか大きい危険に陥ることなく、それに立ち向かっていけるのである。

そのような嵐の体験の後で、やすらぎが来る。そうすると、それは「心のリゾート」として、その人にいつも変わることのない心のやすらぎをもたらすものであろうか。残念ながら、そうはいかないようである。それは、お気に入りのリゾートがあって、そこに行けば必ず気が休まる、などということはないのと同様である。その時の状態によって、どこへゆこうが気が休まらないこともあるし、リゾートへ行って、休むことよりもむしろ積極的に遊ぶ方がいいときもあるし、何かそこで新しいアイデアが芽生えてくるようなこともあるはずである。

「心のリゾート」とでも呼べる特定の「場」が心の中にあり、そこに行くと心がやすらぐ、などという簡単なものではない。人間には理想郷を求める心の動きがあり、何かそんなところがあると信じたくなるが、どうもそんなものではないらしい。もちろん、悟りを開いて何事にも動ぜずという境地があるようだが、目下のところ、私としてはそれについては何とも言えない。

心の絶対的なやすらぎを求めるよりも、ある程度のやすらぎの体験を基礎として、何か新しいことが——たとい苦しみを伴うにしろ——もやもやと生まれてくる方が面白いのではなかろうか。考えてみると、リゾートというものが本来そのようなものではなかろうか。単にそこで休むだけではなく、休んでいるうちに、何らかの再生につながるものが生じてくる。もちろん、それを実現化するためには、その後に相当な努力を必要とするにしろ、何かが動きはじめることが大切ではなかろうか。

再生の場としてのリゾートを考えると、そこでぼやーと休んでばかりはおれない、何かやってみなくては、などと考えるのも馬鹿げたことである。既に述べたように、遊びが「仕事」のようになってはたまらない。

最近読んだ大江健三郎の『キルプの軍団』のなかで、実に感動的な場面があった。主人公の高校生の男の子が、外の世界での事件で傷つき、まさに「やすらぎの場」を求めて家に帰ってくる。そのとき、彼の傷を癒し、やすらぎを与えてくれたのは、知恵おくれの彼の兄さんの言葉であった。兄さんの発する言葉は、特別にいいとか言うのではなく、言うなれば普通の言葉だったが、それは不思議に心に響くものがあった。言葉というものは不思議なものだ。同じ単語であっても、それがその人のどこから出てくるかによって重みが異なるのである。知恵おくれの兄さんの言葉は、ずっしりとした重みをもっていた。

これはどうしてだろう。おそらく、現代の人間は前に進むことにばかり気を取られ、いかに速く、いかに遠くへ進むかにばかり熱心になっているうちに、体が宙に浮いてしまって、まったく不安定になってしまっているのではなかろうか。そんなときに、「おくれ」を生きているということが、宙に浮いた足を地につけ、やすらぎを与える力をもたらすのではなかろうか。

リゾートに行っても、人より速く行動し、誰よりも多く体を動かし、誰よりも多く楽しみ、などと考えていると、足をすくわれてしまう。「おくれ」を大切にすることが、やすらぎにつながるのを忘れてはならない。心のリゾート探しも焦るのが一番禁物である。ともかく、ゆっくりとやることである。

絶対的なやすらぎなどなさそうだ、と先に述べた。とすると、せっかく心のリゾートを探し出しても、そのうちに何かがもやもやと動き出して不安定になり、結局、人間は死ぬまで――ひょっとして死んだ後も――うろちょろと過ごさなくてはならないのだろうか。これはどうも半分正しく半分間違っている、というよりは、このような意味での安定・不安定ということは、あまり問題にならないと言うべきであろうか。人間は生きている限り不安定とも言えるし、創造活動に従事しているかぎり「安定」ばかりもしておれない。要するに、心のリゾート探しを行なって、いろいろといいところを見出した人は、もちろん、時によっては不安定にもなろうし、忙しく立ちまわるときもあるにしても、必要に応じてやすらぐことができ、行きづまりのなかから再生してくる力をもつ、と言うことができる。その人としては苦しみをあらたに背負ってゆくにしろ、外から見ているかぎり、ずっしりとした重みを感じさせ、やすらぎを与えてくれる人に見えるであろう。しかし、それは静的なものではなく、あくまでその内部には動きがあり、不安定さも結構内包している、ということになろう。「おくれ」の意味を知る人として、その人が少々不安定になってもあわてはしない、というところにやすらぎが生じてくるのである。

日本人の死生観

現代人と死

日本人がどのような死生観を持っているのか、特に現代に生きている日本人はどうなのか、について、現代人の悩みが語られる心理療法の場を通じて感じたことを、最初にエピソード的に描いてみよう。

まず感じられることは、自殺を口にする人、また実際に決行する人が、相当に多いということである。キリスト教圏では周知のように自殺は罪なので、自殺の頻度は日本に比して非常に少ない（もちろん、隠されることも多いと思われるので、表面上の数字だけでは論じられないが）。それにしても、欧米の心理療法家と話し合っていても、やはり、日本人にとって自殺が生じやすいことは痛感させられる。

父親が許してくれない恋愛に悩んでいる女性があった。彼女は、父親としては、彼女の恋を許せない気持になるところがよくわかるのであった。さりとて、恋をあきらめることはできない。悩んだ末に自殺を図り、幸いにも発見され命が助かって、心理療法家が会うことになった。話を聴くと、その女性は自分は結婚をあきらめられないが、そのことによって父親を傷つけることをよく自覚しており、父親には本当に申訳ないと言う。そこで、心理療法家は「あなたは、そこまでよく父親の気持がわかり、自分の恋愛の意味もわかっているのに、どうして死を決意するまでに父親と話合いをしなかったのですか。父と二人で話合いをするよりも、自分の命を奪う方がやりやすかったのですか」と言った。

このようなことから、結局は娘と父との話合いがあり、結婚が成立するのだが、ここで印象的なことは、そのような、生きる努力をするよりも死を選ぶ方を容易と感じるという事実である。このことは、欧米人には理解し難く感じられるのではなかろうか。

神経症の症状に苦しみ自殺を企図したが、未遂に終った人が、そのときの心境を説明して、自殺と言ってもそんなに決意して行うことではなく、たとえて言えば、部屋のなかに居て、その部屋の空気が濁って息苦しくなってきて、そこを逃れるために「障子をあけて隣の部屋に行こうとするようなものだ」と言ったことがある。この際にその人が、生死を分ける隔壁の弱さと、死ぬことをまるで「生きのびよう」とする行為のように語ったことが印象的であった。日本人にとって、生と死とを分ける隔壁はあんがいに薄く、生と死が連続的にさえ受けとめられているのである。

相談室を訪れてくる、抑うつ症の症状をもった人のなかに、「喪」が十分に行われていないため、と思われる人がある。自分の親が死んだとき、もちろん、葬式もするし、初七日とか四十九日とかの行事を行うのであるが、それが本来的な「喪」の儀式になっていないために、抑うつの状態が続いているのである。人が死ぬのは何と言っても悲しいことである。しかし、その悲しみを本当に自分のこととして体験し、その上でそこから解放されるということは、なかなか難しいことである。このために、古来からそのような「喪」の仕事をするために、宗教はそれにふさわしい儀式を考え出してきたのである。

ところが、日本の現代人にとって、そのような意味のある喪の儀式を体験することが少なくなっているのである。日本人の大半は、仏教の信者ということになっているが、仏教による喪の儀式が、現代人にとって意味あるものとして受けとめ難いのである。というよりは、そもそも葬式そのものが、あまりにも形式化してしまって、親族としての悲しみや喪の表現と癒しということから遠く離れすぎてしまっている。このことは、日本の現代人が死ということを自分の心のなかにどう位置づけるのか、どう受けとめるのかについて、あまりにも無関心に生きていることを示していると思われる。

意識的には、葬式その他の行事を一種のビジネスのように済ませて、死のことなど忘れてしまって、この世の生活に力を注ごうとするのだが、無意識の方はそれに抵抗を示し、抑うつ症という形で喪の必要性を訴えている。これに対して応える「宗教」をもたないので、臨床心理士のところを訪れてくることになると思われる。

生死の隔壁

現代人の、特に相談室を訪れる人たちの悩みを通して、現代日本人の死生観の一端を示したが、このような傾向は、特に現代人と断らなくとも、日本の古来からの傾向とあまり変わらぬところであると言っていいと思われる。最後に述べた宗教の問題についてのみは、少し修正の必要があると思われるが。

生死の隔壁の薄さは、そもそも日本の神話に示されている。イザナギ・イザナミの夫婦が国生みの事業を仕遂げた後で、イザナミは火を生み、火傷して死ぬ。妻の死を悲しんだイザナギはその後を追って黄泉の国に行くのだが、それは何の境界もなくすぐに着いてしまうのである。これに比して、シュメールの神話の有名なイナンナの冥界下りでは、女神のイナンナが死んだ夫を訪ねてゆくとき、この世からあの世に到る間に七つの門があり、そこを通り抜けてゆくところが語られるのである。日本神話では生死の境は無に等しい。

イザナギは冥界においてイザナミに会うが、彼女との約束を破ったために追われて、この世に逃げ帰ってくる。そのときに千引石《ちびきのいわ》で黄泉比良坂《よもつひらさか》をふさぐ。このことはやはり、生死の隔壁ができたことを意味しているが、そのときにイザナミは「お国の人を一日に千人ずつ殺す」と言い、それに対して、イザナギは「わしは一日に千五百の産屋を建てよう」という。このことは、生死についての妥協の成立を示しているが、そこに楽観的な感じがするのを免れ得ない。

加藤周一は「一般に日本人の死に対する態度は、感情的には宇宙の秩序の、知的には自然の秩序の、あきらめをもっての受け入れということになる。その背景は、死と日常生活上との断絶、すなわち、死の残酷で劇的な非日常性を、強調しなかった文化である(1)」と指摘している。先の神話の妥協は「死の残酷性」を感じさせないものと言えるのではなかろうか。

死は「自然」の現象のひとつであるが、その「自然」をどのように見るか、ということと死生観が結びついていると思われる。日本人の「自然観」については、既に多くの論議がつくされており(2)、ここであらためて詳しく述べる必要はないが、本論と関係する点について少し述べておきたい。

自然という語は、現代では西洋の nature の訳語に当てられたため、日本人のほとんどがそのような意味で「自然」という用語を解している。しかし、それを使って「自然に」というように言う場合は、次に述べるような日本の古来からの用法と混同していることもあって、無意識的な混乱を起こしていることもある。そこで、まず「自然」についての、日本人の古来からの考えを簡単に述べる。

西洋の近代において言われる nature は、人間にとっての客観的対象として考えられている。しかし、日本語にはもともとこのような概念がなかったのである。自然という語は中国から由来しているが、これについて福永光司は老荘の言葉を引用しつつ、自然という語は「《オノズカラシカル》すなわち本来的にそうであること（そうであるもの）、もしくは人間的な作為の加えられていない（人為に歪曲されず汚染されていない）、あるがままの在り方を意味し、必ずしも外界としての自然の世界、人間界に対する自然界をそのままでは意味しない」[3]ことを指摘している。

　このような考えは、「人間（自己）と自然界の万物とが根源的な一体性のゆえに存在者として本来的に平等であり、価値的な優劣に関して絶対的な基準の有り得ない」と考えられていたことへとつながってゆく。従って、人間の死も「万物の死」と同様に自然のこととして受けとめる、という発想が生じてくるのも当然のことと言えるのである。

　日本における生死の隔壁の薄さは、人間と他の存在、自と他、などの隔壁の薄さと相呼応しているのである。このことは、西洋の近代において、他から分離したものとしての「自我」が確立されたのと著しい差を示している。もともとキリスト教においては、人間と他の存在とは明確に区別して考えられている。厳しい「切断」論理によって、すべてのものが区別されるなかで、人間の「個」というものが重視される考えが生じてくる。そのような考えによって確立してきた「自我」の死をどう受けとめるかは、西洋人にとっての大きい課題であるが、それはキリスト教の一回限りの復活、最後の審判という神話によって支えられているのである。個々人の自我は、最後の審判を受けるときによい評価を受けるべく、生きている間にできる限りの努力をしなくてはならない。そこで、もし、復活とか最後の審判ということがなければ、生きている間に自我を確立したとしても死んでしまえば、まったくの無に帰することになって、意味がなくなってしまう。

　西洋の近代自我の確立の背後には、キリスト教による死生観が存在している。これに対して、日本では日本流の自然観を支えとして、日本人の自我は他との隔壁を薄くし、生死の隔壁も薄い死生観によって生きている、と言うことができる。

死を自然のこととして受けとめる態度が、武士道と結びつくと、むしろ、死を喜んで受けとめるほどの姿勢となってくる。森鷗外の『阿部一族』には、そのような武士の死を受けとめる姿が実に見事に描かれている。そもその話のはじまりは、殿様が死んだときの殉死を願うことであるが、殿様の側近たちが先を争って殉死しようとし、それを許されることをいかに名誉と感じているかが語られる。武士たちが切腹して従容と死んでゆくのが印象的である。

そのなかで、殿様の犬牽きだった津崎五助の死に方は特に注目に値する。彼は死のうとするときに犬に対して、握り飯を与え、「もし自分と一緒に死ぬ気だったら、握り飯を食べるな。野良犬になっても生きてゆきたいと思うのなら握り飯を食べよ」と言う。犬が握り飯をまったく食べようとしないのを見て、「それならおぬしも死ぬるか」というので、犬を抱き寄せて殺し、自分も切腹して果てる。この話などは、人間と人間以外の存在との間の隔壁の薄さを如実に示しているものと言うことができる。

死後の生命

死生観を支えるものとして、人間の死後の生命をどう考えるかということがある。これはそれぞれの文化や時代、宗教の差によって、いろいろなことが考えられているが、日本人はどのように考えてきたであろうか。

梅原猛は、日本人の仏教移入以前に古来から存在していた、原「あの世」観として、次のような四つの命題をあげている。(4)

(1) あの世は、この世と全くアベコベの世界であるが、この世とあまり変わらない。
(2) 人が死ぬと魂は肉体を離れて、あの世に行って神になる。従って、ほとんどすべての人間は、死後あの世へ行き、あの世で待っている先祖の霊と一緒に暮らす。
(3) 人間ばかりか、すべての生きるものには魂があり、死ねばその魂は肉体を離れてあの世へ行ける。
(4) あの世でしばらく滞在した魂は、やがてこの世へ帰ってくる。誕生とは、あの世の魂の再生にすぎない。

梅原の考えを少し簡略化して示したが、詳しくは原典を見ていただきたい。この死後の生命に関する要点は、人間が死んでも魂は存続し、しばらく「あの世」に行っているが、そのうちに再生する。つまり、生命は永遠に続くということにある。そして、そこには、善悪の判断や審判ということが存在しないのである。

これ以後、周知のように仏教がわが国に伝来し、地獄や極楽を死後の世界として考える思想が強くなってくる。たとえば、九世紀初頭に書かれた『日本霊異記』には、死後に極楽や地獄を訪ねた後に蘇生して、この世に帰ってきた「冥界往還」の話が相当に記されている。

これらの話を読むと、仏教的因果応報の考えが強く出ており、善行を積んだものは極楽に、悪行をなしたものは地獄に、という考えや、危うく地獄に行かされそうなところ、生前の何らかの善行のために助かる、という考えが認められる。

このなかで下巻の第三十五「官の勢を仮りて、非理に政を為し、悪報を得る縁」という話では、肥前の国の火《ひの》君《きみ》が急死したが、それは死期のまちがいということがわかり、閻魔大王によってこの世に送り返されたことが語られる。そこで興味深いことは、火君が冥土で見聞したことを細かに記して大宰府に送り、大宰府はこれを朝廷に書き送ったが、奈良の朝廷ではこれを信用しなかった、とある。下巻の第三十七話にも、冥界のことを大宰府に申告したが、信用されなかったと述べられている。これらの例は、後に事実であることが確かめられる話になるが、ともかく、冥界往還の話が信用されなかったという記録が二つもあるのは注目すべきことである。
なぜ信用されなかったかは書いてないが、やはり荒唐無稽と当時でも考える人が居たのではなかろうか。あるいは、死後の生命存在を信じるにしろ、仏教的な他界を信用できなかったのだろうか。ともかく、このことは、当時の人がすべてただ無条件に、地獄・極楽の存在を信じていたわけではないことを示すものである。あるいは、その存在を信じていたとしても、このような冥界往還の話を信じなかったのであろう。いずれの時代においても、「信じる」「信じない」の両様の態度があることは注目すべきである。

仏教的な「あの世」観のなかで、親鸞の革新的な思想が生まれてくるが、これに対して、梅原猛は、親鸞の語った「二種廻向」という表現をたよりとして、既に紹介した日本人の原「あの世」観が、親鸞の思想にも強く影響している、と論じている。すなわち、親鸞によると回向には往相《おうそう》と還相《げんそう》とある、と言っており、「阿弥陀仏が自己の善をさし向けて、生きとし生けるものが浄土に往生して仏になり(往相廻向)、そして、また再びこの世に還って、利他教化の働きをする(還相廻向)ようにさせる」という考えを明らかにしている。

このように親鸞の考えを解釈すると、それは日本人の原「あの世」観と似た構造をもっていることがわかる、と梅原は主張している。ここで、梅原の主張に対して細部に到るまで賛成するかはともかくとして、日本人の死生観として、梅原が原「あの世」観と呼ぶような基本的なパターンは、日本人がどのような宗教を信じるにしろ、心の奥深くではたらいていることを感じさせるのである。

語呂合わせになってしまうが、「人類のシンカ」と言うとき、進化の方向と深化の方向と、両方向で考える必要があると思う。

進化と深化

進化というのはわかりやすい。より大きく、より強く、より速く、というように計測可能なことに関している。人間は知能を用いることによって、その科学技術を駆使して、計測可能な領域において、どんどんと進歩を遂げている。このためには、人間のもつ科学の知が大いに役立っている。今後も、科学の進歩はますますその度合いを増すことであろう。しかし、果して人間はそれだけに専念していていいのだろうか。

科学の知は、それを研究する人間が対象とする現象を自己から切り離して研究するところに特徴がある。従って、その研究結果は、研究者が誰かにかかわらず普遍的な知を提供することになる。ここに科学の強さがある。しかし、科学の知は、「私」というかけがえのない存在が、この世にいかに存在し、いかにかかわってゆくかという点については、沈黙するのである。

最愛の恋人が自分の目の前で死ぬのを見た人は、「なぜ彼女は死んだのか」と問うだろう。これに対する科学の知は「出血多量」などと説明してくれるだろう。しかし、その人の問いはそんなことではなく、「なぜ私の恋人が」「なぜ私の目の前で」などとすべて「私」とのかかわりのなかで納得のゆく答を求めているのである。自分という全存在にとって意味づけられる答を得たいのである。

このことは、死についても同様である。「人間の死について」科学の知は多くのことを提供する。しかし、それは「私の死」とは別のことなのである。端的に言えば、科学の知は「私」抜きの知なのである。従って、人間は「私の死」について、それぞれが意味づけを行う必要がある。これが、筆者の言う「深化」の方向なのである。「私の死」といったがこれは「私の生」と言っても同様である。自分の生に深い意味を見出すこと、その作業の一貫として、死後の生命にまで想いをいたすということがある。ここで難しい問題は、それと科学の知との関係の在り方である。たとえば、地獄があるからといって、地面を掘ってゆくとどこかにあると言うのは馬鹿げている。かといって、科学の知を「私の死」について適用しているだけでは、それは科学の知の誤用とも言えるし、個人として存在することに関する怠慢ということにもなろう。

ここで最初に述べたことに関連させて、現代の日本人の死生観について考えてみる。一般の日本人の生き方を見ていると、科学の知を大切にして生きながら、死のことをつきつめて特定の宗教に頼るということをせず、何となく梅原が指摘しているような死生観、つまり死後も生命が永続するだろうという期待――に支えられて生きているのではなかろうか。日本人の宗教性が論じられるとき、特定の宗教を「信じる」人が少ないという意味で、その無宗教性が指摘されたりするが、半意識的な支えの方に目を向けると、宗教的な支えが日本人には強く作用しているとも言えるのである。

ただ、ここで問題は「何となく」という形で漠然と科学の知と宗教性を併存させている態度が、どこまで有効かということである。科学の知はますます進歩するであろうし、国際化の波が強くなるに従って、日本人の自我も、いつも境界をあいまいにさせて、「何となく」平衡状態を保つ在り方を続けてゆくことができなくなるかも知れない。そのような傾向が強くなる二十一世紀において、日本人がどのような死生観をもって生きるかは、おそらく大きい課題となるのではないかと思われる。そのためには、われわれ現代に生きるものが、進化のみならず深化の方向においても努力をもっと払うべきであると考えられる。

注

（1）加藤周一／ライシュ／リフトン、矢島翠訳『日本人の死生観』上下、岩波書店、一九七七年。

（2）河合隼雄『宗教と科学の接点』岩波書店、一九八六年、に「自然」についてこれまでの諸論を参考にしつつ、論じている。

（3）福永光司「中国の自然観」、『新岩波講座　哲学5　自然とコスモス』、一九八五年。

（4）梅原猛『日本人の〈あの世〉観』中央公論社、一九八九年。

解　題

■生と死の接点

これは、もともと岩波講座『精神の科学』や『老いの発見』などに分担執筆をしたものなどを集めて書物としたものである。そのなかから、I、IIIをここに入れ、「II　昔話と現代」は本著作集第八巻に所収されている。

心理療法という仕事は、外界と内界、日常と非日常、心と体などの「接点」においてなされていると言える。ここに収めた評論はまさに「生と死の接点」に存在する問題を論じたもので、ライフサイクルや老いや境界の問題についての考えを述べている。その考えの底流に常に東西の比較ということがあるのが特徴であるが、これは西洋の文化を吸収しつつ日本の文化を棄て去ることなく生きることを、私が大切な課題と考えていることを反映している。

最後の境界例に関する論文はやや専門的であるが、今日多くの臨床家を悩ませている「境界例」の本質を理解することは、現代社会の状況の解明につながると思って書いたものである。

■象徴としての近親相姦

近親相姦をむしろ人間にのみ特徴的であると考え、その象徴的意義を明らかにしようとした。またわが国の文化を理解する上で、母＝息子相姦の背後に存在する父＝娘相姦に注目すべきことを示した。

■青年は母性的社会に反抗する

現代青年の自殺や他殺をはじめとする問題行動を、日本という母性社会に対する異議申し立てと考えることによって、その意義を探ろうとした。

■若者文化と宗教性

シンナーや暴走などの若者の「異常」な行動の背後に、宗教性の問題があることを指摘した。そして現代においては「遊び」が「聖に到る通路」としての意義をもつことを論じた。

■イデオロギーの終焉再考

最近の青年は大人しくなったなどと言われる。その問題をイデオロギーよりコスモロジーへの転換として捉えて論じる。

■青年期の生き方について

中、高校生の教育にたずさわる人に対して、その時期の生徒たちの心のあり方を明らかにし、それに対していかに対処すべきかを述べる。

■夫婦の危機をどうのりこえるか

中年夫婦の問題が増加してきている。その危機をのりこえるのは、同一の相手と離婚、再婚を行なうような体験であることを示す。

■働きざかりの落とし穴

「NHKセミナー」のテキストを収録したもので、柔らかい言葉で語られている。中年はこれまで安定期と見られ、心理学では問題にされなかったが、そこに思いがけない「落とし穴」のあることを示し、その意義を明らかにする。

■中年の危機と再生

前者と同じく中年の危機について論じたものであるが、これは夢などを提示し、より深い次元で述べている。

■老人の知恵

成長や発達を量的な面でのみ見ると、老人は価値の低いものとなるが、質的な転換を行なってみると、老人の知恵の深さがわかる。そのような点をいろいろな物語を通じて明らかにする。それとともに、やはり老愚者も存在することも示す。

■死ぬとはどういうことか

死について考えるために、適切な書物をあげながら、そのような書物の内容を通じて論じてゆく。一種のブックガイドでもある。

■心のリゾート探し

リゾートは「やすらぎ」の場として重宝されるが、真に心のやすらぎを得るとはどのようなことか、それはどのようにして得られるのか、などについて考察する。

■日本人の死生観

日本人の死生観について、現代人の考え方のみならず、神話時代以来の特徴的な物語などを援用して述べる。日本人は死についての宗教的な答をあいまいなままで受けいれて安定しているが、今後はこのような態度をどこまで続けてゆかれるのかを問題として論じる。

初出一覧

生きることと死ぬこと　書下し。

Ⅰ

生と死の接点　『生と死の接点』一九八九年四月、岩波書店刊のうちⅠ・Ⅲ部。

Ⅱ

象徴としての近親相姦　『現代思想』一九七八年五月、青土社。『中空構造日本の深層』一九八二年一月、中央公論社刊に所収。

青年は母性的社会に反抗する　『朝日ジャーナル』一九七八年五月一二日号、朝日新聞社。『新しい教育と文化の探究』一九七八年一月、創元社刊に所収。

若者文化と宗教性　『現代詩手帖』一九八三年三月、思潮社。『日本人とアイデンティティ』一九八四年八月、創元社刊に所収。

イデオロギーの終焉再考　『通産ジャーナル』一九八三年七月、(財)通商産業調査会刊。『日本人とアイデンティティ』一九八四年八月、創元社刊に所収。

青年期の生き方について　『文部時報』一九八六年三月、ぎょうせい。『対話する人間』一九九二年六月、潮出版社刊に所収。

夫婦の危機をどうのりこえるか　『マダム』一九八一年二月、講談社。『働きざかりの心理学』一九八一年七月、PHP研究所刊に所収。

働きざかりの落とし穴　「NHKセミナー」一九九〇年四月、日本放送出版協会。『対話する人間』一九九二年六月、潮出版社刊に所収。

中年の危機と再生　『中央公論』一九七六年二月(原題「豊かな老年のための再生」)、中央公論社。『母性社会日本の病理』一九七六年九月、中央公論社刊に所収。

老人の知恵　『老年発見』一九九三年四月、ＮＴＴ出版刊。
死ぬとはどういうことか　『世界』臨時増刊「ブックガイド・歴史と社会を読む」一九八八年六月、岩波書店。
心のリゾート探し　『IS』一九八九年三月、ポーラ文化研究所。『対話する人間』一九九二年六月、潮出版社刊に所収。
日本人の死生観　『生と死の様式』一九九一年八月、誠信書房刊。

■岩波オンデマンドブックス■

河合隼雄著作集 13
生きることと死ぬこと

1994年 2月10日 第1刷発行
1998年 12月4日 第2刷発行
2015年 11月10日 オンデマンド版発行

著 者 河合《かわい》隼雄《はやお》

発行者 岡本 厚

発行所 株式会社 岩波書店
〒101-8002 東京都千代田区一ツ橋 2-5-5
電話案内 03-5210-4000
http://www.iwanami.co.jp/

印刷/製本・法令印刷

ISBN 978-4-00-730322-7 Printed in Japan